ESTABILIZAÇÃO DA TUTELA ANTECIPADA

P143e   Paim, Gustavo Bohrer.
         Estabilização da tutela antecipada / Gustavo Bohrer Paim. – Porto
Alegre: Livraria do Advogado Editora, 2012.
         200 p.; 23 cm.
         Inclui bibliografia.
         ISBN 978-85-7348-767-1

         1. Tutela antecipada. 2. Tutela cautelar. 3. Processo civil - Brasil.
4. Direito romano - História. 5. Contraditório (Direito). I. Título.

                                        CDU   347.919.6
                                        CDD   341.46

         Índice para catálogo sistemático:
1. Processos urgentes: Tutela antecipada   347.919.6

(Bibliotecária responsável: Sabrina Leal Araujo – CRB 10/1507)

Gustavo Bohrer Paim

ESTABILIZAÇÃO DA TUTELA ANTECIPADA

livraria
DO ADVOGADO
editora

Porto Alegre, 2012

© Gustavo Bohrer Paim, 2012

Capa, projeto gráfico e diagramação
Livraria do Advogado Editora

Revisão
Rosane Marques Borba

Direitos desta edição reservados por
Livraria do Advogado Editora Ltda.
Rua Riachuelo, 1338
90010-273 Porto Alegre RS
Fone/fax: 0800-51-7522
editora@livrariadoadvogado.com.br
www.doadvogado.com.br

Impresso no Brasil / Printed in Brazil

Agradecimentos

À minha esposa, Ana Cristina, pela compreensão e incentivo.

Aos meus pais, Nilton e Maria Isabel, à minha avó, Martha, e ao meu irmão, Felipe, por minha formação e desenvolvimento.

Aos meus colegas de escritório, Décio, Caetano, Pedro e Paulo Renato, pelo apoio irrestrito.

Aos professores doutores José Maria Rosa Tesheiner e Sérgio Cruz Arenhart, pelo debate franco e leal.

Ao professor doutor Daniel Mitidiero, pelas inestimáveis contribuições ao presente trabalho.

Prefácio

Ninguém ignora que a mais importante virada do processo civil brasileiro, em termos de *efetividade da tutela* jurisdicional, consubstancia-se na *atipicização* do instituto da *técnica antecipatória* realizada pelo legislador infraconstitucional de 1994 como decorrência do seu dever de organizar um *processo idôneo* para proteção dos direitos, surgido com o advento da Constituição de 1988. Trata-se de instituto cujas implicações conceituais e pragmáticas são de tamanho alcance que mesmo a mais breve incursão refoge ao âmbito deste prefácio.

A partir da atipicização da técnica antecipatória e da sua vitoriosa experiência do Foro – capaz mesmo de apaziguar a *verdadeira rebelião da prática* contra a demora patológica do processo civil tradicional – a doutrina passou a pensar se não seria o caso de tornar *processualmente autônomo* o juízo sumário de probabilidade a respeito da existência ou inexistência do direito alegado pela parte em juízo. Muito se debateu sobre o tema, inclusive com os olhos fitos com a experiência do direito estrangeiro. Entre nós, chegou-se inclusive à elaboração de projeto de lei para inclusão de semelhante proposta no Código vigente, que, contudo, ao seu tempo não encontrou solo favorável.

A ideia, contudo, não deixou de despertar a inquietude de parcela da doutrina processual civil. Em especial, a ideia ganhou atenção do meu caro amigo e colega Gustavo Paim, advogado e professor universitário de prestígio entre os seus pares, com quem tive o prazer de dialogar durante a conclusão de seu curso de mestrado na prestigiosa Faculdade de Direito da Pontifícia Universidade Católica do Rio Grande do Sul. O seu talento fez nascer o livro que tenho a honra de prefaciar e ora apresentar ao público leitor, originariamente concebido como dissertação de mestrado com que meu caríssimo Gustavo logrou título de Mestre em Direito, aprovado com louvor por exigente Banca Examinadora que tive a honra de compor junto com os Professores Doutores José Tesheiner e Sérgio Cruz Arenhart.

Quem quer que tenha interesse nos rumos da tutela sumária no Brasil e na possibilidade de estabilização da chamada tutela antecipada, prevista expressamente no Projeto do CPC que ora tramita na Câmara dos

Deputados, encontrará no presente livro informação segura e reflexões maduras a respeito do tema, costuradas com farto recurso à melhor doutrina nacional e estrangeira existente sobre a temática. Tenho segurança, portanto, em indicar a obra do meu caro amigo Gustavo Paim como excelente leitura sobre o assunto, que se tornará, sem dúvida alguma, de consulta obrigatória a todos que se encontrem empenhados na atuação efetiva das técnicas processuais predispostas para tutela jurisdicional diferenciada dos direitos.

Inverno em Porto Alegre, 2011.

Professor Doutor Daniel Mitidiero

Professor Adjunto de Direito Processual Civil dos Cursos de Graduação, Especialização, Mestrado e Doutorado da Faculdade de Direito da UFRGS. Membro da *International Association of Procedural Law*. Membro do Instituto Brasileiro de Direito Processual. Advogado.

Sumário

Introdução..11

1. O tempo e o Direito..15
  1.1. O tempo do processo...18
  1.2. O tempo das partes do processo...21
  1.3. A infindável busca da verdade...24
  1.4. O tempo e a separação entre direito material e processual............................27
  1.5. O direito à duração razoável do processo...29
  1.6. Efetividade e segurança..30

2. Sumariedade e ordinariedade...35
  2.1. História da sumariedade e da ordinariedade..39
    2.1.1. Direito Romano pré-clássico (arcaico)...41
    2.1.2. Direito Romano clássico...42
    2.1.3. Direito Romano pós-clássico (tardio)..43
  2.2. Processo civil romano..44
    2.2.1. *Ordo iudiciorum privatorum*...46
      2.2.1.1. Legis actiones..46
      2.2.1.2. Processo formulário...48
    2.2.2. *Cognitio extra ordinem*..52
    2.2.3. Direito pretoriano...54
      2.2.3.1. Interditos..57
      2.2.3.2. Natureza jurídica dos interditos..63
  2.3. Período justinianeu..66
  2.4. Influência do Cristianismo..69
  2.5. Ressurgimento do Direito Romano...71
  2.6. Retorno da sumariedade na Idade Média...73
    2.6.1. Atividades mercantis..74
    2.6.2. *Bula Saepe Contingit*..74
  2.7. *Common Law* e *Civil Law*...76
  2.8. Ordinariedade e sumariedade no Direito brasileiro......................................78
  2.9. Sumariedade formal e material..81

3. O direito ao contraditório...87
  3.1. Contraditório prévio..99
  3.2. Contraditório diferido...100
  3.3. Contraditório eventual e inversão do contraditório......................................103

3.4. Contraditório e demandas sumárias..105
   3.4.1. Contraditório e procedimentos especiais....................................106
   3.4.2. Contraditório e processo de execução......................................108
   3.4.3. Contraditório e ação monitória...111
   3.4.4. Contraditório e medidas de urgência.......................................112
4. Antecipação de tutela..115
   4.1. Tutela antecipada e tutela cautelar..117
   4.2. Fundamento constitucional..122
   4.3. Requisitos...123
      4.3.1. Requisitos indispensáveis...124
         4.3.1.1. Prova inequívoca..125
         4.3.1.2. Verossimilhança...126
      4.3.2. Requisitos alternativos..127
         4.3.2.1. Perigo de dano e perigo de ilícito 127
         4.3.2.2. Abuso de direito de defesa ou manifesto propósito protelatório do réu..128
         4.3.2.3. Pedido incontroverso..131
      4.3.3. Requisito negativo: irreversibilidade..133
   4.4. Momento da antecipação...136
   4.5. Efeitos antecipáveis..139
   4.6. Cumprimento da decisão antecipatória...142
   4.7. Regime procedimental da tutela antecipada..................................145
   4.8. Antecipação quando a ação impõe fazer, não fazer ou entrega de coisa............147
   4.9. Antecipação da tutela contra Fazenda Pública..............................148
5. Estabilização da tutela antecipada..153
   5.1. Projeto de Lei n. 186/2005, do Senado Federal..............................159
   5.2. Projeto de novo Código de Processo Civil....................................160
   5.3. Sumariedade e contraditório na estabilização da tutela antecipada.............162
   5.4. Estabilização da tutela antecipada, o princípio da proporcionalidade e a inexistência de uma única resposta correta....................................164
   5.5. Direito comparado..168
      5.5.1. *Référé* do Direito francês..170
         5.5.1.1. *Référé provision*..180
      5.5.2. Direito italiano...185
   5.6. Constitucionalidade da estabilização da tutela antecipada..............189
Conclusão...191
Bibliografia...193

Introdução

O Estado, ao proibir a autotutela, avocou para si a obrigação da prestação jurisdicional, responsabilizando-se pela solução das questões que lhe são suscitadas.

No entanto, o aparato estatal tem-se mostrado insuficiente ante o considerável contingente de demandas que lhe são apresentadas diariamente, motivo pelo qual os feitos processuais tramitam, via de regra, durante longos anos.

Nesse contexto, um dos grandes tormentos hodiernos enfrentados pela ciência jurídica é, sem sombra de dúvidas, a insatisfatória duração processual. A relação tempo e direito, mormente no que tange ao processo, não traduz a necessária harmonia pretendida pelos jurisdicionados que, muitas vezes, não conseguem o bem da vida desejado em razão da demora na solução de seu litígio.

Impõe-se salientar que a excessiva morosidade processual pode estar a serviço de determinados interesses, visto que, se, para uma parte, é conveniente a célere resolução da lide, para a outra, possivelmente, o ideal é que não se altere a situação fática existente.[1] Demonstra-se, assim, a relatividade do tempo processual, especialmente vista pelo diverso prisma das partes envolvidas na relação controvertida.

A infindável e frequentemente histérica busca de uma utópica verdade única pode ser apresentada como uma das causas da delonga procedimental. Afinal, admite-se um manancial de opções probatórias e recursais no afã de viabilizar a fiel reconstituição dos fatos, sem qualquer preocupação que, ao fim e ao cabo, tal solução se demonstre inócua.

Ocorre que não é salutar desvincular o direito processual do direito material. Inúmeras são as situações em que há urgência na preservação, no caso concreto, de um direito violado, a não permitir que a salvaguarda desse bem se sujeite a uma espera demasiada.

---

[1] SILVA, Ovídio Baptista da. Tempo do processo e regulação da sucumbência. *Revista Dialética de Direito Processual*, n. 7, São Paulo, 2003, p. 76: "O verdadeiro custo do processo, representado pelo *tempo*, não onera jamais o demandado que, durante o interminável procedimento ordinário, tem o privilégio de desfrutar do *status quo ante*, sem responder pelo custo representado pelo *tempo*".

Esse descompasso entre o tempo e o direito ou em relação ao tempo do direito tem exacerbado o que se denomina crise da justiça. Nesse diapasão, muitas alterações legislativas têm procurado, paulatinamente, atenuar os efeitos deletérios da tardia prestação jurisdicional. Prova disso é a reforma do Judiciário, a modificação de regras recursais, especialmente do agravo, dentre outras soluções emergenciais e insuficientes.

O Projeto de Lei n. 186/2005, do Senado Federal, fruto de uma proposta do Instituto Brasileiro de Direito Processual, teve como objetivo a estabilização da tutela antecipada, uma saudável iniciativa do meio acadêmico para tentar amenizar a morosidade jurisdicional.

O referido projeto de lei foi arquivado, tendo em vista que seu autor não se reelegeu no ano de 2006. Entretanto, a Comissão de Juristas, presidida pelo Ministro Luiz Fux,[2] em seu Projeto de Código de Processo Civil, encampou o instituto e previu a possibilidade de a tutela antecipada ser estabilizada.

Este é o foco central do presente estudo, que busca analisar a constitucionalidade, a viabilidade e a conveniência da estabilização da tutela antecipada, sem, contudo, ficar refém do projeto de novo Código de Processo Civil, de sua aprovação ou do teor de suas disposições. O que se pretende é desenvolver a pesquisa acerca do instituto, sua origem e características, bem como da possibilidade de que dele surtam efeitos propícios para o bom andamento das lides processuais, especialmente no que tange à distribuição do ônus do tempo do processo.

Trata-se de uma inovação em nosso ordenamento jurídico, a demandar um impreterível exame de alguns tópicos essenciais, capazes de demonstrar sua viabilidade. Para tanto, faz-se indispensável o estudo pormenorizado da ordinariedade e da sumariedade, tanto no que respeita a sua historicidade, como no que concerne ao seu estágio atual no direito brasileiro, visto que a referida proposta apresenta uma possibilidade de sumarização procedimental e material.

Essa estabilização da tutela antecipada demanda, também, uma criteriosa avaliação constitucional, mormente no que se refere ao princípio do contraditório, eis por que a sumarização apresentada traz em si uma alteração da regra geral do contraditório prévio e da ampla defesa, visto que se permite que a oposição ao direito alegado se torne eventual ou invertida.

Com a análise dos procedimentos sumários e do princípio do contraditório, são fornecidos elementos indispensáveis para uma correta avalia-

---

[2] A Comissão de Juristas foi instituída pelo Ato do Presidente do Senado Federal n. 379, de 2009, tendo como objetivo elaborar Projeto de Novo Código de Processo Civil.

ção do instituto da estabilização da tutela antecipada, bem como do texto de lei sugerido no Projeto de novo Código de Processo Civil. Contudo, também se impõe fazer um estudo da antecipação de tutela que se pretende estabilizar.

Após o esquadrinhamento da sumariedade, do contraditório e da antecipação de tutela, tem-se a base necessária para uma correta pesquisa acerca da estabilização da tutela antecipada, podendo-se socorrer de institutos existentes no direito comparado, com ênfase no *référé* do direito francês e em recente alteração legislativa ocorrida na Itália, em razão da chamada lei de competitividade.

Assim, é possível perceber que a estabilização da tutela antecipada não traz qualquer inconstitucionalidade, visto que sua sumarização não viola o princípio do contraditório e da ampla defesa. Muito pelo contrário, o instituto consagra a garantia constitucional da duração razoável do processo, positivada no direito brasileiro no art. 5º, LXXVIII, da Constituição da República Federativa do Brasil, além de tornar efetivas outras garantias constitucionais, sobretudo no que concerne ao devido processo legal e à efetividade.

Não obstante, é conveniente estudar a estabilização da tutela antecipada sob o prisma do princípio da proporcionalidade,[3] a permitir que se faça uma ponderação e um balanceamento das garantias porventura conflitantes em um caso concreto, tendo em vista a ausência de uma única resposta correta para cada caso. Explica-se a aplicação do princípio da proporcionalidade em razão da inexistência de garantias constitucionais absolutas, visto que as garantias se encontram em coexistência, limitando-se mutuamente, merecendo relevância na medida em que sirvam à consecução dos fins do processo, e só em tal medida. Ocorre, com frequência, a oposição recíproca de garantias fundamentais, devendo-se permitir aos magistrados uma margem de flexibilidade na aplicação do direito.

Tem-se, aqui, a procura de uma efetividade maior do direito processual, a fim de que se respeitem as necessidades existentes do direito material, sem esquecer o valor segurança e a importância da certeza jurídica, mas objetivando uma prestação jurisdicional mais célere, com o intuito

---

[3] Utiliza-se "princípio da proporcionalidade" como assente na doutrina e na jurisprudência, mas não se ignora o debate existente acerca de sua classificação normativa. Nesse contexto, Virgílio Afonso da Silva, em sua nota de tradução à obra de ALEXY, Robert. *Teoria dos direitos fundamentais*. São Paulo: Malheiros, 2008, p. 10, assevera que os termos *Prinzip* e *Grundsatz* podem ser traduzidos, em português, pelo termo princípio. Contudo, "em alguns momentos, há uma deliberada escolha do autor pelo uso de um ou de outro, justamente para marcar uma diferença que a ele pareceu necessária. O caso mais importante está ligado à idéia de proporcionalidade. Alexy evita denominá-la de princípio (*Prinzip*), justamente para evitar confusões em relação ao seu conceito de princípio como espécie de norma contraposta à regra". Assim, em sua tradução, Virgílio Afonso da Silva optou por traduzir *Grudsazt* por máxima, utilizando a expressão "máxima da proporcionalidade".

de que o tempo não corroa a esperança e o anseio dos jurisdicionados, que veem, no Poder Judiciário, a proteção de seus direitos mais fundamentais.

Deve-se salientar, outrossim, que se tem a preocupação de estudar a viabilidade, a constitucionalidade e a conveniência de uma possível estabilização da tutela antecipada, não se vinculando, pois, à efetiva aprovação do Projeto do novo Código de Processo Civil, nem aos efeitos práticos porventura decorrentes de sua adoção.

1. O tempo e o Direito

Basta uma simples leitura do vocábulo "tempo" para surgir uma infinidade de conceituações e ideias, as mais variadas possíveis, a ponto de todos nos sentirmos familiarizados com o referido termo, em que pese a dificuldade de se definir, com precisão, seu significado.[4]

Santo Agostinho demonstrou a peculiaridade desse fenômeno chamado tempo, comprovando a dificuldade de sua real compreensão, e, mesmo não sabendo defini-lo, acabou por afirmar inexistentes passado e futuro.[5] Para Santo Agostinho, então, poder-se-ia falar, com propriedade, na existência de três tempos: "o presente respeitante às coisas passadas, o presente respeitante às coisas presentes, o presente respeitante às coisas futuras". Assim, tratou o passado como a memória presente, o presente como a visão presente, e o futuro como a expectação presente.[6]

Mesmo com a dificuldade de domínio de seu conteúdo, pode-se dizer que o tempo possui uma íntima relação com nossa vida, com nossa história. Aliás, se não houvesse tempo, não haveria vida, não haveria história.[7] O mesmo acontece com o direito, que é indissociável do tempo.

---

[4] AGOSTINHO. *Confissões*. Trad. Arnaldo do Espírito Santo, João Beato e Maria Cristina de Castro-Maia de Souza Pimentel. Lisboa: Imprensa Nacional – Casa da Moeda, 2001, Livro XI, p. 299-300: "Que realidade mais familiar e conhecida do que o tempo evocamos na nossa conversação? E quando falamos dele, sem dúvida compreendemos, e também compreendemos quando ouvimos alguém falar dele. O que é, pois, o tempo? Se ninguém mo pergunta, sei o que é; mas se quero explicá-lo a quem mo pergunta, não sei: no entanto, digo com segurança que sei que, se nada passasse, não existiria o tempo passado, e, se nada adviesse, não existiria o tempo futuro, e, se nada existisse, não existiria o tempo presente".

[5] Idem, p. 300: "De que modo existem, pois, esses dois tempos, o passado e o futuro, uma vez que, por um lado, o passado já não existe, por outro, o futuro ainda não existe? Quanto ao presente, se fosse sempre presente, e não passasse a passado, já não seria tempo, mas eternidade. Logo, se o presente, para ser tempo, só passa a existir porque se torna passado, como é que dizemos que existe também este, cuja causa de existir é aquela porque não existirá, ou seja, não podemos dizer com verdade que o tempo existe senão porque ele tende para o não existir?"

[6] Idem, p. 305. Nesse sentido, à p. 314, Santo Agostinho refere que "aquilo que é objecto da expectativa passa, através daquilo que é objecto da atenção, para aquilo que é objecto da memória".

[7] PRIGOGINE, Ilya. *O fim das certezas: tempo, caos e as leis da natureza*. Trad. Roberto Leal Ferreira. São Paulo: Unesp, 1996, p. 197: "O tempo e a realidade estão irredutivelmente ligados. Negar o tempo pode parecer um consolo ou aparecer como o triunfo da razão humana, é sempre uma negação da realidade".

O tempo tem sido um dos grandes dramas do direito, tendo em vista as necessidades prementes, que não se coadunam com os longos e morosos procedimentos que regram o dia a dia jurídico.[8]

Há uma cristalina desarmonia entre a dilação temporal dos procedimentos jurídicos pátrios e as imperiosas demandas por uma prestação jurisdicional mais célere e efetiva, capaz de salvaguardar o direito posto em causa. Tal desajustamento não é um fenômeno recente, embora tenha ocorrido um drástico agravamento dele nos últimos anos.

Inseparáveis são, pois, direito e tempo, sofrendo aquele os inevitáveis influxos das contingências deste. A busca da justiça pela satisfação do direito pleiteado depende de uma solução, muitas vezes, urgente, em que não poderia a parte se sujeitar aos caprichos de uma jurisdição lenta e gélida, desvinculada da realidade fática.

Uma grande demonstração da insatisfação em relação ao descompasso existente entre o tempo e o direito transparece da Emenda Constitucional n. 45, que acrescentou às garantias fundamentais a duração razoável do processo, esculpida no art. 5º, LXXVIII, da Constituição da República Federativa do Brasil.

Nesse contexto, impensável a universalização da ordinariedade em nosso ordenamento jurídico, visto que não serviria ao propósito essencial de garantia a direitos fundamentais em determinados casos. Portanto, deve-se ter em vista a particularidade do caso concreto, permitindo que, em dadas circunstâncias, se abreviem os rituais existentes para a satisfação do jurisdicionado. A rigidez de um procedimento regulado de maneira uniforme para todas as causas possíveis teria o grande inconveniente de não se prestar a satisfazer a contemporânea exigência de uma acurada e exauriente análise, que é especialmente sentida em certas causas mais complexas e difíceis, nem a exigência de uma rápida resolução, que prevalece nas causas mais simples e urgentes.[9]

Torna-se imperiosa a busca pela atenuação dos nefastos efeitos do tempo para a concretização do direito material em jogo. A grande dificuldade está em permitir a aceleração procedimental com respeito às garan-

---

[8] Cumpre aqui, novamente, trazer à baila o pensamento de Santo Agostinho, eis por que se questiona como mensurar o tempo, visto que sequer se sabe seu real significado. "Eu meço o tempo, sei isso, mas não meço o futuro, porque ainda não existe, não meço o presente, porque não se estende por nenhuma extensão, não meço o passado, porque já não existe". Op. cit., p. 311.

[9] DENTI, Vittorio. Il processo di cognizione nella storia delle riforme. *Rivista Trimestrale di Diritto e Procedura Civile*, v. 47, Milano, 1993, p. 812: "La rigidezza di un procedimento, regolato in modo uniforme per tutte le possibili cause, há il grande inconveniente di non prestarsi a soddisfare contemporaneamente l'esigenza di accurate ed esauriente indagine, che è specialmente sentita in certe cause più complicate e difficile e la esigenza di pronta risoluzione, che prevale nelle cause più semplici e urgenti".

tias fundamentais das partes envolvidas, repartindo-se o ônus do tempo do processo.

Há substanciais diferenças entre os muitos conflitos submetidos ao crivo do Poder Judiciário. Assim, por exemplo, a necessidade de um doente terminal ser atendido pelo sistema de saúde não pode ser jamais comparada à demanda pela satisfação de um crédito pecuniário, a demonstrar a inexistência de um tempo único. Ademais, vivemos em uma sociedade de massas, em que os direitos antigamente de mera natureza privada passam a conviver com direitos sociais, coletivos, difusos que "no soportan el transcurso del tiempo del proceso".[10]

Por essa mesma razão, deve-se refutar a generalização procedimental, subsumida ao ideal de busca de uma irreal verdade única, comprometida com a utópica neutralidade do juiz, mormente em razão das diversidades de nossa complexa relação social. A ordinariedade não deve conduzir todas as pugnas submetidas ao Judiciário, porque estão presentes incontáveis situações de urgência a demandar tratamento e rito específico, visando à concretização do bem da vida pleiteado.

De qualquer sorte, os extremos não são recomendáveis, tanto no sentido da universalização da ordinariedade, com uma consequente cognição plena e exauriente, quanto da sumarização absoluta dos procedimentos, visto que há situações em que se faz importante ter paciência para acalmar os ânimos das partes envolvidas, a fim de que não haja uma *discronia*[11] decorrente da exacerbada utilização das "tutelas de urgência". Assim, deve haver um equilíbrio capaz de propiciar condições harmônicas tanto para as situações que exigem uma celeridade maior como para aquelas que demandam uma salutar meditação do julgador.[12]

---

[10] MONROY GÁLVEZ, Juan; MONROY PALACIOS, Juan. Del mito del proceso ordinario a la tutela diferenciada. Apuntes iniciales. *Revista de Processo*, n. 109, São Paulo, 2003, p. 195-196. "Además de nuevos, estos derechos requieren una cobertura judicial urgente, porque si van ser resueltos una vez concluido un proceso ordinario – por citar un ejemplo – el agravio a su titular se convertiría en definitivo y el proceso habría significado una actividad infructuosa. El tiempo – esa "cueva de ladrones" como lo llamó Benedetti – se va a tragar a todos los nuevos derechos si se pretende que su eficacia se concrete a través de un proceso con cognición plena. Digamos que los nuevos derechos le plantean al procesalista un reto de supervivencia: o se cambia sustancialmente el proceso a fin de adecuarlo a las nuevas exigencias de la sociedad, o se le hace perecer. En este contexto, resulta indispensable que surja una alternativa a la *tutela jurisdiccional ordinaria*".

[11] OST, François. *O tempo do direito*. Lisboa: Piaget, 1999, p. 37-41. Para François Ost, discronia seria, juntamente com a eternidade, a entropia e o determinismo, uma patologia temporal, que significaria o risco de não se atentar à pluralidade do tempo, visto existirem "ritmos específicos, durações particulares, ciclos singulares, velocidades diferenciadas". Dever-se-ia atentar ao "direito ao seu tempo, direito ao seu ritmo", com diferentes tempos sociais, cada um a demandar sua própria cadência. Dessa forma, far-se-ia necessário ter cuidado para não banalizar o uso das tutelas de urgência.

[12] François Ost assim se refere quando trata do contínuo, do tempo da instituição, como é o tempo do direito: "Ansioso pelas transições, não acredita nem nas manifestações instantâneas, nem nas resoluções permanentes. Consciente das múltiplas trocas entre o direito e o social, relativiza as pretensões

Nesse diapasão, percebe-se a indissociável relação entre o tempo e o direito, em que se faz relevante o respeito à complexidade das relações sociais, com procedimentos mais céleres e aptos a preservar o direito material em discussão, mas sem jamais perder de vista o respeito às garantias fundamentais existentes. Nesse sentido, encontra-se superada a total separação entre o processo de conhecimento e o processo de execução, em que qualquer atividade executiva somente poderia ter início após um longo e custoso processo de conhecimento ordinário e plenário, tendo em vista o princípio *nulla executio sine titulo*.[13]

O tempo do direito não é apenas o tempo da urgência, nem o da plenariedade, não é o tempo da ordinariedade, nem da sumariedade, não é o tempo de institutos pretéritos, como também não é o de modernos procedimentos. O tempo do direito é a soma de todos eles, que não são excludentes, mas sim, complementares; é o aprendizado da história e o planejamento do futuro, é o tempo metamórfico.[14]

1.1. O TEMPO DO PROCESSO

Conforme referido, o Estado, ao vedar o direito à autotutela, comprometeu-se com a proteção jurisdicional a ser prestada ao cidadão, como a contrapartida inevitável da vedação ao uso da justiça privada. Assim, em uma sociedade "civilizada", o ato de proibir alguém de fazer justiça a si mesmo tem como corolário indispensável a faculdade reconhecida a

---

das vontades soberanas. Ele sabe que o tempo, como o rio de Heraclito, não pára de correr. Mas, preso aos valores fundadores (o rio tem uma nascente, e o mar é seu destino), tenta balizar o seu curso com pontos de referência e canalizar o seu fluxo, opondo por vezes alguma moderação à pressão tumultuosa das urgências, outras vezes libertando correntes que estagnavam". Op. cit., p. 205-206.

[13] Recusando-se, com isso, a dicotomia processo de conhecimento e processo de execução, abre-se o caminho necessário para o reconhecimento das chamadas "ações sincréticas", viabilizando-se o sincretismo entre cognição e execução dentro do mesmo processo. Importante, nessa evolução, a Lei 11.232, de 22 de dezembro de 2005, que alterou substancialmente o processo de execução, sendo, por exemplo, suficiente um requerimento do credor para que seja expedido mandado de penhora e avaliação, bem como sendo possível a intimação do executado na pessoa de seu advogado, para que ofereça, no prazo de quinze dias, querendo, impugnação, que não terá, como regra, efeito suspensivo.

[14] OST, François. Op. cit., p. 232-233: "O tempo jurídico arrancado ao efêmero não é o dos improvisos passionais, nem o das rupturas radicais com o passado. Deve ser antes compreendido no modo da metamorfose: simultaneamente instituído e instituinte, é objecto de mutações contínuas, de adaptações permanentes, de remodelagens constantes. Decorre da experiência e da história, procede por tentativas e erros, tacteamentos e aproximações; avança por meio de escorregadelas sucessivas; substitui insensivelmente umas formas por outras, sem que nunca o fio que as liga se rompa totalmente. Sem dúvida, esse tempo da metamorfose, que combina antecipação e tradição, é paradoxal: menos mobilizador que a ruptura radical do revolucionário, menos tranquilizador do que a longa duração do conservador, não deixa de ser, segundo nos parece, a aproximação mais exacta da natureza sempre enigmática do tempo social – pelo menos quando este consegue instituir, nem que seja por um tempo, a duração que sempre escapa".

todos, sem qualquer discriminação, de ir ao Judiciário para buscar a justiça.[15]

Contudo, o jurisdicionado, ao consentir com a mediação institucional, concordando em submeter ao Judiciário a satisfação de suas pretensões, acaba admitindo a existência de um obstáculo ao imediatismo temporal. Ao abdicar de fazer justiça de mão própria, o cidadão também renuncia a obter a justiça imediatamente, visto que tempo e processo estão intimamente ligados. A própria noção de "processo", do latim *procedere*, "avançar", "andar", implica a ideia de evolução e de maturação. O processo "não esgota o seu ciclo de vida em um único momento, mas destina-se a se desdobrar ao longo do tempo, tendo uma duração própria, irredutível porque fisiológica".[16]

O direito coloca-se ao lado da reflexão e, portanto, de uma certa lentidão. O Estado de direito não organiza somente a possibilidade de recorrer a um juiz; ele também deve fornecer algumas garantias necessárias para a realização prática do direito, cujo exercício exige alguma duração. Esta certamente não é uma condição suficiente para garantir uma boa justiça, mas é uma condição indispensável.[17]

Assim, o direito processual possui sua parcela de culpa frente à demora da prestação jurisdicional, aparecendo como o grande vilão nessa ausência de sintonia entre o tempo e o direito, muito embora não sejam as regras processuais responsáveis exclusivas, nem primordiais, pela morosidade do Poder Judiciário.[18]

Dentre os principais motivos da influência do processo no retardamento da entrega do bem da vida pleiteado, estão, indubitavelmente, o excessivo número de recursos e a cognição plenária e exauriente do procedimento ordinário, gerando, com isso, procedimentos extremamente longos e prejudiciais à efetividade do direito.

---

[15] CHAINAIS, Cécile. *La protection juridictionnelle provisoire dans le procès civil en droit français et italien.* Paris: Dalloz, 2007, p. 08.

[16] Idem, p. 08-09 : « Or la médiation institutionnelle à laquelle consent le citoyen en acceptant de recourir à un tribunal fait obstacle, d'un même mouvement, à l'immédiateté temporelle. En renonçant à se faire justice lui-même, le citoyen renonce également à obtenir justice instantanément: temps et procès sont intimement liés. La notion même de « procès », du latin « procedere », « avancer », « marcher », implique l'idée d'évolution et de maturation. Le procès « n'épuise pas son cycle vital en un seul instant, mais est destiné à se dérouler dans le temps, ayant pour cela une durée propre, irréductible parce que physiologique ».

[17] Idem, p. 09.

[18] SILVA, Ovídio Araújo Baptista da. Processo de conhecimento e procedimentos especiais. *Da Sentença Liminar à Nulidade da Sentença.* Rio de Janeiro: Forense, 2002, p. 94: "É certo que os fatores determinantes da ineficiência, inadequação e morosidade de nossa Justiça não decorrem unicamente, nem primordialmente, das eventuais imperfeições de nossos institutos de Direito Processual".

Paulatinamente, têm sido realizadas reformas processuais visando à redução da penosa duração processual, especialmente no que diz respeito à disciplina dos recursos em que, por exemplo, se tornou o agravo retido, regra, e o de instrumento, exceção, evitando frequentes paralisações quando da discussão de decisões interlocutórias.

No entanto, para que caminhemos com maior vigor e efetividade em direção à celeridade da prestação jurisdicional, a técnica da sumarização procedimental mereceria um estudo mais aprofundado, a fim de que se viabilizasse uma aplicação maior dos procedimentos sumários, fator essencial para a solução eficaz dos complexos litígios da sociedade moderna.[19]

É de se ressaltar que controvérsias que envolvem os maiores interesses, sejam políticos ou econômicos, há muito, deixaram de ser tutelados pelo moroso procedimento ordinário, existindo leis específicas que impõem procedimentos especiais, no mais das vezes, de extrema sumariedade, a demonstrar uma "desigualdade *de* procedimento e desigualdade *no* procedimento".[20]

Tais instrumentos deveriam se tornar acessíveis aos jurisdicionados em geral,[21] não podendo, no entanto, se tornar uma verdadeira panaceia, de sorte que tenhamos que nos sujeitar a uma generalização do urgente.[22] Deve-se ter em mente que o processo possui, como característica, "durar, no ser instantáneo o momentáneo, prolongar-se",[23] demandando, em res-

---

[19] CRUZ E TUCCI, José Rogério. *Tempo e processo*. São Paulo: Revista dos Tribunais, 1997, p. 129: "Fácil fica concluir que essa tendência atual, com a finalidade de acelerar a marcha procedimental, deve ser individuada na intolerância da excessiva lentidão da estrutura do processo tradicional, visto resultar pacífico que a rápida prestação jurisdicional é elemento indispensável para a efetiva atuação das garantias constitucionais da ação e defesa".

[20] OLIVEIRA, Carlos Alberto Alvaro. Procedimento e ideologia no direito brasileiro atual. *Ajuris*, n° 33, Porto Alegre, 1985, p. 81.

[21] MARINONI, Luiz Guilherme. *Abuso de defesa e parte incontroversa da demanda*. São Paulo: Revista dos Tribunais, 2007, p. 39: "A distribuição do ônus do tempo no procedimento comum é imprescindível para a democratização do processo civil, pois evita que o tempo seja tratado de forma diferenciada apenas diante de procedimentos especiais, que, como o próprio nome indica, preocupam-se apenas com situações especiais, esquecendo que a questão da distribuição do tempo é vital diante de toda e qualquer situação litigiosa concreta".

[22] OST, François. Op. cit., p. 352: "A urgência remete, pois, em princípio, para um estado de coisas excepcional: a gravidade de uma situação ordena que se aja de imediato, se for preciso à margem ou até em violação dos procedimentos comuns. Há perigo na demora e, como se diz nesses casos, necessidade (urgência) faz lei". Não se pode, por conseguinte, transformar a exceção em regra, visto que a generalização da urgência possui efeitos prejudiciais, como a "cultura da impaciência que faz surgir qualquer atraso como dilação insuportável", além de "comprometer-se na via de um provisório permanente, como se, alimentando-se de alguma forma de si mesma, cada uma das intervenções pedisse a seguinte" (p. 355-356).

[23] BIDART, Adolfo Gelsi. El tiempo y el proceso. *Revista de Processo*, n. 23, São Paulo, 1981, p. 110: "Como se dijo, la duración es algo necesario en toda actividad y en toda obra humana, máxime cuando se realizar paulatina y no instantáneamente. Nos estamos refiriendo, no a la permanencia futura

peito a um *giusto processo*, obediência "a uma série de garantias das partes (*due process of law*) cuja observância se faz incompatível com a precipitação".[24]

A justiça exige serenidade do juiz para a sua realização, pois qualquer julgamento sobre o mérito requer uma certa duração. Por isso, há necessidade de uma proteção provisória, para atender ao risco induzido pela necessidade dessa maturação, na medida em que esse lapso temporal pode ser prejudicial para uma das partes. O objetivo primordial da tutela provisória é responder às situações de urgência processual. Se a proteção jurisdicional provisória é necessária, é imperioso que ela aborde a contradição profunda entre o tempo necessário para o desenvolvimento de um processo sobre o mérito, de um lado, e todas as situações de urgência em que essa espera não é tolerável, de outro.[25]

De um ponto de vista teórico, o direito à proteção jurisdicional provisória decorre diretamente da proibição de se fazer justiça de mão própria, justiça privada. Assim, a organização dos procedimentos provisórios aparece como uma necessária contrapartida à vedação da autotutela, juntamente com a constatação de que a proteção jurisdicional é exercida no decurso do tempo.[26]

1.2. O TEMPO DAS PARTES DO PROCESSO

O tempo, como realidade, não possui uniformidade, de modo que se possa ter um sentido unívoco para definir o referido vocábulo, no que tange à sua exteriorização. Em verdade, o tempo sofrerá tantas diferentes interpretações quantos diferentes forem seus intérpretes, visto que o que, para alguém, pode parecer de grande efemeridade, para outrem, pode significar uma tormentosa eternidade. Quer-se dizer, com isso, que a mensuração do tempo possui um quê muito aflorado de subjetividade.

---

del resultado, sino al proceso en sí, que requiere un lapso de cierta prolongación para actuarse, que no puede realizarse en un instante único".

[24] CRUZ E TUCCI, José Rogério. Garantia da prestação jurisdicional sem dilações indevidas como corolário do devido processo legal. *Revista de Processo*, n. 66, São Paulo, 1992, p. 72-73.

[25] CHAINAIS, Cécile. Op. cit., p. 29 : « La justice exige, pour son accomplissement, la sérénité du juge ; c'est pourquoi tout procès au fond suppose une certaine durée. Dès lors, la fonction attendue de la protection provisoire est de répondre au péril qu'induit la nécessité, pour toute procédure au fond, de se dérouler dans une certaine durée de temps, dont l'étendue peut s'avérer préjudiciable à l'une des parties. En un mot, son propos est de répondre aux situations d'urgence procédurale. Si la protection juridictionnelle provisoire est nécessaire, c'est qu'elle répond à la contradiction profonde entre le temps nécessaire au déroulement d'une instance au fond d'une part, et l'ensemble des situations d'urgence où cette attente n'est pas tolérable, d'autre part »

[26] Idem, p. 66.

Em uma determinada relação processual, as partes envolvidas no litígio poderão ter concepções diametralmente opostas acerca da duração da controvérsia, eis por que o autor provavelmente terá interesse em uma pronta solução, enquanto que o réu, em regra, terá benefícios com a perpetuação da discussão.[27] Nesse sentido, a plenariedade será condizente com os anseios do demandado, enquanto a sumariedade corresponderá aos desejos do demandante. Há, portanto, uma límpida e perceptível diferenciação entre o tempo das partes do processo.

O tempo do processo traz consequências diversas às partes, sendo que a plenariedade e a ordinariedade, próprias de uma suposta neutralidade do legislador e do julgador, acabam por sujeitar o autor ao elevado custo da espera da longa duração processual. *A contrario sensu*, decisões tomadas liminarmente acabam por, em inúmeros casos, inviabilizar a realização de um salutar diálogo, podendo violar garantias constitucionais do réu.

Pensando em uma hipótese mais concreta, um julgador, quando diante de um conflito a ele apresentado, em que o autor demanda, com urgência, a concessão de uma liminar *inaudita altera parte*, a fim de ver satisfeito um direito que lhe é muito caro, estará frente a uma encruzilhada, podendo decidir com base apenas nas alegações do demandante, em um juízo de verossimilhança, ou, quem sabe, indeferir a liminar e esperar formar seu juízo de convencimento e certeza a ser proferido quando da sentença em um processo ordinário. Deve-se ter em conta que o deferimento da liminar poderá trazer a violação de um direito do demandado, enquanto o indeferimento do pedido talvez ofenda uma garantia do demandante.

Assim, em que pese a tradição de ordinariedade e plenariedade do ordenamento jurídico brasileiro, em que se evitam decisões embasadas em verossimilhança e probabilidade, buscando-se a certeza e a segurança revelada por meio da decisão final do processo, impõe-se salientar que o não reconhecimento de um direito que se apresenta provável do autor implica a salvaguarda de um direito improvável do réu.[28] Portanto, não se pode ter em mente, apenas, que o magistrado, ao indeferir o pedido liminar do autor, protege um direito constitucional do réu, visto que o reconhecimento e a aplicação tardia de um direito, muitas vezes, corresponde a uma violação desse direito.

---

[27] CAPPELLETTI, Mauro. *Proceso, ideologias, sociedad*. Trad. Santiago Sentís Melendo y Tomás A. Banzhaf. Buenos Aires: Ediciones Juridicas Europa-America, 1974, p. 348: "Piénsese en verdad que, con bastante frecuencia, en el proceso civil, frente a una parte que tiene prisa, hay otra parte que preferiría en cambio diferir lo más posible la decisión final".

[28] SILVA, Ovídio Araújo Baptista da. A "plenitude de defesa" no processo civil. *Da Sentença Liminar à Nulidade da Sentença*. Rio de Janeiro: Forense, 2002, p. 121: "Em direito, particularmente no domínio do processo civil, o juiz não pode conceder nada a nenhuma das partes, senão à custa de um igual sacrifício do adversário. Quer dizer, tudo o que o juiz conceder ao autor ele o dará à custa do réu. O inverso é igualmente verdadeiro".

Com isso, quer-se dizer que a universalização de um procedimento ordinário, via de regra de cognição plenária, sem espaço para decisões sumárias, acaba por onerar o autor, que se vê prejudicado pela ampla dilação temporal de um processo sempre plenário. Trata-se, inclusive, de um verdadeiro incentivo ao demandado de procrastinar o feito,[29] visto que se manterá como titular do direito em discussão enquanto perdurar o moroso embate judicial. Uma equanimidade maior na distribuição entre as partes do custo, que representa o tempo no processo, certamente contribuiria para uma agilização da prestação jurisdicional.[30]

Não se quer, com isso, conferir um prévio atestado de procedência às afirmações do autor, considerando este sempre detentor de razão nos litígios contra um desleal adversário. O que não se pode é atribuir ao autor, na totalidade dos casos, o ônus da delonga procedimental,[31] impondo um difundido procedimento plenário, sem que se permita, em determinados casos concretos, que se propicie ao demandante uma via mais célere e efetiva na busca de seu direito. O princípio da isonomia das partes deve preponderar no processo, sem que se beneficie o autor em detrimento do réu,[32] ou vice-versa; no entanto, uma utilização maior de demandas sumárias, com procedimentos mais rápidos, fatalmente contribuirá para uma igualdade maior entre os litigantes.[33]

---

[29] MARINONI, Luiz Guilherme. O custo e o tempo do processo civil brasileiro. *Revista da Faculdade de Direito da Universidade Federal do Paraná*, v. 37, Curitiba, 2002, p. 38: "Não tem sentido que o Estado proíba a justiça de mão própria, mas não confira ao cidadão um meio adequado e tempestivo para a solução dos seus conflitos. Se o tempo do processo, por si só, configura um prejuízo à parte que não tem razão, é certo que quanto mais demorado for o processo civil mais ele prejudicará alguns e interessará a outros. Seria ingenuidade inadmissível imaginar que a demora do processo não beneficia justamente aqueles que não têm interesse no cumprimento das normas legais".

[30] SILVA, Ovídio Baptista da. Tempo do processo e regulação da sucumbência. *Revista Dialética de Direito Processual*, n. 7, São Paulo, 2003, p. 77.

[31] SILVA, Ovídio Araújo Baptista da. *Jurisdição e execução na tradição romano-canônica*. 2. ed. rev. São Paulo: Revista dos Tribunais, 1997, p. 188: "Durante o longo e fatigante percurso do procedimento ordinário, o *status quo ante* é mantido, em benefício do demandado, de tal sorte que o custo do processo – correspondente ao tempo necessário a que o Estado se convença de que o autor tem razão – é descarregado inteiramente sobre os ombros do demandante".

[32] MARINONI, Luiz Guilherme. O custo e o tempo do processo civil brasileiro. Op. cit., p. 45: "Quando o direito que está nas mãos do réu é reconhecido, o prejuízo imposto a este é significantemente menor do que aquele que é causado ao autor que, privado do seu direito, fica por longo período de tempo à espera da resposta jurisdicional que o reconhece".

[33] A igualdade que se fala aqui é a igualdade material, e não a meramente formal. Nos dizeres de BARBOSA, Rui. Oração aos moços. *Escritos e discursos seletos*. Rio de Janeiro: José Aguilar, 1960, p. 685, "a regra da igualdade não consiste senão em quinhoar desigualmente aos desiguais, na medida em que se desigualam. Nesta desigualdade social, proporcionada à desigualdade natural é que se acha a verdadeira lei da igualdade. O mais são desvarios da inveja, do orgulho ou da loucura. Tratar com desigualdade a iguais, ou a desiguais com igualdade, seria desigualdade flagrante, e não igualdade real". Deve-se, ressaltar, ainda, que, como regra, o réu que sofrer uma execução provisória, posteriormente declarada ilegítima, poderá pleitear uma indenização dos danos sofridos. Já o autor, que for reconhecido ao final como detentor do direito pleiteado, terá suportado as delongas do procedimento ordinário sem direito a reclamar qualquer indenização por eventuais prejuízos. O

Não se está propondo o fim do rito procedimental ordinário, regra de nosso processo de conhecimento, que possui inegável relevância na busca de uma certeza do provimento jurisdicional, amparada pelo valor segurança jurídica. O que se quer não é a substituição da ordinariedade,[34] mas sim, uma complementação com a viabilidade de um procedimento que valorize a efetividade.[35]

Nesse contexto, inclusive, a reforma processual de 1994 representou um significativo avanço, incluindo, generalizadamente, a tutela antecipada de forma a permitir decisões com base em cognição sumária no curso de um processo ordinário. Dessa forma, permite-se uma proteção jurisdicional provisória, enquanto se aguarda uma posterior decisão definitiva de mérito. Viabiliza-se, pois, a distribuição do ônus do tempo do processo.

1.3. A INFINDÁVEL BUSCA DA VERDADE[36]

Como vimos anteriormente, o direito brasileiro ainda vive sob uma prevalência da ordinariedade – em que pese a existência de institutos

---

paradoxo existente é que o autor, que teve a seu favor, mesmo que provisoriamente, uma decisão judicial, poderá vir a ser compelido a indenizar, ao passo que o réu, mesmo que nunca tenha tido qualquer probabilidade de vitória, poderá ser mantido "injustamente" na posse de determinado bem por longos anos, sem nada arcar. Nesse sentido, SILVA, Ovídio Araújo Baptista da. Antecipação de tutela e responsabilidade objetiva. *Da Sentença Liminar à Nulidade da Sentença*. Rio de Janeiro: Forense, 2002, p. 208.

[34] MONROY GÁLVEZ, Juan; MONROY PALACIOS, Juan. Op. cit., p. 204: "Cuando nos referimos a abordar el tema de lo urgente en el plano procesal, estamos aludiendo a la necesidad de otorgarle protección a situaciones que no soportan el tratamiento brindado por la tutela ordinaria. Sin embargo, nos parece imprescindible aclarar desde ya que el propósito de la tutela de urgencia no es en ningún caso constituir-se en un reemplazo de la tutela ordinaria clásica. Al contrario, si fuese necesario establecer una relación entre ambas, tendríamos que decir que la tutela de urgencia *complementa* a la tutela clásica. Y esto es así porque puestos a cotejar sus finalidades, encontramos que se trata exactamente de lo mismo: proveer al justiciable de una *tutela jurisdiccional efectiva*".

[35] SILVA, Ovídio Araújo Baptista da. Processo de conhecimento e procedimentos especiais. *Da Sentença Liminar à Nulidade da Sentença*. Rio de Janeiro: Forense, 2002, p. 102: "O instrumento, qualquer que ele seja, somente poderá ser avaliado, enquanto tal, na medida em que se harmonize com a finalidade e os objetivos a que o mesmo se destine. Nenhum instrumento é, em si mesmo, mau; e nem, ao contrário, poderá ser intrinsecamente bom, independentemente de sua maior ou menor aderência à finalidade para a qual fora concebido e criado". Continua Ovídio Baptista, referindo que "os que preferirem as excelências da *ordinariedade* haverão de aceitar, com o procedimento ordinário, tanto suas virtudes quanto seus defeitos. E não poderão lamentar-se da morosidade natural de nossos instrumentos jurisdicionais".

[36] Como é sabido, não há que se falar em uma irreal verdade com "V" maiúscula, ou verdade absoluta, que, como refere Michele Taruffo, não pertence ao mundo das coisas humanas, não pertencendo ao mundo da justiça e do processo. *La semplice verità: Il giudice e la costruzione dei fatti*. Roma-Bari: Laterza, 2009, p. 82. Sobre o tema, sugere-se ainda a leitura de CALAMANDREI, Piero. Verità e verosimiglianza nel proceso civile. *Opere giuridiche*, volume quinto. Napoli: Morano, 1972, p. 615-640, e FLACH, Daisson. *A verossimilhança no processo civil*. São Paulo: RT, 2009.

como a antecipação de tutela –, estabelecendo-se o processo ordinário, de cognição geralmente plenária,[37] como a regra do arcabouço processual. Favorecem-se, assim, as pretensões da parte demandada, que vê, no dilatado decurso do tempo, uma maneira de mantença do *status quo*, muito em razão do ideal de benignidade e piedade incorporados ao direito romano pela Igreja Católica,[38] não permitindo que se altere a situação fática do réu sem uma acurada e morosa lide processual.

A ideia de ordinariedade centra-se na crença da busca da verdade,[39] que se imagina atingível apenas por meio de um processo ordinário e de cognição plena, que permita uma decisão final correspondente à única resposta correta.[40] Trata-se da transposição dos princípios matemáticos, das ciências exatas, que, incorporados ao direito, trazem essa utópica ideia de univocidade do texto legal, o que é reforçado, também, por ideologias como o racionalismo.[41]

---

[37] SILVA, Ovídio Araújo Baptista da. *Jurisdição e execução na tradição romano-canônica*. Op. cit., p. 174-175. Assevera Ovídio Baptista que o oposto à cognição sumária é a cognição plenária. "O que poderá ser ordinário ou extraordinário (especial) será o procedimento, o veículo, não a lide que lhe serve de conteúdo". Assim, poderia haver procedimento ordinário com cognição sumária.

[38] BIONDI, Biondo. *Il diritto romano Cristiano*, t. I. Milano: Giuffrè, 1952, p. 02. O romanista italiano retrata a mudança do direito romano, salientando que "se si considera che così profondo rivolgimento si inizia proprio con Costantino, il primo imperatore cristiano, è spontaneo pensare che sia dovuto alla nuova religione". Continua Biondi, à p. 03, referindo que "le dottrine e l'orientamento della Chiesa sono penetrati nella legislazione postclassica e giustinianea". Tais influências, como se verá adiante, possuem relevância em nosso ordenamento jurídico.

[39] "O que, na verdade, não passa de uma ideologia equivocada é imaginar que o procedimento ordinário é feito para a descoberta da verdade. Ora, a busca da verdade é um ideal intangível mesmo nas denominadas ciências exatas. As verdades científicas são sempre provisórias. Como disse um filósofo francês, toda descoberta científica é sempre a reforma de uma ilusão anterior". SILVA, Ovídio Araújo Baptista da. Decisões interlocutórias e sentenças liminares. *Da Sentença Liminar à Nulidade da Sentença*. Rio de Janeiro: Forense, 2002, p. 77.

[40] KELSEN, Hans. *Teoria pura do direito*, 4. ed. Trad. Dr. João Baptista Machado. Coimbra: Armênio Amado, 1976, p. 473: "Não se pode negar que esta ficção da univocidade das normas jurídicas, vista de uma certa posição política, pode ter grandes vantagens. Mas nenhuma vantagem política pode justificar que se faça uso desta ficção numa exposição científica do direito positivo, proclamando como única correta, de um ponto de vista científico objectivo, uma interpretação que, de um ponto de vista político subjectivo, é mais desejável do que uma outra, igualmente possível do ponto de vista lógico. Neste caso, com efeito, apresenta-se falsamente como uma verdade científica aquilo que é tãosomente um juízo de valor político".

[41] DESCARTES, René. *Discurso do método*, 3. ed. Trad. Pinharanda Gomes. Lisboa: Guimarães Editores, 1997, p. 25: Ao tratar dos preceitos de seu método, Descartes expressa que "o *primeiro* consiste em não tomar nenhuma coisa por verdadeira sem que a conheça evidentemente como tal, quer dizer: em evitar cuidadosamente a precipitação e a prevenção, e não integrar nada mais nos meus juízos do que aquilo que se apresenta tão nítida e distintamente ao meu espírito, que não tenha ensejo de duvidar dele". No entanto, mesmo o racionalismo de Descartes demonstra a necessidade de aceitar decisões baseadas na verossimilhança, quando refere, na p. 31, que "a vida não permite, muitas das vezes, qualquer espécie de demora, é uma verdade indiscutível que, não estando no nosso poder discernir as opiniões mais verdadeiras, devemos optar pelas mais prováveis, e mesmo que não encontremos numas mais probabilidades que noutras, devemos todavia decidir-nos por quaisquer e considerá-las, logo a seguir, não tanto como duvidosas enquanto elas se referem à prática, mas como verdadeiras e seguras, uma vez que a razão que a isso nos levou, tem as mesmas virtudes".

A infindável busca da certeza jurídica, da verdade,[42] da única resposta correta, constituía-se em um dos pilares da longevidade das relações processuais, visto que não poderia haver um juízo de aparência, mas apenas de certeza, encontrada somente após anos de uma tormentosa relação processual, que traria a fiel reconstituição dos fatos.[43]

Entretanto, para que se atenue o alto custo da longa duração processual e não se perenizem as pendências submetidas ao crivo do Poder Judiciário, necessário que se admitam juízos calcados na aparência e na verossimilhança, acabando com a lógica de que somente um duradouro processo plenário seria possível, tendo em vista a maior razoabilidade da tutela de um provável direito que a mantença de um improvável. Ademais, impõe-se atentar às peculiaridades dos casos concretos, a justificar a existência de tutelas diferenciadas.

Claro que a certeza jurídica é um ideal que não pode ser esquecido, mas existem demandas que urgem por uma decisão célere, que não permitem a espera pela formação de um juízo de certeza, mas exigem um julgamento com base na verossimilhança.[44]

Ademais, se fosse crível que uma cognição plenária, em um procedimento ordinário, propiciasse a certeza de uma decisão mais justa, não teria nosso legislador disciplinado uma série de recursos e impugnações às decisões judiciais. Além do mais, não teria disposto acerca de uma ação que pudesse rescindir essa decisão que apenas teria "declarado a unívoca vontade da lei". E não se pode esquecer que decisões equivocadas e injustas também transitam em julgado.[45]

---

[42] Conforme salienta TARUFFO, Michele. Op. cit., p. 85-88, há que se fazer a evidente distinção entre verdade, que, para o processualista italiano, é objetiva e determinada pela realidade dos fatos de que se fala, e certeza, que é um *status* subjetivo, correspondendo a um grau elevado de intensidade de convencimento do sujeito. Assim, para Michele Taruffo, uma afirmação pode ser verdadeira independentemente da certeza do convencimento de alguém, bem como uma pessoa pode estar certa de alguma informação falsa.

[43] SILVA, Ovídio Baptista da. Tempo do processo e regulação da sucumbência. Op. cit., p. 74: O processualista gaúcho ironiza a ideia que norteia nosso sistema jurídico segundo a qual haveria uma "necessária *univocidade* de sentido da lei criada por um legislador iluminado, detentor de uma linguagem divinamente perfeita, sem qualquer ambigüidade".

[44] BRETONE, Mario. *História do direito romano*. Trad. Isabel Teresa Santos e Hossein Seddighzadeh Shooja. Lisboa: Editorial Estampa, 1998, p. 245: "O *verum* é, também para Cícero, o objectivo extremo da *investigatio*. Mas a *investigatio* não se dirige, observa justamente Walter Burkert, a um *verum* absoluto ou metafísico; tem como critério próprio o *probabile*, o *verosimile*".

[45] TARUFFO, Michele. Op. cit., p. 88: "L'intensità e la profondità del convincimento non garantiscono affatto la verità di ciò che ne è oggetto [...] La profondità di un convincimento errato non muta l'errore in verità".

1.4. O TEMPO E A SEPARAÇÃO ENTRE DIREITO MATERIAL E PROCESSUAL

Um dos fatores relevantes da perquirição acerca da duração dos processos diz respeito à satisfação do direito material pleiteado. Inúmeros casos demandam uma resolução mais célere, a fim de que não se torne inócua a prestação jurisdicional pelo decurso do tempo.[46]

Importante, pois, ter-se em mente que o direito processual não pode estar totalmente desvinculado do direito material, eis por que a satisfação deste depende da razoável duração daquele. O direito processual não pode ser alheio às vicissitudes fáticas, a demonstrar que o caso concreto poderá vir a influenciar no rito processual a ser adotado.

Essa necessária relação existente entre direito processual e direito material é causa do desenvolvimento da tutela diferenciada pela doutrina italiana,[47] muito difundida também em nosso ordenamento jurídico. Nem todos os conflitos suscitados ao Poder Judiciário poderiam ser enquadrados em um mesmo rito processual, tendo em vista as peculiaridades do caso concreto, do direito em discussão.

Entretanto, a teoria abstrata da ação,[48] ao propugnar o processo como uma ciência autônoma,[49] voltada à abstração e à generalização, que bas-

---

[46] SILVA, Ovídio Araújo Baptista da. A "plenitude de defesa" no processo civil. *Da Sentença Liminar à Nulidade da Sentença*. Rio de Janeiro: Forense, 2002, p. 118-119: "Se a situação fosse inversa, inexistindo, como ocorria em geral nos sistemas tradicionais, a tutela cautelar, ou outras formas sumárias de tutela urgente, então o sacrifício seria imposto ao autor, que teria de conformar-se com a *ordinariedade* e com a "plenitude" de defesa assegurada ao demandado, para, somente depois de um longo percurso, obter uma sentença que proclamasse seu direito, mas que poderia ser, na prática, um provimento inócuo, dado que o "bem da vida" especificamente procurado pelo autor já desaparecera, ou já se tornara inútil em virtude de novas circunstâncias".

[47] CAPPELLETI, Mauro. *Juízes legisladores?* Tradução: Carlos Alberto Alvaro de Oliveira. Porto Alegre: Safe, 1999. p. 13-15. Sobre a tutela diferenciada na doutrina italiana, sugere-se PROTO PISANI, Andrea. Sulla tutela giurisdizionale diferenziata. *Rivista di Diritto Processuale*, v. 34, 1979, p. 536-591, e TROCKER, Nicolò. *Processo civile e costituzione*. Milano: Giuffrè, 1974.

[48] SILVA, Ovídio Araújo Baptista da. *Jurisdição e execução na tradição romano-canônica*, op. cit., p. 162-164: "Tendência para abstração e generalidade, como uma ciência formada por conceitos e regras lógicas universais, que se manifestava, já em seu nascedouro, contra os particularismos da análise de cada *procedimento*. Processo como ciência e procedimento como praxismo anacrônico defrontam--se, agora, formalmente, a partir de Bullow (...) a nova ciência iria dedicar-se ao estudo abstrato da relação processual, indiferente ao que cada direito material pudesse conter de *especialidade*, capaz de repercutir na formação e desenvolvimento do processo, determinando-lhe curso diverso do *geral* (...) A construção teórica da 'ação' processual, como dispositivo indispensável à formação da relação processual, por impulso da parte, considerada como uma categoria abstrata, na medida em que é atribuída indistintamente a todos os interessados, independentemente de terem eles realmente o direito alegado no processo, correspondeu à *universalização do procedimento ordinário* (...) A compreensível separação da nova ciência de tornar-se uma disciplina jurídica autônoma, com princípios e métodos próprios, capazes de libertá-la do jugo do direito material a que sempre estivera sujeita até então, contribuiu para fortalecer a tendência para a uniformidade ritual, através da consagração do procedimento ordinário, supondo-se que o direito processual – sendo, a partir de então, uma

tava por si mesmo, acabou por desvincular o direito processual do direito material, contribuindo para a universalização do procedimento ordinário, como se o processo não possuísse um dever de ser efetivo e de permitir a garantia do direito material que instrumentaliza.

A desvinculação entre o processo e a realidade fática e histórica retira da ciência processual o caráter prático, tornando-a mero exercício de elucubrações teóricas. Contudo, o processo não se limita a desenvolver teorias, mas também possui compromisso com a realização e efetivação de direitos, impondo um estudo mais aprofundado de técnicas capazes de propiciar uma célere solução dos litígios,[50] garantindo um justo processo a seus jurisdicionados.

Assim, pondera Kazuo Watanabe:

> Se de um lado há exigências próprias do direito material por uma adequada tutela, há de outro as técnicas e soluções específicas do direito processual, não somente quanto à natureza do provimento (aqui o ponto maior de aderência ao reclamo do direito material), como também no tocante à duração do processo, à eventual antecipação da tutela, à intensidade e amplitude da cognição, e a muitos outros aspectos.[51]

Deve-se ter em conta que o processo não se basta, possuindo relação com o direito material, o que traz a necessidade de diferentes procedimentos, tendo em vista os diferentes bens a serem tutelados, ora exigindo maior celeridade, ora demandando análise mais acurada pelo julgador.

---

ciência – haveria de impor suas regras e princípios ao direito material, dobrando-o às suas exigências técnicas e a seus métodos". Para um debate atual sobre o tema, MACHADO, Fábio Cardoso, e AMARAL, Guilherme Rizzo. *Polêmica sobre a ação: a tutela jurisdicional na perspectiva das relações entre direito e processo*. Porto Alegre: Livraria do Advogado, 2006.

[49] MONROY GÁLVEZ, Juan; MONROY PALACIOS, Juan. Op. cit., p. 196: "La necesidad de separar al proceso de los derechos materiales en donde fue cobijado tradicionalmente como una expresión más de cada derecho, determinó que se construyera una disciplina (la procesal) totalmente autónoma, en el sentido de desarrollarse de manera independiente respecto de los derechos materiales a los cuales iba a servir de instrumento. Es decir, la urgencia de autonomía ha sido llevada a extremo, al punto tal que se ha construido un sistema procesal que se perfecciona a si mismo sin que fuera trascendente establecer una relación entre sus rasgos y la naturaleza y fines de los derechos materiales respecto de los cuales sólo es un instrumento para lograr su *eficacia*".

[50] WATANABE, Kazuo. *Da cognição no processo civil*. 3. ed. rev. e atual. São Paulo: Perfil, 2005, p. 165: "O direito e o processo devem ser aderentes à realidade, de sorte que as normas jurídico-materiais que regem essas relações devem propiciar uma disciplina que responda adequadamente a esse ritmo de vida, criando os mecanismos de segurança e de proteção que reajam com agilidade e eficiência às agressões ou ameaças de ofensa. E, no *plano processual*, os direitos e pretensões materiais que resultam da incidência dessas normas materiais devem encontrar uma tutela rápida, adequada e ajustada ao mesmo compasso".

[51] *Da cognição no processo civil*, op. cit., p. 27.

1.5. O DIREITO À DURAÇÃO RAZOÁVEL DO PROCESSO

A garantia da duração razoável do processo foi expressamente introduzida em nosso ordenamento jurídico pela Emenda Constitucional n. 45, que inseriu o inciso LXXVIII ao art. 5º da Constituição da República Federativa do Brasil.

Cumpre salientar, no entanto, que tal garantia não é nenhuma novidade, visto que é corriqueira em ordenamentos alienígenas.[52] Aliás, entende-se, inclusive, que tal direito já estava presente no ordenamento jurídico pátrio mesmo antes do advento da Emenda Constitucional n. 45.

Poder-se-ia argumentar que o devido processo legal, previsto no art. 5º, LIV, da Constituição Federal, já traria ínsito um dever de que as controvérsias fossem dirimidas em um tempo razoável. Até mesmo o simples e indispensável bom-senso demonstra a necessidade da razoabilidade da duração processual. Por meio do Pacto de São José da Costa Rica, é que já se afirmava presente a garantia da duração razoável do processo em nosso sistema processual.[53]

A bem da verdade, o catálogo de direitos fundamentais expressos em nossa Constituição Federal constitui-se um rol materialmente aberto, visto que o § 2º do art. 5º da Constituição Federal literalmente afirma que "os direitos e garantias expressos nesta Constituição não excluem outros decorrentes do regime e dos princípios por ela adotados, ou dos tratados internacionais em que a República Federativa do Brasil seja parte". Nesse sentido, as garantias do art. 5º da Constituição Federal não exaurem os direitos fundamentais de nosso ordenamento jurídico.

Ocorre que o Brasil é signatário do pacto de São José da Costa Rica, que expressamente previu um processo *dentro de um prazo razoável*, razão pela qual se pode entender que, mesmo antes da Emenda Constitucional n. 45, já havia, no direito brasileiro, uma garantia à duração razoável dos processos.

Ademais, pode-se dizer que uma razoável duração do processo é garantia inerente ao direito a um processo justo.

---

[52] Como exemplos, dentre outros, temos a Convenção Europeia para a Salvaguarda dos Direitos do Homem e das Liberdades Fundamentais, de 1950, a Constituição Espanhola de 1978, e a Carta Canadense dos Direitos e Liberdades, de 1982. CRUZ E TUCCI, José Rogério. *Tempo e processo*, op.cit., p. 66-79. A Constituição italiana, igualmente, em seu art. 111, positiva a duração razoável do processo.

[53] O art. 8º, I, da Convenção Americana sobre Direitos Humanos, firmada em San José, Costa Rica, em 22.11.1969, estabelecia que "toda pessoa tem direito de ser ouvida com as devidas garantias e dentro de um prazo razoável por um juiz ou tribunal competente, independente e imparcial, estabelecido por lei anterior, na defesa de qualquer acusação penal contra ela formulada, ou para a determinação de seus direitos e obrigações de ordem civil, trabalhista, fiscal ou de qualquer outra natureza". Trata-se de norma supranacional, que estabelece direitos fundamentais, tendo o Brasil como país signatário.

Deve-se ressaltar, no entanto, que tal regra não pode servir apenas para que se gere um direito subjetivo às partes de demandarem o Estado pelas delongas processuais, mas sim deve servir de norte para o legislador e para os operadores do direito, no sentido de procurarem, dentro das limitações existentes, formas de tornar mais efetiva a prestação jurisdicional.[54]

Nesse diapasão, inclusive, Luiz Guilherme Marinoni expressa que:

O inciso LXXVIII do art. 5º, ao falar em direito aos meios que garantam a celeridade da tramitação do processo ao lado do direito à duração razoável, apenas sublinha a incidência do direito fundamental à duração razoável sobre o Executivo e o Legislativo, tendo o objetivo de deixar claro que a duração razoável do processo não é algo que depende apenas do Poder Judiciário, mas também requer prestações do executivo e do Legislativo.[55]

1.6. EFETIVIDADE E SEGURANÇA

A segurança jurídica sempre foi um valor marcante em nosso sistema processual, fruto de doutrinas como o racionalismo, que transpassou o campo científico e chegou ao direito, e o contratualismo, pregando-se um Estado neutro, com um ordenamento jurídico coerente e sem contradições.

O Poder Judiciário, nos dizeres de Montesquieu, seria um poder nulo, apenas declarando o que o Poder Legislativo havia criado, aplicando pura e simplesmente a norma existente. Ao julgador competiria apenas e nada mais do que aplicar a lei neutra,[56] garantindo, por meio de

---

[54] José Maria Rosa Tesheiner, no que tange à duração razoável do processo, escreveu artigo em seu *site* www.tex.pro.br, acesso em 30 de janeiro de 2006, em que questiona a efetividade da duração razoável do processo, incorporada ao nosso ordenamento jurídico pela Emenda Constitucional nº 45, aduzindo que a duração razoável do processo seria um sonho do legislador e que, mesmo que não seja proibido sonhar, melhor seriam sonhos que assegurassem a "duração razoável da vida humana". Afirma que "haveria esta diferença: com o princípio da duração razoável do processo visa-se a apressar o seu desfecho, ao passo que, com o da razoável duração da vida humana, tratar-se ia de postergá-lo, ainda que não tanto que se perenizassem os velhos, cessando o ciclo das gerações". Afirma Tesheiner que uma das razões do "sonho do legislador" seria o modelo europeu, visto que a Constituição italiana assegura o *giusto processo* e a *ragionevole durata*, em seu art. 111. Outro motivo decorre de ser "politicamente incorreto" votar contra uma duração razoável do processo. Assim, "o princípio da "duração razoável do processo" servirá, pelo menos, como fundamento para ações de indenização contra o Poder Público, numa lógica de ferro: se o Estado veda a defesa privada, obrigando-se a prestar a jurisdição em tempo razoável, deve indenizar quem a obteve, mas tardiamente. Teremos, portanto, mais ações, que exigirão mais juízes para julgá-las, e mais fundamentos para extrair dinheiro do Tesouro do Estado".

[55] *Abuso de defesa e parte incontroversa da demanda*, op. cit., p. 34.

[56] Urge referir, entretanto, que, mesmo que se tenha um Poder Judiciário neutro, não se poderá esperar o mesmo da legislação aplicada pelo julgador, visto que esta, como é sabido por todos, é fruto de seres humanos, estando sujeita a interesses, valores, contingências muitas vezes desconhecidas da maior parte da sociedade.

um processo ordinário e plenário, o mero "descobrimento" da unívoca vontade da lei.[57]

Nesse contexto, não haveria espaço para surpresas, tornando imprópria a aplicação de uma tutela da aparência, baseada em juízo de verossimilhança, até mesmo em razão das desconfianças que pairavam em ralação aos julgadores, mormente no período revolucionário francês. Os magistrados nada poderiam criar, devendo, tão somente, aplicar o texto legal, declarar, no caso proposto, a vontade previamente definida pelo legislador. Esse ideal de segurança jurídica acaba por criar empecilhos a decisões com base em cognição sumária, que não sigam a regra da plenariedade.

Contudo, com o advento da sociedade industrial, com o surgimento de uma sociedade mais complexa e inovadora, com o desenvolvimento de controvérsias não previstas anteriormente e em maior quantidade, o ideário da lei neutra e do julgador que nada mais seria do que a boca que pronunciaria as palavras da lei, que caracterizava o valor segurança, restou por sofrer forte revés, tornando-se insuficiente para a solução dos modernos conflitos.[58]

A complexidade e as inovações, bem como a dinamicidade das relações sociais, não permitiam mais a fria aplicação do texto legal, de maneira uniforme para todos os casos. O surgimento de direitos sociais, de direitos de massa, trouxe, também, a exigência de sua proteção efetiva.[59]

A universalização de um rito ordinário e de cognição plenária, derivada de um Poder Judiciário neutro, que se limitaria a pronunciar as palavras expressas no texto legal, tendo em vista os ideais da certeza e segurança, já não bastava para os complexos litígios decorrentes da socie-

---

[57] MONTESQUIEU, Charles de. *O espírito das leis*, 7. ed. Trad. Pedro Vieira Mota. São Paulo: Saraiva, 2000, p. 170: "O poder de julgar, tão terrível entre os homens, não estando ligado nem a um certo estado, nem a uma certa profissão, torna-se, por assim dizer, invisível e nulo (...) Mas, se os tribunais não devem ser fixos, devem-no os julgamentos. A tal ponto que não sejam estes jamais senão um texto preciso da lei. Fossem eles a opinião particular dos Juízes, e viver-se-ia na sociedade sem saber precisamente quais os compromissos assumidos".

[58] SILVA, Ovídio Araújo Baptista da. *Jurisdição e execução na tradição romano-canônica*, op. cit., p. 106-107: "A busca da segurança, tão constante nas filosofias políticas do século XVII, contribuiu sobremodo para o abandono definitivo, nos séculos posteriores até nossos dias, do pensamento clássico, de origem aristotélica, para o qual a compreensão do direito e as soluções dos problemas jurídicos haveriam de ser necessariamente contingentes, sujeitas à juízos de verossimilhança, nunca a juízos de certeza, próprios das ciências da natureza, inaplicáveis à moral e ao direito, enquanto ciências do espírito".

[59] THEODORO JÚNIOR, Humberto. O procedimento interdital como delineador dos novos rumos do direito processual civil brasileiro. *Revista de Processo*, n. 97, São Paulo, 2000, p. 238: "Necessidade de dar à tutela jurisdicional mecanismos de crescente eficácia para realizar o ideal de efetividade do processo. Muito mais importante para o processo moderno é ser um "processo justo" e isto só se atinge quando o procedimento se revele apto a gerar para o titular do direito subjetivo lesado um remédio de efeitos práticos e enérgicos".

dade pós-industrial. Passou a segurança jurídica a ter que conviver com a necessidade premente de uma efetividade maior do direito.

Frequentemente, os julgadores veem-se diante de um dilema, tendo de optar por uma segurança ou por uma efetividade maior. Saber conciliar esses dois valores, muitas vezes contrastantes, é uma das dificuldades impostas aos julgadores.[60] Não se pode considerar equivocada a busca da segurança e da certeza jurídica, visto a importância desses valores para o desenvolvimento da sociedade. O que não se pode admitir é que se os tenham como garantias absolutas.

Inúmeros são os casos em que não há possibilidade de longa espera pela solução do conflito, impondo-se a aceitação de um poder relativamente discricionário para o magistrado, visto que a demora, muitas vezes, apenas aumenta o grau de incerteza, trazendo sérios gravames aos jurisdicionados. Em casos tais, é de se permitir um ritual diferenciado, possuindo a verossimilhança decorrente de uma cognição sumária um papel de destaque, capaz de trazer a justiça para o caso concreto, tornando efetivo o direito pleiteado.[61]

Ademais, a esperança de que um processo que siga o rito ordinário traga, ao final, a fiel reconstituição dos fatos, a certeza jurídica, a segurança tão almejada, não passa de ilusão,[62] visto que causas plenárias também podem gerar decisões equivocadas e, como anteriormente referido, uma decisão injusta também transita em julgado.

Deve-se, pois, buscar um equilíbrio entre a segurança e a efetividade, permitindo uma utilização maior de ritos sumários, ao lado, sem excluir o útil, porém não único, procedimento ordinário, caracterizado, via

---

[60] TARZIA, Giuseppe. Considerazioni comparative sulle misure provvisorie nel processo civile. *Rivista di Diritto Processuale*, v. 40, n. 2, Padova, 1985, p. 252: "Il conflitto, che definirei brutale, del nostro tempo tra l'esigenza di efficienza e quella di garanzia; un conflitto che è stato posto in luce piena in varie relazioni, e che non si può comporre, evidentemente, con l'eliminazione della giustizia ordinaria o della giustizia sommaria, ma con il contemperamento di quelle due esigenze, all'interno del sistema stesso della giurisdizione provvisoria".

[61] CHAINAIS, Cécile. Op. cit., p. 82. Para que o direito à proteção jurisdicional provisória seja implementado de forma satisfatória, faz-se necessário que a proteção concretamente concedida se adapte aos regimes especiais que podem apresentar as condições de exercício desse direito.

[62] SILVA, Ovídio Araújo Baptista da. Celeridade *versus* economia processual. *Da Sentença Liminar à Nulidade da Sentença*. Rio de Janeiro: Forense, 2002, p. 223: "O eterno dilema entre *segurança* e *efetividade* que, ao longo da história, tem representado a polaridade a que o Direito Processual não se pode furtar, teve no direito contemporâneo seu pêndulo orientado para o fator efetividade, com sacrifício da aspiração por uma justiça mais perfeita, prometida pelas formas ordinárias de nosso procedimento plenário comum, mas que se tem mostrado, cada vez mais, uma quimera inalcançável. Na verdade, parece ter-se chegado à compreensão de que os *procedimentos plenários*, apesar de sua intrínseca morosidade, não atendem nem à certeza de uma justiça tão perfeita quanto seu custo, nem muito menos à segurança de um julgamento produzido pela suposta univocidade lógica do raciocínio silogístico, que foi a generosa esperança nutrida pela doutrina moderna".

de regra, por uma cognição plenária e exauriente, a fim de que se viabilize a justiça para o caso concreto.[63]

De qualquer sorte, a incoerência do Estado em não conceder aos cidadãos o seu direito à justiça privada e abster-se de oferecer-lhes uma proteção jurídica, quando a urgência torna perigoso o recurso à tutela tradicional, faz com que se evidencie a função de uma tutela jurisdicional provisória, essencial em um Estado constitucional. Em todos os casos em que há uma urgência, paralelamente à proteção do processo tradicional, o Estado deve organizar uma proteção provisória enquanto se aguarda a decisão final. Essa é uma das maneiras de conciliar os dois imperativos contraditórios de celeridade e de ponderação, segurança que deve permitir à decisão final – uma vez tomada – chegar "à mesma eficiência e produtividade prática que (a sentença final) teria se fosse produzida imediatamente".[64]

---

[63] CRUZ E TUCCI, José Rogério. Garantia da prestação jurisdicional... op. cit., p.73: "Não se pode olvidar, nesse particular, a existência de dois postulados que, em princípio, são opostos: o da segurança jurídica, exigindo um lapso temporal razoável para a tramitação do processo, e o da efetividade do mesmo, reclamando que o momento da decisão final não se procrastine mais do que o necessário. Obtendo-se um equilíbrio destes dois regramentos – segurança/celeridade – emergirão as melhores condições para garantir a justiça no caso concreto, sem que, assim haja diminuição no grau de efetividade da tutela jurisdicional".

[64] CHAINAIS, Cécile. Op. cit., p. 10 : « L'État ne saurait, sans incohérence, à la fois priver les citoyens de leur droit à la justice privée et s'abstenir de leur proposer une protection juridictionnelle lorsque l'urgence rend périlleux le recours à la protection traditionnelle. Dans le cas contraire, il opposerait aux citoyen une forme de déni de justice. Ainsi naît la fonction de la protection juridictionnelle *provisoire*, essentielle dans un État de droit. Dans tout les cas où il y a urgence, parallèlement à la protection du procès traditionnel, l'État organise une protection accessoire dans l'attente de la décision finale. Celle-ci représente une voie de conciliation entre les deux impératifs contradictoires de célérité et de pondération, qui doit permettre à la décision définitive d'atteindre, une fois rendue, « la même efficacité et le même rendement pratique que (le jugement définitif) aurait s'il était rendu immédiatement » ».

ESTABILIZAÇÃO DA TUTELA ANTECIPADA

2. Sumariedade e ordinariedade

Até o presente momento, buscou-se demonstrar a relação entre o direito e o tempo, salientando que a universalização da ordinariedade, com a utilização de demandas sempre plenárias, priorizando a certeza e a segurança jurídica, sem se atentar às peculiaridades do caso concreto, pode ser apontada como uma das causas da crise da Justiça,[65] decorrente da morosidade que envolve os procedimentos e os provimentos jurisdicionais.

Mas não basta apenas afirmar a necessidade de um maior espaço para as demandas sumárias; é necessário demonstrar a viabilidade de tais procedimentos, a capacidade de produzir decisões céleres, efetivas e justas.

Assim, imperioso o exame da sumariedade e da ordinariedade, a fim de estabelecer um terreno mais propício para o estudo da estabilização da tutela antecipada.

Não se trata de novidade a sumariedade, já existindo desde o direito romano clássico, em que a atividade dos pretores demonstrava um cunho evidentemente sumário. Já a ordinariedade foi a tônica do direito romano tardio, podendo-se dizer que perdura até os dias de hoje como a regra procedimental.[66]

A expressão *procedimento ordinário* origina-se do *ordo judiciarius*, que designava o conjunto de regras formais que deviam ser observadas no procedimento clássico, ritualizado. Ao contrário, o procedimento sumário é um procedimento *extra ordinem*, que se afasta do *ordo*, pois seus prazos e formas são abreviados e simplificados.[67]

---

[65] Frisa-se que se trata de uma das causas, não se querendo impor à ordinariedade e ao processo a crise da Justiça, tendo em vista que a mais grave das causas parece ser de estrutura e organização judiciária.

[66] MONROY GÁLVEZ, Juan; MONROY PALACIOS, Juan. Op. cit., p. 190: "Esta opción – pela segurança jurídica – se manifestó en la consagración normativa del proceso de conocimiento pleno, llamado también ordinario, viejo saurio gestado durante el periodo justinianeo con el nombre de proceso extraordinario (*cognitio extra ordinem*), de donde pasó al derecho común con el nombre de *solemnes ordo judiciarius* y, finalmente, llegó a través de España a los países sudamericanos con el nombre de *juicio ordinario*".

[67] CHAINAIS, Cécile. Op. cit., p. 246.

Sobre o procedimento ordinário, Ovídio Baptista refere que:

> Parte do princípio que pode ser aceito, de um modo geral, da legitimidade da situação fática preexistente, atribuindo a quem alegue alguma pretensão tendente a modificá-la o ônus de provar sua contrariedade ao direito. O *procedimento ordinário*, no entanto – nisto reside seu defeito congênito –, iguala a todos os demandantes, ao iniciar-se a demanda judicial, considerando-os sem direito, até prova em contrário, independentemente da maior ou menor verossimilhança de suas respectivas pretensões.[68]

A concepção do procedimento ordinário, nos dizeres de Victor Fairen Guillén, teria a ideia de acabar para sempre, de forma judicial, com o litígio entre as partes, de tal modo que não seria possível um novo processo sobre o ponto decidido. Para tanto, é de se desejar a maior extensão no desenvolvimento das pretensões, resolvendo todas as relações litigiosas postas em julgamento. No procedimento ordinário, é viabilizada a mais ampla defesa, com todos os recursos inerentes, prazos acessíveis, toda uma gama de provas a serem produzidas, justificando uma série de formalismos e preclusões.[69]

Assim, tem-se, por meio de um procedimento ordinário,[70] a busca da solução definitiva do conflito, por intermédio de cognição plena e exauriente, propiciando um juízo de maior segurança, conferindo-se a chancela da coisa julgada. Kazuo Watanabe assevera que:

> A solução definitiva do conflito de interesses é buscada por provimento que se assente em *cognição plena e exauriente*, vale dizer, em procedimento *plenário* quanto à extensão do debate das partes e da cognição do juiz, e *completo* quanto à profundidade dessa cognição. Decisão proferida com base em semelhante cognição propicia um juízo com índice de segurança maior quanto à certeza do direito controvertido, de sorte que a ela o Estado confere a autonomia de coisa julgada. "Processo ordinário" é, exatamente, aquele concebido com esse objetivo.[71]

---

[68] SILVA, Ovídio Araújo Baptista da. Antecipação de tutela e responsabilidade objetiva. *Da Sentença Liminar à Nulidade da Sentença*. Rio de Janeiro: Forense, 2002, p. 197-198.

[69] GUILLÉN, Victor Fairen. *El juicio ordinario y los plenarios rápidos*. Barcelona: Bosch, 1953, p. 53: "El juicio ordinario, se basa y ha basado siempre en el deseo de acabar para siempre con el litigio entre las partes de manera judicial, de tal modo que no sea posible un nuevo proceso sobre el punto resuelto (a excepción de los remedios extraordinarios de revisión). Por ello es de desear en él la mayor extensión en el desarrollo de las pretensiones, de tal modo que todas las relaciones litigiosas sean resueltas. Por ello se permite a las partes completar del mejor modo posible sus sistemas de defensas; por ello son amplios los medios de impugnación y los plazos que los hacen accesibles; por ello se da a elegir a las partes entre toda una diversidad de medios de prueba. El conjunto, justifica una copiosa serie de formalismos, preclusiones, providencias jurisdiccionales, etc. El antiguo *solemnis ordo iudiciarius* respondía a este tipo procedimental".

[70] MONROY GÁLVEZ, Juan; MONROY PALACIOS, Juan. Op. cit., p. 193: "La tutela ordinaria o clásica antes citada es pasible de ser clasificada en tutela puramente declarativa, tutela constitutiva y tutela de condena. Como se advierte, la clasificación asume como criterio la consecuencia jurídica y material que produce la decisión obtenida luego de concluido el proceso de conocimiento (eficacia). Nótese que todas las formas de tutela ordinaria están conducidas a un propósito u objetivo común: obtener un título de ejecución judicial capaz de producir el resultado deseado".

[71] *Da cognição no processo civil*, op. cit., p. 129-130.

No entanto, procedimento ordinário não é sinônimo de cognição plenária, conforme salienta Ovídio Baptista:

> O entendimento de que, sendo *ordinário* o procedimento, a demanda (substancialmente considerada) haveria de ser *plenária*. Quer dizer, forma ordinária, conteúdo necessariamente plenário. É claro que isto é falso, sendo perfeitamente possível, como a experiência histórica nô-lo mostra, que um procedimento ordinário sirva de veículo para uma ação (materialmente) sumária, como se dá com as ações sumárias processadas pela forma ordinária, como é a ação de imissão de posse, e a ação de depósito que é, ou fora, sumária, em nosso direito.[72]

Para Ovídio Baptista, o procedimento ordinário seria disponibilizado para a plebe, visto que o Estado e o núcleo do poder formal criam para si procedimentos especiais, no mais das vezes, severamente sumários e céleres, a demonstrar a ausência de isonomia na política legislativa de confecção procedimental.

> O procedimento ordinário é bom para a plebe, porque o Estado quando necessita valer-se da tutela jurisdicional, cria para si próprio instrumentos especiais, em geral drástica e severamente sumários. As esferas do poder que gravitam em torno do poder formal, igualmente não se utilizam do procedimento ordinário, a começar pelo comércio e indústria que têm seus títulos de crédito... que fazem com que seus titulares transponham o procedimento ordinário, indo diretamente ao processo de execução. O Estado, quando quer desapropriar, cria uma lei absurdamente sumária, onde a defesa é praticamente impossível.[73]

Victor Fairen Guillén frisa a diferença entre procedimentos rápidos e procedimentos sumários, explicitando que aqueles possuem simples aceleração formal do procedimento, enquanto que os procedimentos sumários teriam uma restrição material de conteúdo.

> Los procedimientos rápidos se diferencian del ordinario simplemente por su forma; en tanto, que los sumarios, lo son por el contenido. La forma específica – acelerada por lo regular – de los sumarios, depende de que se trate de un camino específico para obtener una finalidad específica, a fin de alcanzar la cual es precisa la citada forma especial; pero en los procedimientos rápidos – plenarios –, su forma específica – también acelerada – se justifica sin necesidad de que tengan una finalidad diversa de la que quisiere obtener por medio del procedimiento declarativo ordinario. Los medios de una simple aceleración formal del procedimiento, por su origen, estructura y fines, son tan diferentes de los aplicados para obtener un proceso sumario (restringiendo su contenido material a través de una limitación de los derechos de las partes con respecto a los medios de defensa), que el colocar a unos y a otros unidos como iguales en frente del proceso declarativo ordinario, es científicamente imposible.[74]

---

[72] SILVA, Ovídio Araújo Baptista da. *Jurisdição e execução na tradição romano-canônica*, op. cit., p. 163. Salienta WATANABE, Kazuo. *Da cognição no processo civil*, op. cit., p. 132, que "o procedimento de *cognição plena e exauriente* é o procedimento comum do processo de conhecimento, seja ordinário ou sumário (este último é caracterizado apenas pela abreviação do *iter* procedimental, em nada interferindo com a cognição)".

[73] SILVA, Ovídio Araújo Baptista da. Decisões interlocutórias e sentenças liminares. *Da Sentença Liminar à Nulidade da Sentença*. Rio de Janeiro: Forense, 2002, p. 71.

[74] GUILLÉN, Victor Fairen. Op. cit., p. 55.

De qualquer sorte, o presente trabalho traz a distinção entre a sumariedade referida por Guillén, sumariedade de conteúdo material, e a sumariedade meramente procedimental, de aceleração do procedimento. Entretanto, ambas são tratadas como formas de sumarização, seja material, seja formal.[75]

Nesse contexto, salienta Ovídio Baptista que:

A cognição superficial é uma das técnicas de sumarização de que o processo se vale para reduzir o tempo necessário à solução do conflito, de modo a atender, com maior presteza, o princípio da *efetividade* do direito litigioso. O juiz, no processo cautelar, está autorizado a decidir com base em simples verossimilhança.[76]

Acerca da sumariedade material e da sumariedade formal, Victor Fairen Guillén expressa que:

Las pautas de "sumariedad" son perfectamente diversas en ambos grupos de tipos; no se trata de dos subgrupos yuxtapuestos bajo la denominación común de "juicios sumarios"; pues esta "sumariedad", en los plenarios rápidos es simplemente de carácter formal, en tanto que en los sumarios propiamente dichos, tiene carácter material. De otra parte, por su finalidad, como hemos dicho, los procesos sumarios corresponden a una Parte específica de nuestra disciplina, en tanto que a los procedimientos plenarios rápidos no se les puede separar lógicamente del declarativo ordinario; ya que la aceleración del proceso es un principio que a todos ellos alcanza.[77]

No que tange ao procedimento sumário, assim se manifesta Luiz Guilherme Marinoni:

Tal procedimento diferencia-se do procedimento ordinário não por admitir uma decisão final fundada em probabilidade (cognição sumária, típica do procedimento cautelar), mas sim por tornar mais célere o procedimento voltado a formar uma decisão final produtora de coisa julgada material, e que assim seja posterior a todas as alegações e provas das partes litigantes [...] a razão de ser da previsão desse procedimento é a de conferir tratamento mais célere a determinadas demandas.[78]

Conforme o jurista português Manuel de Almeida e Souza, a sumariedade poderia ser preparatória, incidental ou "por si mesma".[79]

---

[75] MONROY GÁLVEZ, Juan; MONROY PALACIOS, Juan. Op. cit., p. 194: "Ambos conceptos – procedimiento y cognición sumaria – aparecen indistintamente en el panorama del Derecho procesal. Así, encontramos procedimientos sumarios tanto con cognición plena (ej. procedimiento abreviado) como con cognición sumaria (ej. proceso de amparo)".

[76] SILVA, Ovídio Araújo Baptista da. Decisões interlocutórias e sentenças liminares. *Da Sentença Liminar à Nulidade da Sentença*. Rio de Janeiro: Forense, 2002, p. 76.

[77] Op. cit., p. 55-56.

[78] MARINONI, Luiz Guilherme. O custo e o tempo do processo civil brasileiro, op. cit., p. 53.

[79] SOUZA, Manuel de Almeida e. *Tratado pratico compendiario de todas as acções summarias*, tomo I. Lisboa: Imprensa Nacional, 1859. p. 28: "Temos visto em geral a indole e natureza das causas summarias; e quaes ellas são e devam ser, tambem o temos visto *em compendio*; como porém umas d'ellas são *Preparatorias*; outras *Interimisticas*, e *Provisionaes*; outras *Incidentes* nos processos; outras por si mesmas *Acções summarias principaes*, que terminam os objectos das suas competencias".

Guillén faz referência às principais razões dos juízos sumários:

> En un principio, los juicios "sumarios" civiles, se aplicaron por cuatro razones, determinantes a su vez de la casuística en que se abría la vía para ellos; *ratione parva quantitatis; ratione parvii prejudicii; ratione urgentia necessitatis y ratione miserabilium personarum*; pero paulatinamente, su ámbito se fue ampliando.[80]

Pode-se dizer que a sumariedade, tanto formal quanto material, possui grande importância para fazer valer o valor efetividade no processo civil brasileiro.[81]

> A *cognição sumária* constitui uma técnica processual relevantíssima para a concepção de processo que tenha plena e total aderência à realidade sócio-jurídica a que se destina, cumprindo sua primordial vocação que é a de servir de instrumento à efetiva realização dos direitos.[82]

Acerca das características do procedimento sumário, interessante a lição de Victor Fairen Guillén:

> El procedimiento sumario, no debe de ser tumultuoso, sino que en él ha de conservarse un orden de los actos judiciales; para ello, deben de determinarse los plazos (abreviados con respecto a los del ordinario); ha de regir el principio de eventualidad. Las formas esenciales de los actos procesales, han de respetarse en todo caso (ref. al contenido de las demandas, escritos, redacción de las actas). La oralidad, desempeñaría un importante papel, pero sin por ello fuera de abolir la escritura. La introducción de las pruebas podría tener lugar juntamente con la demanda.[83]

2.1. HISTÓRIA DA SUMARIEDADE E DA ORDINARIEDADE

Para que se faça um estudo histórico da sumariedade e da ordinariedade, mister recorrer ao direito romano, em que estaria a origem desses procedimentos. Para tanto, deve-se estudar um pouco da sua história, fixando, de imediato, uma tábua cronológica.[84] Atenta-se, contudo, que muitos fatos históricos não têm sua data precisamente conhecida pelos historiadores, de sorte que existem eventuais opiniões divergentes.

---

[80] GUILLÉN, Victor Fairen. Op. cit., p. 46.

[81] SILVA, Ovídio Araújo Baptista da. A "plenitude de defesa" no processo civil, op. cit., p. 122: "As técnicas de *sumarização de demandas*, por meio das quais – reduzindo-se a 'lide total' – privilegiam-se determinadas pretensões que o legislador considere dignas de um tratamento diferenciado, reproduzem, no fundo, essa mesma estrutura, permitindo a satisfação imediata do interesse tutelado, relegando para um momento subseqüente do processo, ou para uma demanda posterior, a função de reparar as eventuais injustiças que a busca da 'efetividade' do direito tenha determinado".

[82] WATANABE, Kazuo. *Da cognição no processo civil*, op. cit., p. 168.

[83] GUILLÉN, Victor Fairen. Op. cit., p. 65-66.

[84] CRUZ E TUCCI, José Rogério; AZEVEDO, Luiz Carlos de. *Lições de história do processo civil romano*, 1. ed., 2. tiragem. São Paulo: Revista dos Tribunais, 2001, p. 191-192.

A data legendária da fundação de Roma é 754 a. C., vigorando, deste marco temporal até 509 a. C., a monarquia ou realeza. Com a queda da monarquia, iniciou-se a república, que vigorou até 27 a. C., quando Otaviano Augusto instituiu o principado (alto império).[85] Em razão da instauração de grave crise após a morte de Alexandre Severo, no século III d. C., o principado chegou ao fim com a ascensão de Diocleciano, em 284 d. C., tendo este implantado a monarquia absoluta, dando nova organização ao Império. Dava-se início ao Dominato (baixo império).[86]

Diocleciano dividiu o Império Romano em *pars Orientis* e *pars Occidenti*, reservando para si o primeiro e designando Maximiano para o segundo. Não ficou bem clara a divisão do poder, pois Diocleciano estava em posição superior a Maximiano. Com Constantino, primeiro imperador cristão, ocorreu a fusão das duas *partes*, transferindo-se a capital do Império Romano para Bizâncio, cujo nome passou a ser Constantinopla. A reunião das duas *partes* durou até a morte de Teodósio I, quando ocorreu a separação definitiva entre seus dois filhos. O império do Ocidente teve um fim prematuro, caindo em 476 d. C., persistindo o Império Romano do Oriente. Em 553 d. C., Justiniano – Imperador do Oriente – conseguiu reunificar o Império Romano, mas a conquista durou só até 568. O Império Romano do Oriente perdurou até o ano de 1453, quando Constantinopla foi tomada pelos turcos otomanos, comandados por Maomé II.[87]

Após essa breve análise temporal, pode-se passar ao estudo da história interna, dividindo-se, inicialmente, em três períodos. O primeiro deles, denominado arcaico ou pré-clássico, teria iniciado com a fundação de Roma, em 754 a. C, e durado até a *Lex Aebutia*, cuja data não é precisa, mas teria sido promulgada entre os anos de 149 e 126 a. C. A partir da *Lex Aebutia*, considera-se iniciado o período clássico, cujo fim remontaria ao ano de 284 d. C., com a ascensão de Diocleciano. A partir de então, iniciar-se-ia o período pós-clássico ou tardio, que teria vigorado até 565 d. C., ano do falecimento de Justiniano. Considera-se, entretanto, o período em

---

[85] ALVES, José Carlos Moreira. *Direito Romano*, v. I, 13. ed. rev. Rio de Janeiro: Forense, 2002, p. 29-30: Com a morte de César, em 44 a. C., "decorre o *segundo triunvirato*, formado por Otaviano (sobrinho e filho adotivo de César), Marco Antônio e Lépido. A pouco e pouco, porém, Lépido é posto de lado, e o triunvirato se transforma num duunvirato. Otaviano e Marco Antônio, então, dividem entre si o poder: Otaviano fica com o Ocidente; Marco Antônio, com o Oriente". Em 31 a. C., Otaviano derrota Marco Antônio e torna-se detentor único do poder. "Em 13 de janeiro de 27 a. C., surge o *principado*". Dias depois, o Senado, a quem Otaviano havia imposto séria limitação de poder, concede o título de *Augustus* a Otaviano.

[86] Idem, p. 40. Para Moreira Alves o principado foi um "regime de transição entre a república e a monarquia absoluta".

[87] Idem, p. 41-42.

40
Gustavo Bohrer Paim

que reinou Justiniano, compreendido entre 527 e 565 d. C., como período justinianeu.[88]

Realizado o exame dos períodos da história interna do direito romano, poder-se-á verificar o processo civil existente na época, que também pode ser dividido em três grandes sistemas: o das *legis actiones*, o *per formulas* (processo formulário) e o da *cognitio extra ordinem*. Saliente--se, entretanto, que a transição de um sistema para o outro não se deu de forma absolutamente excludente, mas ocorreu paulatinamente, de modo que houve convivência entre os diferentes sistemas em determinados períodos do direito romano.

As *legis actiones* teriam vigorado desde a Fundação de Roma até o advento da *Lex Aebutia*, correspondendo, portanto, ao período arcaico. No entanto, a referida lei não foi responsável pelo imediato fim das chamadas ações da lei, que teriam sido, como regra, proibidas com a *Lex Julia Iudiciorum*, de 17 a. C., permanecendo apenas em casos excepcionais. O sistema do processo formulário teria se iniciado antes da *Lex Aebutia*, passando, a partir desta, a ser o procedimento ordinário do processo civil romano. Sua duração teria se dado até o término do reinado de Diocleciano, em 305 d. C. Esse sistema processual, juntamente com o das *legis actiones*, corresponderia ao *ordo iudiciorum privatorum*, em que o juízo era privado. A *cognitio extra ordinem* teria durado desde o início do principado até o fim do período justinianeu.

Cumpre fazer menção, ainda, ao direito pretoriano, que teve relevante significado no período clássico. Primeiramente, em 367 a. C., surgiu o pretor urbano, que julgava conflitos entre os romanos. Posteriormente, em 242 a. C., apareceram os pretores peregrinos, que julgavam conflitos entre estrangeiros ou entre estrangeiros e romanos. Os pretores podiam, em virtude de seu *imperium*, emitir ordens e proibições, especialmente por meio dos interditos.

2.1.1. Direito Romano pré-clássico (arcaico)

Após a feitura dessa necessária explanação cronológico-situacional do direito romano, passa-se a examinar brevemente os períodos propriamente ditos da história interna do direito romano, a iniciar pelo direito romano pré-clássico, também chamado de arcaico, que vigorou desde a fundação legendária de Roma até a *Lex Aebutia*.

O direito romano pré-clássico teve como principal característica o formalismo, o que restou demonstrado por Gaio, ao dispor que "daí, o

---

[88] ALVES, José Carlos Moreira. *Direito Romano*, op. cit., p. 68.

ter-se respondido que perdia a ação quem, agindo por causa de videiras ceifadas mencionara *videiras*, pois a Lei das XII Tábuas, na qual se fundava a ação por videiras cortadas, falava de árvores cortadas em geral".[89]

Percebe-se, pois, a existência de palavras e gestos extremamente formais e imperativos, a demonstrar que aquele que não seguisse rigorosamente o formalismo estabelecido estava fadado a perder a causa. Assim é que, conforme referido nas Institutas de Gaio, a parte que não mencionara tratar-se de árvore cortada, mas sim da espécie videira, acabava perdendo a ação, mesmo que a árvore em questão fosse uma videira.

Como sistema processual do período pré-clássico, vigoravam as *legis actiones*, mesmo que já fosse possível falar em procedimento *per formulas* no referido período. Tratava-se de sistema integrante do *ordo iudiciorum privatorum*, em que a atividade era privada, e dividia-se em duas fases, uma perante o magistrado, outra perante um particular, comumente um *iudex*. Percebe-se, pois, a distinção existente no direito romano entre magistrado e juiz, visto que este nada mais era do que um particular.

2.1.2. Direito Romano clássico

No direito romano clássico, diminuiu-se, sensivelmente, o formalismo do período antecedente, sendo que a atividade jurisdicional estava associada à ciência do direito, eis por que havia um aconselhamento por parte de juristas aos órgãos de administração da justiça. O magistrado, responsável pela *iuris dictio*, era o pretor que, como regra, não era um jurista, mas sim, um político nomeado para exercer essa atividade pelo período de um ano. Já os juristas que apoiavam os pretores não eram, como regra, funcionários do Estado, e acompanhavam todos os procedimentos da jurisdição civil, contribuindo para o alto nível da atividade jurisdicional. E quando nem o direito legal nem o consuetudinário regulamentavam dada situação, cabia aos juristas a resolução da questão, sendo o direito, pois, influenciado pela casuística, "pelas soluções de casos concretos que os juristas retiravam da prática diária e, outras vezes, eles próprios imaginavam".[90]

Os juristas, além da aplicação do direito, velavam pela continuidade de sua evolução e impedimento de medidas precipitadas, tendo em vista a substituição anual dos pretores. Para isso, contavam ainda com os

---

[89] Institutas de Gaio, Livro IV, 11, versão em português do Prof. Alexandre Augusto de Castro Correia, encontrada em CRUZ E TUCCI, José Rogério; AZEVEDO, Luiz Carlos de. *Lições de história do processo civil romano*, 1. ed., 2. tiragem. São Paulo: Revista dos Tribunais, 2001, p. 198.

[90] KASER, Max. *Direito privado romano*. Trad. Samuel Rodrigues Ferdinand Hämmerle. Lisboa: Fundação Calouste Gulbenkian, 1999, p. 33-34.

editos dos magistrados, que eram os programas de ação que os pretores mandavam afixar no início de seu mandato, e cujo conteúdo principal era a compilação de todas as *actiones, exceptiones* e outras providências jurídicas. Os editos traziam um modelo da forma de ação a ser usado no caso concreto. No entanto, o pretor, no curso de seu mandato, poderia, em lhe sendo apresentado um caso novo, conceder uma *actio* não prevista no edito, tutelando um caso concreto, por meio das *actiones in factum*.[91]

O sistema processual ordinário era o *per formulas*, continuando a vigorar, como regra, o *ordo iudiciorum privatorum*, em que havia bipartição do processo, com uma fase *in iure* (no Tribunal, perante o Magistrado judicial) e outra *apud iudicem* (perante um particular, a quem era confiada a função judicial, a quem competia julgar). Abria-se o processo perante o Magistrado, decidindo o pretor se existia ou não uma *actio* para a pretensão do autor. Não se perquiria acerca da veracidade do exposto, apenas se verificava se os fatos apresentados possuíam alguma proteção jurídica. O pretor poderia, então, recusar o pedido do autor ou conceder-lhe o processo requerido. A segunda fase se daria perante um "juiz privado", em que ocorreria a produção das provas e seria proferida a sentença.[92]

A principal evolução do direito romano do período clássico decorreu do *ius honorarium* ou *praetorium*, que se constituiu em uma ordem jurídica distinta do *ius civile*. Conforme Moreira Alves:

> Os magistrados com funções judiciárias não podiam, no direito romano, atribuir direitos a ninguém, mas, sim, conceder ou negar ações, o que, na prática, equivalia à criação de direitos. Por isso, o *ius honorarium*, embora teoricamente não pudesse revogar normas do *ius ciuile*, nem criar novos preceitos jurídicos, na realidade alcançava esses dois resultados: quando o magistrado se recusava a conceder a alguém ação que protegia direito decorrente do *ius ciuile*, estava negando a aplicação deste; e, quando concedia ação para tutelar situações não previstas no *ius ciuile*, estava suprindo lacunas dessa ordem jurídica.[93]

2.1.3. Direito Romano pós-clássico (tardio)

No direito romano pós-clássico, também denominado tardio ou bizantino, que se iniciou com o principado de Diocleciano e vigeu até a morte de Justiniano, a principal característica foi o fato de ter o direito passado a ser elaborado quase exclusivamente pelo estado, mediante constituições imperiais.[94]

---

[91] ALVES, José Carlos Moreira. *Direito Romano*, op. cit., p. 37-38.

[92] Idem, p. 427-431.

[93] Idem, p. 70.

[94] Idem, p. 71.

Enquanto, no período clássico, havia uma orientação prática "que, partindo das criações dos juristas, teve em vista a solução clara de casos jurídicos concretos apresentados pela vida", o período pós-clássico apresentou sinais de decadência. "A Monarquia absoluta que submeteu todos os órgãos do Estado à vontade onipotente do Imperador e que já não conhecia uma ciência e prática do direito livres e apenas responsáveis perante a consciência do jurista, não proporcionou a reanimação da jurisprudência clássica". Assim, a partir de Constantino, primeiro imperador cristão, cujo reinado durou de 307-337 d. C., a vida do direito afastou-se da tradição clássica, rumando à vulgarização. Perdeu-se a técnica jurídica refinada, surgindo a concepção de leigos em direito que, com frequência, fizeram más interpretações e falsificaram a essência do direito clássico.[95]

Na época pós-clássica, o até então ordinário sistema processual formulário passou a ser substituído pela *cognitio extra ordinem*, procedendo-se a interpretações dos escritos dos juristas do período clássico, abreviando-os e simplificando-os e inclusive deturpando seu conteúdo. Ocorreu uma vulgarização do direito romano, tanto do Oriente como do Ocidente, mas acentuadamente neste. No Oriente, ainda se reuniu material do período clássico, bem como a legislação imperial da Monarquia absoluta, tendo Justiniano reunido tudo em seu *Codex Iustinianus*.[96]

2.2. PROCESSO CIVIL ROMANO

O processo civil do direito romano, conforme anteriormente mencionado, dividia-se em três grandes sistemas: o das *legis actiones*, vigente desde a fundação legendária de Roma; o *per formulas*, constituindo com o anterior o *ordo iudiciorum privatorum*, que teria sido introduzido pela *lex Aebutia* (entre 149-126 a. C.), oficializado definitivamente pela *lex Julia pri-*

---

[95] KASER, Max. Op. cit., p. 20-21. Conforme BIONDI, Biondo. *Il diritto romano Cristiano*, t. I. Milano: Giuffrè, 1952, p. 1, "chi legge, anche sommariamente, raffrontandola con la precedente, la voluminosa legislazione postclassica, riceve l'impressione di entrare in un mondo nuovo. Mentre i recisi e precisi rescritti di Diocleziano riaffermano e presuppongono la tradizione giuridica classica, le nuove leggi, non solo per la forma, sovente bolsa e retorica, ma anche per la sostanza, si staccano nettamente dalle precedenti. Si direbbe che incominci una nuova era. Le leggi non solo sono profondamente innovatrici, ma danno quasi l'impressione di ignorare il diritto precedente, che raramente viene ricordato, per aprire nuove vie allo sviluppo del diritto. La tradizione si può dire veramente spezzata; è una svolta decisiva della storia in tutti i campi. Mutamento certo non improvviso; si matura in epoca precedente, ma affiora palesemente dopo Diocleziano. Si parli pure di continuità storica, ma è sicuro che il moto diventa più accelerato. Abbiamo la sensazione che, ad incominciare da Costantino, sia avvenuto un profondo rivolgimento nella legislazione [...] il pensiero giuridico bizantino è tutto particolare, il diritto è diventato un altro".

[96] Idem, p. 40-41. Assevera Ovídio Baptista da Silva que, no sistema romano tardio, "não havia mais qualquer vestígio dos interditos". A ação condenatória como categoria processual. *Da Sentença Liminar à Nulidade da Sentença*. Rio de Janeiro: Forense, 2002, p. 249.

vatorum, do ano 17 a. C., e aplicado até a época do imperador Diocleciano (285-305 d. C.); e o da *cognitio extra ordinem*, instituído com o advento do principado (27 a. C.) e vigente, com profundas modificações, até os últimos dias do império romano do Ocidente.[97]

Pode-se dizer, nesse contexto, que o sistema das *legis actiones* foi utilizado no direito pré-clássico, o *per formulas*, no direito clássico, e o da *cognitio extra ordinem*, no direito pós-clássico.

> Note-se, porém, que – decorrência, aliás, de uma das características do direito romano: ser infenso às modificações abruptas – cada um desses sistemas não foi abolido, imediata e radicalmente, pelo que lhe sucedeu. Ao contrário, a substituição foi paulatina.[98]

Nos sistemas processuais das *legis actiones* e do *per formulas*, vigorou o *ordo iudiciorum privatorum*, em que a instância era dividida em duas fases sucessivas: a primeira *in iure*, perante o magistrado, e a segunda *apud iudicem*, processada perante o *iudex*, que era um particular, e não um funcionário do Estado. Na *extraordinaria cognitio*, não subsistiu essa bipartição do processo civil, processando-se inteiramente perante o magistrado, que era um funcionário do Estado.

No direito romano clássico, fez-se fundamental a diferenciação entre *iurisdictio* e *iudicatio*. A *iurisdictio*[99] (*ius dicere*) significava, no âmbito do procedimento civil ordinário, a autoridade para decidir se a um autor, em um caso concreto, lhe seria permitido deduzir sua demanda perante um juiz. Já o *iudicatio* (*iudicare*) significava a autoridade para dirimir, sentenciar um processo. Como regra, a *iurisdictio* e a *iudicatio* não se davam perante a mesma pessoa, visto que a primeira era outorgada a um magistrado (pretor), e a segunda, a uma (*iudex* ou *arbiter*) ou várias (*recuperatores*) pessoas privadas. Não precisavam, nem o magistrado, nem o *iudex*, possuir um conhecimento pleno do direito, eis por que eram auxiliados por juristas.[100]

Ponto relevante do procedimento no período clássico era o *imperium* que possuía o magistrado, além da *iurisdictio*. Assim, detinha a faculdade de dar ordens discricionárias, dentro de certos limites fixados pelas leis. No procedimento ordinário, o magistrado (pretor) fazia muito uso desse poder de império.[101]

---

[97] CRUZ E TUCCI, José Rogério; AZEVEDO, Luiz Carlos de. Op. cit., p. 39.

[98] ALVES, José Carlos Moreira. Op. cit., p. 182-183.

[99] Conforme refere BRETONE, Mario, op. cit., p. 104-106, *iurisdictio* era a "administração da justiça (...) A *iurisdictio* é, no seu aspecto dinâmico mais relevante, a actividade que determina o direito a aplicar na decisão de uma controvérsia concreta, sobre a qual o juiz pronunciará a sentença".

[100] SCHULZ, Fritz. *Derecho romano clásico*. Trad. José Santa Cruz Teigeiro. Barcelona: Bosch, 1960, p. 13.

[101] Idem, p. 16.

2.2.1. *Ordo iudiciorum privatorum*

O *ordo iudiciorum privatorum* englobou os dois primeiros períodos do processo civil romano – *legis actiones* e *per formulas* – que eram juízos privados.[102] O procedimento se desenrolava em duas fases distintas: uma *in iure*, diante do magistrado (pretor), incumbido de organizar e fixar os termos da controvérsia, e outra *apud iudicem*, perante um *iudex* privado.[103]

2.2.1.1. Legis actiones

A origem do nome *legis actiones* – o mais antigo sistema processual romano – seria decorrência do fato de advirem de um texto legal ou em razão de as situações jurídicas por elas tuteladas serem fundadas em uma lei. Eram instrumentos processuais exclusivos dos cidadãos romanos, marcados pela tipicidade, pautados por extrema rigidez, formalismo, solenidade e oralidade, com procedimento bipartido.[104]

Eram cinco as ações da lei para defesa dos direitos: a *legis actio sacramenti* (com formas solenes e simbólicas, em que havia a rigidez do formalismo, caracterizando-se pela lentidão e pela via tortuosa e indireta a que se chegava à emissão de juízo sobre o objeto real da controvérsia, por meio de uma aposta); a *legis actio per iudicis arbitrive postulationem* (ação especial para divisão de herança, cobrança de crédito decorrente da *sponsio* e divisão de bens comuns); a *legis actio per condictionem* (obrigações cuja pretensão seria um objeto determinado); a *legis actio per manus iniectionem* (ação executiva por excelência, servindo para introduzir a execução pessoal); e a *legis actio per pignoris capionem* (não se desenrolava diante do magistrado e consistia em se apoderar de coisas pertencentes ao devedor, sem pré-

---

[102] OLIVEIRA, Carlos Alberto Alvaro. *Do formalismo no processo civil*, 2. ed. São Paulo: Saraiva, 2003, p. 16: "No processo do *ordo iudiciorum privatorum* a ação do magistrado é destinada, principalmente, a impedir o turbamento da paz pública, a tutelar portanto o interesse primordial do Estado, interesse que não poderia ser representado e muito menos servido pelos poderes das partes. Todavia, a atuação do direito, e assim o escopo específico e típico do processo, permanece entregue à vontade privada das partes".

[103] SCIALOJA, Vittorio. *Procedimiento civil romano*. Trad. Santiago Sentis Melendo y Marino Ayerra Redin. Buenos Aires: Ediciones Jurídicas Europa-América, 1954, p. 115-116. "Es uno de los rasgos característicos del procedimiento civil romano más antiguo la división del juicio en dos períodos diferentes; el primero es el del procedimiento llamado *in iure*; y el segundo, el del verdadero y propio *iudicium*, en el sentido técnico de la palabra [...] Esta división del proceso romano en dos estadios tan diferentes es la que de ordinario llamamos *ordo iudiciorum privatorum*". No entanto, impõe-se referir que o termo *ordo iudiciorum privatorum* "no la usaron los romanos en ese sentido".

[104] CRUZ E TUCCI, José Rogério; AZEVEDO, Luiz Carlos de. Op. cit., p. 51-54.

via autorização do magistrado – penhora extrajudicial). As três primeiras ações da lei eram declaratórias, e as duas últimas, executivas.[105]

Os ritos eram aqueles exclusivamente traçados pela lei, ou seja, em *numerus clausus*. O processo era iniciado perante o pretor (autoridade estatal), que fixava, junto com as partes, os termos da controvérsia, seguindo-se, posteriormente, "perante o *iudex*, o qual, assistido por um *consilium*, conhecia do litígio e o julgava soberanamente, mesmo não sendo uma autoridade pública". O procedimento das *legis actiones* originava-se, pois, numa fase pública (*in iure*), e terminava numa fase arbitral privada (*apud iudicem*).[106]

O procedimento podia ser desenvolvido em três etapas: a introdução da instância (*in ius vocatio*), a instância diante do magistrado (*in iure*), e a instância diante do juiz popular (*apud iudicem*). A *in ius vocatio*, que era o chamamento do réu a juízo, ficava a cargo do autor. Na fase *in iure*, as partes faziam os gestos rituais próprios de cada ação da lei, recitando as fórmulas solenes, e solicitavam ao magistrado (detentor da *iurisdictio*) a nomeação de um *iudex*. As fórmulas para fixar o juízo eram orais, razão pela qual "tomavam os assistentes da audiência como testemunhas de que estava instaurado o contraditório, e a esse ato solene se dava a denominação de *litis contestatio*".[107] As partes precisavam estar presentes, não se admitindo a contumácia.[108]

Na fase *apud iudicem*, produziam-se as provas, e o *iudex* prolatava a decisão (*sententia*). No processo das ações da lei, a sentença era irrecorrível, e o juiz não podia obrigar o réu a cumpri-la contra sua vontade, com o emprego da força, pois não passava de um particular, que não dispunha de poder de *imperium*. Nesse caso, o demandante estaria obrigado a valer-se de outra ação da lei, a *actio per manus iniectionem*, para obter o cumprimento da sentença que lhe fora favorável.[109]

Tendo sido prolatada sentença condenatória do devedor, seu cumprimento dava-se com observância da *actio per manus iniectionem*, "com

---

[105] MIRANDA FILHO, Juventino Gomes de. *O caráter interdital da tutela antecipada*. Belo Horizonte: Del Rey, 2003, p. 134-137.

[106] THEODORO JÚNIOR, Humberto. O procedimento interdital como delineador dos novos rumos do direito processual civil brasileiro. *Revista de Processo*, n. 97, São Paulo, 2000, p. 229.

[107] ALVES, José Carlos Moreira. Op. cit., p. 194-195.

[108] CRUZ E TUCCI, José Rogério; AZEVEDO, Luiz Carlos de. Op. cit., p. 55.

[109] ALVES, José Carlos Moreira. Op. cit., p. 194-196. Nos dizeres de Humberto Theodoro Júnior, "a *actio*, em semelhante conjuntura provocava um procedimento privado onde não cabia, naturalmente, o *imperium* necessário à prática de *atos executivos*. A agressão patrimonial ultrapassava a função meramente declaratória do *iudex* (árbitro). Somente o *praetor*, portanto, como detentor do *imperium* podia ordenar medidas de natureza executiva". O procedimento interdital como delineador dos novos rumos do direito processual civil brasileiro. *Revista de Processo*, n. 97, São Paulo, 2000, p. 229.

apoio na Lei das XII Tábuas, para cujo início aguardava-se por trinta dias o cumprimento voluntário da condenação pelo devedor. Não ocorrendo o adimplemento, novo procedimento se instaurava perante o magistrado (*praetor*)", em que este poderia adjudicar ao credor, autorizando-o a "exercer seu direito sobre a pessoa do inadimplente (*manus injectionem*) ou sobre seus bens (*missio in bona rei servandae cause*)".[110]

Caso o devedor, e por ele o *vindex*, contraditasse "as palavras solenes pronunciadas pelo autor, surgia nôvo processo sôbre a validez da sentença ou sôbre a falta de pagamento da soma expressa na condenação", que se constituía na *infitiatio*, que era o "único modo de contrastar a execução de uma sentença, visto como contra ela não se concedia meio algum de ataque independente".[111]

Conforme as Institutas de Gaio, em seu livro 4, 30,

[...] todas essas ações da lei tornaram-se a pouco e pouco odiosas. Pois, dada a extrema sutileza dos antigos fundadores do direito, chegou-se à situação de, quem cometesse o menor erro, perder a causa. Por isso, aboliram-se as ações da lei pela Lei Ebúcia e pelas Leis Júlias, levando os processos a se realizarem por palavras fixas, i. e., por fórmulas. Admitem-se as ações da lei somente em dois casos: no da ação por dano iminente (*damni infecti*) e no das ações perante os tribunais dos centúmviros.[112]

2.2.1.2. Processo formulário

O procedimento formulário teria sido introduzido pela *lex Aebutia*,[113] provavelmente outorgada entre os anos de 149 e 126 a. C., sendo depois definitivamente oficializado pela *lex Julia iudiciorum privatorum* (17 a. C.).[114] Possuía, como principais características, a menor formalidade e maior rapidez que o sistema anterior, a perda do caráter estritamente

---

[110] THEODORO JÚNIOR, Humberto. O procedimento interdital... op. cit., p. 230.

[111] LIEBMAN, Enrico Tullio. *Embargos do executado: oposições de mérito no processo de execução*. São Paulo: Saraiva, 1968, p. 07-08.

[112] CRUZ E TUCCI, José Rogério; AZEVEDO, Luiz Carlos de. Op. cit., p. 203. Reprodução do Livro Quarto das Institutas de Gaio, às fls. 197-232, versão em português do Prof. Alexandre Augusto de Castro Correia.

[113] BISCARDI, Arnaldo. *Lezioni sul processo romano antico e classico*. Torino: G. Giappichelli, 1968, p. 121: "É opinione ormai diffusa che, allorquando fu approvada la lex Aebutia, il processo formulare esistesse già, non essendo ammissibile, come ritennero invece i primi interpreti del manoscritto veronese delle Istituzioni di Gaio, che un fenomeno così complesso come quello della sua introduzione potesse ricollegarsi ad una singola legge comiziale, e non mancando neppure qualche indizio decisamente significativo in senso contrario".

[114] CRUZ E TUCCI, José Rogério; AZEVEDO, Luiz Carlos de. Op. cit., p. 74. Conforme refere BISCARDI, Arnaldo. *Lezioni sul processo romano antico e classico*. Torino: G. Giappichelli, 1968, p. 178, "incominciò la lex Aebutia a dare il primo colpo di piccone al vetusto sistema delle legis actiones abolendo quella per condictionem, mentre l'opera fu portata poi a termine dalle leges Iuliae".

oral, em decorrência da fórmula, a maior atuação do magistrado no processo e a condenação tornada exclusivamente pecuniária. A fórmula, no entanto, era o traço marcante.[115]

Mantinha-se, contudo, a bipartição do processo, que caracterizava o *ordo iudiciorum privatorum*.[116] A introdução da instância ainda se dava com a *in ius vocatio*, incumbindo-se ao autor providenciar que o réu comparecesse perante o magistrado. Não conseguindo, poderia usar da força, "mas, na prática, solicitaria ao magistrado – que a concederia – uma ação *in factum* contra o réu para que este fosse condenado a pagar-lhe uma multa". Caso o réu se ocultasse do autor, este poderia pedir ao magistrado que o imitisse na posse dos bens daquele e até que o autorizasse, posteriormente, a vendê-los.[117]

Após a *in ius vocatio*, o procedimento civil clássico iniciava-se perante o magistrado (procedimento *in iure*), que poderia recusar a autorização para que se iniciasse o *iudicium* (procedimento *apud iudicem*), caso em que o autor não poderia começá-lo. Poderia o demandante, então, recorrer ao Imperador, e este ordenar ao magistrado que outorgasse o *iudicium*, ou poderia, também, esperar que terminasse o ano da magistratura pretoriana e assumisse um novo pretor. Se o pretor concedesse o *iudicium*, encerrava-se o procedimento *in iure*. A expressão *litis contestatio* era usada para designar o momento final desse procedimento.[118]

Após, iniciava-se a fase *apud iudicem*, em que a *iudicatio* era conferida a um *iudex* (podendo também ser um *arbiter*, ou, em caso de julgamento colegiado, *recuperatores*), escolhido pelas partes e autorizado pelo magistrado. Na fase *apud iudicem*, eram produzidas as provas, vigendo uma

---

[115] ALVES, José Carlos Moreira. Op. cit., p. 207. Para CRUZ E TUCCI, José Rogério; AZEVEDO, Luiz Carlos de, op. cit., p. 47, "a fórmula – que altera a característica eminentemente oral do sistema anterior – correspondia ao esquema abstrato contido no edito do pretor, e que servia de paradigma para que, num caso concreto, feitas as adequações necessárias, fosse redigido um documento (*iudicium*) – pelo magistrado com o auxílio das partes –, no qual se fixava o objeto da demanda que devia ser julgada pelo *iudex* popular".

[116] OLIVEIRA, Carlos Alberto Alvaro. *Do formalismo no processo civil*, op. cit., p. 19: "Aos cinco rígidos esquemas das *legis actiones* seguiu-se o proceder bem mais flexível do processo formulário. Não mudou a bipartição do procedimento, porque também no processo formulário o Pretor comunicava ao *iudex* sua designação e concedia-lhe a fórmula, instruindo-lhe acerca das suas funções".

[117] ALVES, José Carlos Moreira. Op. cit., p. 216-217.

[118] SCHULZ, Fritz. Op. cit., p. 13-14. Importante o escólio de CRUZ E TUCCI, José Rogério; AZEVEDO, Luiz Carlos de, op. cit., p. 98-100, segundo o qual a fase *in iure* perante o magistrado "encerrava-se, após a nomeação do *iudex* e da redação da fórmula, com a *litis contestatio*, que se consubstanciava num comportamento processual das partes, dirigido a um escopo comum, qual seja o compromisso de participarem do juízo *apud iudicem* e acatarem o respectivo julgamento". A principal razão de ser da *litis contestatio* seria o de "fixar o ponto ou pontos litigiosos da questão, definindo os lindes da sentença a ser proferida pelo *iudex* e obrigando os litigantes a respeitá-la".

liberdade quase total. Ao final, o *iudex* proferia a sentença, que possuía natureza condenatória e era sempre pecuniária.[119]

Esse procedimento bipartido, com uma fase *in iure* e outra *apud iudicem*, era chamado de ordinário, também conhecido por procedimento formulário, tendo em vista que, quando ocorria o acordo entre as partes e a aprovação pelo magistrado em relação à pessoa do juiz que exerceria o *iudicium*, se redigia um documento oficial chamado Fórmula – decreto ou intimação do magistrado em que autorizava o acordo das partes e ordenava ao juiz que desse a sentença –, que deu nome a todo o procedimento.[120]

Convém melhor detalhar a fase mais complexa do procedimento, que era a *in iure*, perante o pretor, que possuía quatro momentos: "a) a introdução da causa, que compreendia a *editio formula* e a *in ius vocatio*; b) a atuação processual do demandante e do demandado; c) a nomeação do juiz e redação da fórmula; e, por fim, d) a *litis contestatio*".[121] A fórmula era composta de quatro partes ordinárias: *intentio, demonstratio, adiucatio* e *condemnatio*.[122]

No procedimento formulário, fazia-se possível a alegação de nulidade da sentença, não sendo subordinada a tempo algum. Para tanto, aduzem José Rogério Cruz e Tucci e Luiz Carlos de Azevedo que:

> A parte poderia se valer de um meio autônomo denominado *revocatio in duplum*. Na hipótese de não restar provada a alegação atinente ao motivo de nulidade invocado, o litigante sucumbente era condenado, já agora, no dobro da quantia devida. Quando houvesse um fundamento de manifesta gravidade, como, e.g., a sentença proferida sob ameaça ou

---

[119] CRUZ E TUCCI, José Rogério; AZEVEDO, Luiz Carlos de. Op. cit., p. 127.

[120] SCHULZ, Fritz. Op. cit., p. 14-23. Conforme assevera Vittorio Scialoja, "la fórmula es una instrucción escrita con la que el magistrado nombra el juez y fija los elementos sobre los cuales este deberá fundar su juicio, dándole a la vez el mandato, más o menos determinado, para la condenación eventual o para la absolvición en la sentencia". Op. cit., p. 159.

[121] CRUZ E TUCCI, José Rogério; AZEVEDO, Luiz Carlos de. Op. cit., p. 79-88: Iniciava-se a fase *in iure* com a *editio formula*, que consistia na comunicação prévia da pretensão (*intentio*) do demandante, ao réu, ato extrajudicial, que devia preceder a citação. Seguia-se a tradicional *in ius vocatio*, que era igualmente promovida pelo próprio demandante, embora com maior controle pelo pretor. Era permitida a representação em juízo por meio de um mandatário. Presentes as partes frente ao pretor, o demandante apresentava novamente sua pretensão, desta vez de modo formal, ao pretor e ao réu, apontando a fórmula no edito que entendia adequada, a fim de que o magistrado concedesse a respectiva ação. A ação poderia ser negada pelo pretor com base em seu juízo discricionário. Deferida a solicitação, passava-se a palavra ao réu para apresentar defesa, podendo apresentar as *excepciones* cabíveis. Era possível, inclusive, propor um pedido autônomo, um *iudicium contrarium* que era um remédio de natureza reconvencional. Exauridas as *postulationes*, e não tendo ocorrido nenhuma hipótese ensejadora do término do processo (como a *confessio*, por exemplo), e estando o magistrado informado de todos os pormenores para a redação da fórmula, procedia-se à designação formal do *iudex* (a indicação do órgão julgador, que poderia ser um *iudex*, um *arbiter* ou um colégio de *recuperatores*), que resultava de um procedimento conjunto levado a cabo pelo magistrado e pelas partes. Passava-se, então, à redação da fórmula, com os dados necessários para o *iudex* desempenhar suas funções.

[122] Idem, p. 90-95.

medo, o interessado dispunha da *restitutio in integrum* para tolher os efeitos decorrentes daquela decisão.[123]

Após o processo de cognição, em havendo uma sentença condenatória, o procedimento formulário não trazia mais a possibilidade da *manus iniectio*, devendo-se propor uma *actio iudicati*. "O comparecimento das partes à presença do pretor tinha lugar como nas demais ações do processo formulário, e o autor lembrava a condenação proferida e afirmava não estar ainda pago".[124]

Portanto, sendo o réu condenado, nascia para ele a obrigação de cumprir o julgado, possuindo, para tanto, o prazo de trinta dias. Em não cumprindo, o autor deveria propor contra ele a *actio iudicati* – procedimento que, como regra, não diferia do anterior processo cognitivo –, que poderia terminar na fase *in iure*, caso o réu confessasse o não cumprimento da sentença, pagando o valor da condenação e terminando o litígio, ou não pagando e ensejando a autorização pelo magistrado da execução de sentença. No entanto, em o réu opondo-se à decisão que o condenara, poderia se defender por meio da *infitiatio*, devendo oferecer garantias de que cumpriria eventual sentença que considerasse improcedente sua defesa, designando-se, então, um *iudex* para, na instância *apud iudicem*, verificar se era verdadeira a alegação do réu. Caso não prosperasse a *infitiatio*, a condenação normalmente corresponderia ao dobro da primeira. A execução da sentença não cumprida poderia ser contra a pessoa do réu ou contra seus bens.[125]

Em caso de execução patrimonial, o pretor podia, com seu poder de império, ordenar a *missio in bona rei servandae causa*, a fim de autorizar que o credor se imitisse na posse da totalidade do patrimônio do devedor. "A *missio* efetuada por um credor, a todos os demais aproveitava. Havendo pluralidade de credores, costumava-se nomear um administrador provisório de bens, o *curator bonis servanda et admnistrandis*". Para que não houvesse injustiça, tendo em vista a inexistência de execução sobre um único bem, mas apenas sobre todo o patrimônio, foi criada, no século II a.C., a *distractio bonorum*, em que se permitia a venda, a quem melhor oferecesse, não mais de todos os bens, mas apenas dos que bastassem para a satisfação dos débitos.[126]

---

[123] CRUZ E TUCCI, José Rogério; AZEVEDO, Luiz Carlos de. Op. cit., p. 128-129.

[124] LIEBMAN, Enrico Tullio. Op. cit., p. 05.

[125] ALVES, José Carlos Moreira. Op. cit., p. 226-227.

[126] CRUZ E TUCCI, José Rogério; AZEVEDO, Luiz Carlos de. Op. cit., p. 134-136.

O procedimento formulário, que foi definitivamente proibido pela constituição dos imperadores Constante e Constâncio (342 d. C.),[127] nos dizeres de Juventino Gomes de Miranda Filho:

> Durou todo o período clássico da jurisprudência romana, enquanto, aos poucos, se firmava o uso de resolver as controvérsias *extra ordinem*, quer dizer, sem submeter a causa ao *iudex* [...] com Augusto, procedeu-se a uma ampla reformulação do *ordo iudiciorum privatorum*, por meio da qual se eliminou a dualidade de instâncias, permitindo, em certas causas, seu conhecimento e julgamento perante uma única autoridade estatal. Essa mudança foi paulatina. Durante muito tempo, conviveram os regimes da *cognitio extra ordinem* e do *ordo iudiciorum*, até que viesse o primeiro a sobrepujar o segundo e a tornar-se o único sistema processual romano que assim vigorou até os últimos dias do império romano.[128]

2.2.2. *Cognitio extra ordinem*

O sistema processual da *cognitio extra ordinem*, adotado no direito romano especialmente a partir do principado e que se prolongaria até o final do reinado de Justiniano, passou, paulatinamente, a sobrepujar o sistema formulário,[129] sem perder, contudo, a denominação *extraordinária*. A preferência por esse sistema deu-se, precipuamente, em razão de sua celeridade, decorrente do fato de não haver bipartição do processo, desenrolando-se todo diante do magistrado, além de permitir recurso contra a sentença.[130]

Pelo procedimento da *cognitio extra ordinem*, o magistrado exercia a *iurisdictio* e a *iudicatio*, podendo, se quisesse, e, em regra, ocorria, conceder a *iudicatio* a uma pessoa privada (*iudex*). A *extraordinaria cognitio* era mais moderna, flexível e livre do acentuado formalismo, visto que foi o

---

[127] CRUZ E TUCCI, José Rogério; AZEVEDO, Luiz Carlos de. Op. cit., p. 74-75.

[128] Op. cit., p. 140. A *cognitio extra* ordinem, para SCIALOJA, Vittorio. *Procedimiento civil romano*. Trad. Santiago Sentis Melendo y Marino Ayerra Redin. Buenos Aires: Ediciones Jurídicas Europa-América, 1954, p. 182, "constituía una excepción al procedimiento ordinario formulario. El magistrado podía, necesariamente en ciertos casos y en algún otro voluntariamente, conducir por sí mismo el proceso hasta la última sentencia, sin remitirlo al juez. Se daba entonces una *extraordinaria cognitio*, toda vez que el magistrado conocía de la causa *extra ordinem* [...] la expresión *extra ordinem* significa sobre todo: sin atenerse al orden de listas ni a los días especiales de la administración de justicia".

[129] OLIVEIRA, Carlos Alberto Alvaro. *Do formalismo no processo civil*, op. cit., p. 21: "Esta forma mais livre de processo, iniciada ainda sob o reinado de Augustus, deve ser realizada ante o imperador ou seus delegados, fora da ordem dos juízos privados (*extra ordinem*), primeiramente em casos particulares e excepcionais e depois sempre mais intensamente, até que por sua evidente utilidade no curso de três séculos tornou-se, com Diocleciano (284-305 d. C.), o modo geral do processo, chegando a superar e a substituir o processo por *formula*".

[130] ALVES, José Carlos Moreira. Op. cit., p. 242-246. Como principais características, deixou-se de ter a divisão em duas instâncias, dando-se o processo todo perante um funcionário do Estado; desapareceu a fórmula e surgiu a possibilidade de recurso contra a sentença. Na introdução da instância, passou a ter participação da autoridade pública no chamamento do réu a juízo, e não era mais indispensável a presença de ambas as partes perante o magistrado, admitindo-se a contumácia.

último sistema, originado já no direito público. As principais diferenças entre o procedimento ordinário (formulário) e a *cognitio extra ordinem* era que naquele a nomeação do *iudex* pelo magistrado era obrigatória, enquanto nesta era uma faculdade. No procedimento ordinário, não poderia ocorrer o *iudicium* se as partes não tivessem concordado quanto ao juiz (*iudex*), não ocorrendo a contumácia em caso de não comparecimento do demandado. Já na *cognitio extra ordinem*, o acordo entre as partes não era obrigatório, podendo dar-se a sentença em revelia.[131]

A oralidade era a regra da *extraordinaria cognitio*, debatendo as partes, em contraditório, a causa, havendo maior autoridade do magistrado e menor formalismo. Passou-se a permitir a condenação *in natura*, abolindo-se a obrigatoriedade da condenação em valor pecuniário. Permitiu-se, também, o reexame da decisão, criando-se na "organização judiciária do império uma estrutura hierárquica composta por inúmeros órgãos, aos quais se conferia o poder de julgar em primeiro ou superior grau de jurisdição".[132]

O processo tornou-se inteiramente estatal,[133] desenvolvendo-se, em sua totalidade, frente ao magistrado, razão pela qual a citação começou a ter maior participação da autoridade pública e, em decorrência desse maior controle público, já se poderia falar em contumácia.[134] Também a decisão do magistrado não mais correspondia a um parecer jurídico (*sententia*) de um *iudex*, passando a possuir um comando vinculante próprio de um órgão estatal.[135]

Realizada a citação, as partes compareciam perante o magistrado, devendo o demandante expor sua pretensão (*petitio*), e o demandado, sua defesa. Por *litis contestatio*, entendia-se o momento em que era "fixado

---

[131] SCHULZ, Fritz. Op. cit., p. 14-15. Demonstra SCIALOJA, Vittorio, op. cit., p. 353-354, as vantagens da *cognitio extra ordinem*, que de "extraordinaria pasó a ser poco a poco, de hecho, no sólo ordinaria, sino única forma de procedimiento; de manera que al tercer período del procedimiento romano suele llamársele el período de las *extraordinariae cognitiones*", sobre o processo formulário, visto que "era, en general, mucho más expeditiva, especialmente porque para el procedimiento ordinario había períodos consagrados al desarrollo de los procesos (*actus rerum*); se debía, pues, esperar a que llegara esa época para que los juicios tuvieran su curso, al paso que la *extraordinaria cognitio* se sustraía a la regla del *actus rerum*; el magistrado puede conocer en vía extraordinaria en cualquier momento, en cualquier tiempo; se tiene, por tanto, a veces la ventaja de ver decidida la controversia muchos meses antes de lo que se hubiera decidido de haberse seguido el procedimiento ordinario [...] Se equivocaría no obstante quien quisiera oponer, por este carácter más expeditivo, la *extraordinaria cognitio* al procedimiento ordinario, como en nuestro derecho judicial oponemos el proceso sumario al proceso formal; pues, de una parte, se trataba de dos cosas esencialmente diversas, mucho más de lo que puedan serlo el proceso sumario y nuestro procedimiento formal.".

[132] MIRANDA FILHO, Juventino Gomes de. Op. cit., p. 142-143.

[133] LIEBMAN, Enrico Tullio. Op. cit., p. 16.

[134] CRUZ E TUCCI, José Rogério; AZEVEDO, Luiz Carlos de. Op. cit., p. 143-144.

[135] Idem, p. 48.

o *thema decidendum*, correspondendo, portanto, à *narratio* e a *contradictio*". Passava-se à produção probatória, sendo permitidos todos os meios que possibilitassem ao juiz a formação de seu convencimento. A sentença, conforme referido, "encerrava um comando imperativo e vinculante emanado de um órgão estatal", devendo ser lida e publicada na presença dos litigantes, e sendo passível de *appellatio*, que significava um "remédio ordinário contra a injustiça substancial do julgado resultante de sentenças formalmente válidas".[136]

Em relação à execução, permanecia o procedimento do processo formular referente à *actio iudicati*,[137] pressupondo uma condenação pecuniária. Em sendo execução para restituição, passado o prazo, e não cumprida a ordem judicial, poder-se-ia utilizar a força (*manu militari*), quando necessário. Sendo condenação pecuniária, passado o prazo, procedia-se à penhora realizada em razão do julgamento (*pignus ex causa iudicati captum*), que se dava por meio de funcionários da organização judiciária estatal (*apparitores* ou *exsecutores*). Havia uma ordem para a penhora, iniciando-se com bens móveis e semoventes; caso não fossem suficientes, podiam ser penhorados imóveis e, a seguir, direitos.[138]

2.2.3. Direito pretoriano

Tratou-se, até o presente momento, do *ius civile* do direito romano. No entanto, deve-se atentar para o direito pretoriano (*ius praetorium*), de suma importância, mormente no período clássico. A pretura teria sido criada em 367 a. C., passando-se a magistratura primordialmente

---

[136] CRUZ E TUCCI, José Rogério; AZEVEDO, Luiz Carlos de. Op. cit., p. 145-150. Dependendo da autoridade prolatora da sentença, cabia a *supplicatio*. Sobre o procedimento da *cognitio extra ordinem*, SCIALOJA, Vittorio, op. cit., p. 351-353, expressa que o magistrado "conoce excepcionalmente y de modo directo él mismo de la relación que debe definirse. El proceso de cognición en este caso (no tenemos un *iudicium* propiamente dicho, sino que tenemos una *cognitio*) no es muy diferente de lo que hoy hacen nuestros jueces. El magistrado a quien acude conoce de la relación a él presentada, y se exponen ante él todas las pruebas, todos los medios de que las partes se hubieran servido en el proceso ordinario y que ya conocemos; sólo que, naturalmente, no dándose ya la distinción entre *ius* y *iudicium*, faltan también todos aquellos momentos formales del desarrollo del procedimiento, y en especial falta, desde el punto de vista procesal, la *litis contestatio* [...] La *cognitio* se cierra con un decreto, pero éste tiene el contenido y la fuerza de la sentencia pronunciada por el juez en el proceso ordinario; y, tan verdad es esto, que tomó incluso el nombre de sentencia y tuvo toda la fuerza de cosa juzgada que corresponde a la sentencia judicial".

[137] LIEBMAN, Enrico Tullio. Op. cit., p. 17-18: "Não se cuidava mais, naturalmente, da *actio iudicati* clássica: esta converteu-se numa *actio* do nôvo processo, no qual o chamamento a juízo não é mais exclusivamente privado, mas efetiva-se com o concurso do magistrado [...] ainda para a *actio iudicati*, é de entender-se a *postulatio* como a demanda dirigida ao magistrado para comunicar o *libellus* ao réu, com o fim de dar lugar ao contraditório, ou pelo menos, a torná-lo possível".

[138] CRUZ E TUCCI, José Rogério; AZEVEDO, Luiz Carlos de. Op. cit., p. 148-149.

aos pretores. Inicialmente, havia o *praetor urbanus*, que cuidava dos litígios entre romanos. Posteriormente, foi criado, em 242 a. C., o *praetor peregrinus*, que julgava causas envolvendo estrangeiros e romanos ou só estrangeiros. Os pretores eram investidos da *iurisdictio*, e o direito pretoriano decorreu da necessidade, com o passar dos anos, da criação de instrumentos processuais capazes de "reparar eventuais iniqüidades, provenientes da estrita observância das normas do *ius civile* ou, mesmo, a preencher lacunas deste".[139]

Conforme ensina o romanista Max Kaser, permitiu-se aos pretores, magistrados com poderes de jurisdição, a renovação dos direitos existentes, em todas as áreas do direito privado e do direito processual civil, podendo aplicar

> princípios e institutos como sendo existentes, mas para os quais não havia qualquer base nas leis ou em fontes idênticas às leis. Assim, os pretores criaram um grande número de pretensões de direito privado, exigíveis em processo civil (*actiones*), cuja validade não se baseava numa lei (ou equivalente), mas unicamente no poder jurisdicional do pretor (*iurisdictio*). Além disso, concederam outros meios jurídicos como as exceções (*exceptiones*), restituições ao estado anterior (*in integrum restitutiones*), pretensões tramitáveis em processo especial e sumário (*interdicta*).[140]

A síntese desses institutos e princípios jurídicos constituiu o *ius honorarium* ou *ius praetorium*.

Em verdade, o passar do tempo trouxe novas exigências, que impuseram aos pretores a instituição de meios processuais capazes de evitar eventuais iniquidades decorrentes da pura e simples aplicação do *ius civile*, ou mesmo para suprir lacunas porventura existentes.[141]

Os pretores podiam, portanto, criar novos direitos para a proteção de situações fáticas concretas, quando entendessem necessária a preservação destas, evoluindo o direito por meio de criação pretoriana (*ius praetorium*), ajustando-se os editos à função judiciária.[142]

Humberto Theodoro Júnior refere que o sistema de dupla instância (*in iure* e *apud iudicem*) das *legis actiones* e do procedimento *per formulas* trazia um resultado prático lento e demorado, típico do sistema do *ordo iudiciorum privatorum*. Decorrência disso e com fundamento no poder de *imperium*, os magistrados, buscando a equidade, foram criando diversos institutos processuais, para que se agilizasse a tutela judiciária dos direi-

---

[139] MIRANDA FILHO, Juventino Gomes de. Op. cit., p. 180.

[140] Op. cit., p. 36.

[141] CRUZ E TUCCI, José Rogério; AZEVEDO, Luiz Carlos de. Op. cit., p. 111.

[142] MIRANDA FILHO, Juventino Gomes de. Op. cit., 147.

tos, destacando-se os interditos e outros expedientes mandamentais, que eram utilizados na fase *in iure*, antes da nomeação do *iudex*.[143]

Os magistrados, embora tendo sua atividade vinculada às leis – que raramente ordenavam expressamente a concessão ou recusa do *iudicium* – possuíam acentuado poder discricionário para conceder ou denegar o *iudicium*. Essa grande liberdade foi restringida, sensivelmente, não pela lei, mas pelos próprios magistrados, por meio do desenvolvimento do edito,[144] que era o programa publicado pelo magistrado antes de iniciar seu ofício, e que continha as circunstâncias em que outorgaria ou denegaria o *iudicium*. Como regra, os magistrados adotavam o edito de seu antecessor, com algumas modificações e adições, desenvolvendo-se, pois, um completo sistema de normas (*ius honorarium*).[145] O corpo completo desse *ius honorarium* foi codificado, sob o reinado do imperador Adriano, pelo jurisconsulto Sálvio Juliano, sendo conhecido como *Edictum Perpetuum* ou *Edictum Juliani*.[146]

O direito pretoriano fez com que o período clássico fosse nitidamente casuístico, com o exame do caso concreto, buscando a justiça para o fato determinado, com decisões mais sumárias e céleres. O pretor possuía "uma esfera de avaliação discricionária, que lhe permitia examinar em concreto, temperando a eficácia vinculante do Edito e dos esquemas nele previstos em abstrato".[147]

O direito pretoriano criou instrumentos de grande efetividade, como a *actio in factum*, em que a fórmula, quando não houvesse previsão de uma norma civilista, se referia simplesmente ao fato, reconhecido pelo pretor como digno de proteção, adquirindo relevância jurídica, em virtude do

---

[143] THEODORO JÚNIOR, Humberto. O procedimento interdital... op. cit., p. 232. Nesse sentido, refere ALVES, José Carlos Moreira, op. cit., p. 235, que, "para tutelar os direitos subjetivos ameaçados ou violados, nem sempre os magistrados observavam o *ordo iudiciorum privatorum*. Havia certos meios – que dispensavam os litigantes de comparecer à presença do *iudex* – de que lançavam mão os magistrados judiciários para evitar que surgisse uma demanda, ou para melhor prepará-la, ou para assegurar os resultados já alcançados num pleito judicial".

[144] BRETONE, Mario. Op. cit., p. 107: "Mas, uma vez publicado, não era certo que o édito encontrasse realmente aplicação. Antes de mais, o magistrado podia não conceder o julgamento previsto ou um outro meio protector, com base num exame das circunstâncias; ou podia conceder, com um decreto, a sua tutela em situações não disciplinadas do édito. Esta é uma liberdade ou uma arbitrariedade conciliável com um uso correcto da *iurisdictio* [...] A duração do édito era anual, como anual era o cargo do pretor. Cessado o cargo, o édito perdia formalmente qualquer eficácia, e era substituído pelo do pretor seguinte. Portanto, todos os anos havia um novo édito, mas as normas pretorianas passavam frequentemente de um édito para outro, e duravam muito mais tempo que o texto em que eram escritas".

[145] SCHULZ, Fritz. Op. cit., p. 16-17.

[146] MIRANDA FILHO, Juventino Gomes de. Op. cit., p. 181.

[147] WATANABE, Kazuo. *Da cognição no processo civil*. Op. cit., p. 64.

imperium do pretor.[148] Outro instrumento marcante do direito pretoriano foi o interdito.

Conforme o escólio de Victor Fairen Guillén, o pretor, com seu *imperium*, declarava *in iure* o direito aplicável em razão do qual poderia ser concedida a *actio*. Ou seja, nos casos em que, fazendo uso de seu poder discricionário, o pretor denegava uma *actio* fundada no direito objetivo do *ius civile*, ou a concedia mesmo que não prevista no *ius civile*, exercitava uma *iuris dictio* – em um sentido que, como se pode ver, pouco tem a ver com o atual conceito de jurisdição – criando normas jurídicas pelas quais assumia responsabilidade, tanto em relação à forma quanto ao fundo. Assim, o pretor ultrapassava e muito as possibilidades do juiz moderno do tipo continental europeu, razão pela qual *ius dicere* e *iudicare* possuíam um significado muito diferente.[149]

2.2.3.1. Interditos

O interdito era uma ordem emitida pelo magistrado, a pedido do demandante, com base em cognição sumária dos fatos, em que o pretor fazia valer sua autoridade na relação entre particulares, impondo ao demandado um fazer ou não fazer. Tratava-se de uma ordem para pôr fim à divergência entre dois cidadãos, mas visando à proteção da ordem pública.[150]

Por meio dos interditos, era possível uma tutela jurisdicional mais célere, possuindo relevante sentido social, a demonstrar seu caráter público. O magistrado, após uma averiguação sumária dos fatos,[151] podia expedir ordens cogentes, decorrentes de seu poder de *imperium*, o que permitia resultados práticos mais efetivos, sem a necessidade de enfrentar o moroso caminho do procedimento bipartido, com fase *in iure* e *apud*

---

[148] BRETONE, Mario. Op. cit., p. 110.

[149] Op. cit., p. 133-134: "Sobre la base de su *imperium* el *Pretor* declaraba *in jure* el derecho aplicable por razón del cual podía ser concedida la *actio*. Es decir, en aquellos casos en que, haciendo uso de su poder discrecional, el *Pretor* denegaba una *actio* fundada en el derecho objetivo del *jus civile*, o la concedía aunque éste no la previniera, ejercitaba una *juris dictio* (en un sentido que, como puede verse, poco tiene que ver con el actual concepto de Jurisdicción), creando normas jurídicas de las que asumía la responsabilidad, tanto con referencia a la forma como al fondo; esto es, sentaba los principios jurídicos de acuerdo con los cuales debían resolverse las controversias entre los ciudadanos; y al hacerlo, rebasaba en mucho las posibilidades del Juez moderno de tipo continental europeo. Así, *ius dicere* y *iudicare*, tenían un significado muy diferente".

[150] CRUZ E TUCCI, José Rogério; AZEVEDO, Luiz Carlos de. Op. cit., p. 112: "O interesse tutelado pelo interdito, mesmo exsurgindo de uma pretensão privada, como nos casos mais típicos de proteção da posse, era suficiente para garantir e proteger a ordem pública de qualquer perturbação".

[151] LUZZATTO, G. I. *Il problema d'origine del processo extra ordinem*. Bologna: Riccardo Pàtron, 1965, p. 230: "L'interdetto, come vedremo immediatamente, è un ordine emanato sulla base delle risultanze di un accertamento sommario sul fatto".

iudicem, típico do *ordo iudiciorum privatorum*, nem aguardar o demorado recurso à *actio iudicati*.[152]

As decisões eram tomadas pelo pretor com base em situações de fato, buscando a justiça para o caso concreto, "baseando-se, para isso, no pressuposto de que fossem verdadeiros os fatos alegados pelo litigante que lhe solicitara a ordem".[153] A rapidez na solução dos litígios decorreria desse *accertamento sommario* das circunstâncias fáticas.[154] Claro que, caso as partes aceitassem a decisão do pretor, o litígio restaria resolvido com maior brevidade.[155]

No entanto, caso a ordem do magistrado fosse desobedecida pelo destinatário passivo, não se poderia falar propriamente em brevidade e simplicidade da proteção interdital, que passaria a seguir um *iter* processual inclusive mais tortuoso e complexo que o próprio procedimento ordinário.[156]

As fórmulas dos interditos eram reunidas no Edito, o programa pelo qual o magistrado exercitava a própria *iurisdictio perpetua*, o que implicava que, na pronúncia dos singulares procedimentos, houvesse menos aquela discricionariedade que, particularmente em Roma, era típica dos procedimentos administrativos.[157]

A ordem do magistrado não era jamais formulada abstrata ou hipoteticamente, mas se identificava com um comando imediatamente vincu-

---

[152] THEODORO JÚNIOR, Humberto. O procedimento interdital... op. cit., p. 234.

[153] ALVES, José Carlos Moreira. Op. cit., p. 235.

[154] LUZZATTO, G. I. Op. cit., p. 234: "Ci troviamo in presenza di un accertamento istruttorio, che può essere rivolto a costatare l'esistenza dei presupposti di legittimità che giustificano l'intervento del magistrato e l'emanazione del provvedimento per quella determinata fattispecie; oppure ad un sommario esame delle circostanze, in guisa da giustificare l'apprezzamento discrezionale del magistrato, che trova la propria espressione in quel determinato provvedimento".

[155] MIRANDA FILHO, Juventino Gomes de. Op. cit., p. 177: "Registrado nas Institutas de Gaio que, geralmente, as partes aceitavam a decisão do pretor. No entanto, eles podiam opor-se a essa decisão, alegando exceções. Neste caso, o pretor nomeava-lhes também um juiz, e a contestação seguia a marcha como no processo das ações [...] segundo o rito do processo sumário, porque, conforme regra seguida em Direito, o interdito deve ser feito com celeridade: *interdictum beneficio celeritatis*".

[156] LUZZATTO, G. I. Op. cit., p. 197: "La supposta brevità e la semplicità assicurate dal ricorso alla protezione interdittale, e su cui fa leva una parte cospicua della dottrina, si basa sul presupposto che l'ordine del magistrato trovi obbedienza da parte del destinatario passivo. In caso contrario (e il rilievo vale per quella parte della dottrina, piuttosto cospicua, che parla di termini e di procedimento abbreviato) l'iter del processo interdittale appare, nonché più semplice, assai più tortuoso e complesso di quanto lo sia nel procedimento ordinario".

[157] Idem, p. 209: "Le formule degli interdetti sono raccolte nell'editto: nel programma, cioè, attraverso il quale il magistrato esercita la propria iurisdictio perpetua. Il che implica che nella pronuncia dei singoli provvedimenti viene meno quella discrezionalità che, particolarmente in Roma, è tipica dei privvedimenti amministrativi".

lativo, sob a base das particulares circunstâncias concretas, assim como eram enunciadas no texto do relativo procedimento.[158]

O interdito objetivava a proteção de um estado de fato, sendo que o procedimento se baseava exatamente no pressuposto da existência desse estado de fato, tornando possível ao demandado contestar, sob o plano do direito, demonstrando a inexistência ou a inexatidão dos pressupostos de fato alegados. Tratava-se da tutela do caso concreto, possuindo caráter imediatamente vinculativo.[159]

Assim, seja no curso da instrução, seja no processo subsequente, poderiam surgir ou ser alegadas circunstâncias que exonerassem o sujeito passivo do interdito da sua observância, até mesmo em razão de que o interdito era uma ordem do magistrado, com referência a determinadas circunstâncias de fato, que podia ser emitida sob a só requisição do postulante e com base em suas afirmações.[160]

A ampliação da tutela interdital deveu-se muito ao fato de que o *ius civile* não exauria todas as situações possíveis, razão pela qual o pretor produzia, especialmente por meio dos interditos, novas tutelas jurídicas, com base no caso concreto, buscando evitar a perturbação da ordem jurídica. Dessa forma, procurando a justiça para o caso concreto, com maior celeridade, sob a inspiração da *aequitas*, da equidade, o pretor "abdicava do hermetismo em que se enclausurava a *ius civile*", dando preferência para a sumarização em detrimento da ordinarização do *ius civile*.[161]

Havia uma tricotomia clássica dos interditos,[162] sendo eles proibitórios, em que se dava uma proibição de violação pela força privada;

---

[158] Idem, p. 210: "L'ordine del magistrato non è mai formulato astrattamente o ipoteticamenti (anche se il fatto che l'ordine è esposto nell'editto impone all'enunciazione un carattere generale, anziché limitato al fatto specifico) ma che esso si identifica con un comando immediatamente vincolativo, sulla base delle particolari circostanze concrete, così come vengono enunciate nel testo del relativo provvedimento".

[159] Idem, p. 213: "L'interdetto non mira alla determinazione della lite, accertando o meno la spettanza di un diritto, ma alla protezione di uno stato di fatto; e che il provvedimento si basa, appunto, sul presupposto dell'esistenza di un tale stato di fatto. Il che rende possibile al destinatario di contestare, sul piano del diritto, o dimostrando l'inesistenza o l'inesattezza dei presupposti di fatto, la legittimità del provvedimento stesso [...] l'interdetto è previsto per singole situazioni concrete, e ha carattere immediatamente vincolativo: è un ordine immediato, emanato in praesenti".

[160] Idem, p. 227-228: "É quindi chiaro che, sia nel corso dell'istruttoria, sia nel processo susseguente possono emergere o essere allegate circostanze che esonerano il soggetto passivo dell'interdetto dalla sua osservanza [...] L'interdetto è un ordine impartito dal magistrato, con riferimento a determinate circostanze di fatto: ordine che può essere emanato sulla sola richiesta del postulante, e in base alle sue affermazioni".

[161] MIRANDA FILHO, Juventino Gomes de. Op. cit., p. 05-06.

[162] SCHULZ, Fritz. Op. cit., p. 62.

restitutórios, que continham ordem para restituir; e exibitórios, que consistiam em ordem para apresentar.[163]

Na tutela interdital, o primeiro ato do magistrado era mais um ato de *imperium* e, com base nesse ato, desenvolvia-se um procedimento de caráter judicial, que se reduzia à obediência ou desobediência da ordem emanada pelo magistrado. Havia nos interditos, assim, um primeiro momento decisivo, mais administrativo que judicial, em que o magistrado se impunha entre os contendores não como juiz supremo, mas como autoridade que lhes distribuía uma ordem.[164]

O procedimento dos interditos tinha início com a *postulatio interdicti*, realizada oralmente pelo demandante perante o pretor, solicitando que este prolatasse um comando imediato. O magistrado, então, examinava sumariamente os argumentos apresentados e, caso entendesse infundado o pleito, deveria denegar a ordem. Do contrário, em entendendo o pretor a necessidade de proteger a situação fática exposta, poderia conceder a ordem, até mesmo adaptando o interdito a uma situação análoga, concedendo um interdito *ad causam*. Acatando-se o comando expedido, findava-se a lide. Em não havendo obediência, o interessado necessitaria propor uma *actio ex interdicto*.[165]

Conforme as *Institutas de Gaio*, o pretor ou o procônsul, em determinados casos, impunha sua autoridade desde o início para terminar as controvérsias, especialmente em relação à matéria que envolvesse posse e quase posse. Ele ou mandava fazer ou proibia que se fizesse algo, e as fórmulas e palavras usadas nessas questões se chamavam interditos e decretos. A questão não terminava imediatamente com a ordem do pretor, mandando ou proibindo alguma coisa, mas ia-se ao juiz onde, pronunciadas as fórmulas, se indagava a feitura de alguma coisa contrária ao edito do pretor, ou se não se havia feito o que ele ordenara. Podia-se agir

---

[163] KASER, Max. Op. cit., p. 463.

[164] SCIALOJA, Vittorio. Op. cit., p. 312: "En ellos, el primer acto del magistrado es un acto de *imperium*, y después, sobre la base de este acto de *imperium*, se desarrolla un procedimiento de carácter judicial que se reduce, sin embargo, siempre a la obediencia o desobediencia a la orden emanada de ese mismo magistrado. Hay, pues, en el procedimiento de los interdictos, un primer momento decisivo, de carácter más administrativo que judicial; pues el magistrado se interpone entre las partes contendientes no como juez supremo, sino como autoridad que les imparte un mandato. Éste es todo el carácter del procedimiento de los interdictos".

[165] CRUZ E TUCCI, José Rogério; AZEVEDO, Luiz Carlos de. Op. cit., p. 114-115: "Considerado sob o aspecto intrínseco, o procedimento caracterizava-se essencialmente pela sua rapidez e sumariedade. A cognição realizada pelo pretor (*causa cognitio*) era sumária. Examinava-se tão-somente os pressupostos de fato, e, em seguida, concedia (*edere* ou *editio interdicti*), ou, quando fosse o caso, denegava o interdito postulado (*denegatio interdicti*). Concedido o interdito, duas hipóteses emergiam: ou a ordem era respeitada, pondo fim à controvérsia; ou a parte interessada podia provocar a instauração de um procedimento pela via ordinária. Daí dizer-se, também, que a ordem se caracterizava pela provisoriedade, podendo ser ela ratificada pelo *iudex unus*, ou, até mesmo, revogada, o que eliminava o seu caráter hipotético e condicional".

pedindo pena, no processo *per sponsionem*, ou sem penalidade, quando se pedia um árbitro. Tratando-se de interditos proibitórios, agia-se sempre *per sponsionem*; no caso dos restitutórios ou exibitórios, costumava-se agir, ora *per sponsionem*, ora pela forma chamada arbitrária.[166]

Para que fosse possível pedir um árbitro, o interessado deveria fazer logo, antes de se encerrar o processo *in iure*, pois não havia "condescendência para os retardatários". Caso o demandado não pedisse o árbitro, a questão passava a trazer riscos para si, pois o autor o provocava a uma *sponsio*, em razão de ter agido contra o edito do pretor. O réu poderia, então, estipular uma *sponsio* em sentido contrário, devendo o autor exibir a fórmula da *sponsio*, e o réu, a da reestipulação.[167]

O interdito não era a decisão de caso, nem tampouco um meio de coerção empregado contra o demandado para que este satisfizesse o autor. Na época clássica, não era outra coisa que um ato formal preliminar. Se o demandado não quisesse ou não pudesse cumprir, o primeiro ato do procedimento era concluído, considerando o infrator como desobediente. As partes saíam do tribunal, para depois novamente retornar a ele e começar o segundo ato, em que o autor intimava ao demandado para que fizesse uma "aposta" e cada uma das partes prometia a outra creditar uma soma em dinheiro caso demonstrado não ter razão. Eram redigidas as fórmulas e o processo era submetido ao juiz nomeado nas mesmas. Este procedimento não era nem processo formulário nem *cognitio extra ordinem*, mas sim uma mescla de ambos.[168]

Conforme assevera Vittorio Scialoja, no procedimento sem perigo, o pretor dava sua ordem, ou seja, o interdito, e o destinatário passivo dessa ordem pedia imediatamente um árbitro e uma fórmula arbitral para decidir a questão. O pretor concedia o árbitro, e este emitia o *arbitratus*. O demandado podia restituir ou exibir o que o árbitro o havia condenado, encerrando o litígio, sem que o réu sofresse qualquer penalidade além da própria restituição ou exibição. Caso o demandado desobedecesse à ordem emitida pelo magistrado, este poderia imputar-lhe uma condenação pecuniária pelo valor da coisa, mas, também aqui, sem aplicação de qualquer penalidade. Esse procedimento sem perigo também era vantajoso ao autor, pois não corria o risco de penalização caso perdesse a lide.[169]

---

[166] Versão em português do Prof. Alexandre Augusto de Castro Correia, encontrada na obra CRUZ E TUCCI, José Rogério; AZEVEDO, Luiz Carlos de, op. cit., p. 224 (Institutas de Gaio, Livro 4, 138-141).

[167] Idem, p. 227-228 (Institutas de Gaio, Livro 4, 164-165).

[168] SCHULZ, Fritz. Op. cit., p. 58-59.

[169] SCIALOJA, Vittorio. Op. cit., p. 331-332: "El pretor da su orden, esto es, el interdicto; aquel a quien se ha dirigido esta orden, pide inmediatamente un árbitro y, por tanto, una fórmula arbitral, para decidir la cuestión. El pretor dá el árbitro, y éste, tratándose como se trata de una fórmula arbitral, emite

Continua Vittorio Scialoja, referindo que o procedimento com perigo se dava quando o demandado não pedia o árbitro a tempo. Assim, o procedimento avançava pela tortuosa via das *sponsiones*, em que o autor se fazia prometer do demandado uma soma no caso de este não haver obedecido à ordem do pretor, ou seja, caso o demandado não tivesse restituído ou exibido o que fora condenado. Por sua vez, o demandado podia fazer uma estipulação em sentido contrário, para que o autor lhe prometesse uma soma, caso não houvesse desobedecido ao mandato do pretor. Esse procedimento era com perigo, pois, além do objeto propriamente dito do litígio, julgava-se o pagamento da *sponsio* e da *restipulatio*, que uma parte deveria pagar à outra a título de pena.[170]

Com o Código Justinianeu, os interditos pretorianos receberam tratamento diverso do período clássico, sendo considerados exclusivamente como *cognitio extra ordinem*, além de terem sido equiparados às ações, tendo em vista as interpolações ocorridas.[171] Como se não bastasse, as Instituições de Justiniano trataram os interditos no imperfeito, como se estivessem diante de um instituto não mais existente.[172]

A bem da verdade, as Institutas de Gaio constituíam um modelo de organização e de clareza que não era possível encontrar nas outras fontes, visto que a exposição Gaiana apresentava o regime interdital clássico, en-

---

el *arbitratus*; el demandado puede restituir o exhibir lo que el árbitro le condena, y entonces todo ha terminado; y este procedimiento es *sine periculo* porque, aparte la restitución, ninguna otra pérdida se sufre. Pero si no se restituye, viene la *condemnatio pecuniaria* por el valor de la cosa; pero también aquí *sine poena*. También para el actor es ventajoso este procedimiento, porque tampoco él incurre en ninguna pena caso de que pierda la litis". Nesse sentido, também, CRUZ E TUCCI, José Rogério; AZEVEDO, Luiz Carlos de, op. cit., p. 115.

[170] Op. cit., p. 332-333: "Si el demandado no ha pedido el árbitro a tiempo, sino que va sin decir nada, sin pedir inmediatamente el árbitro, el procedimiento se desarrolla *cum periculo*. Y que aquí en qué consiste este procedimiento peligroso, en el cual se avanza por la vía tortuosa de las *sponsiones*. El actor se hace prometer del demandado una suma para el caso de resultar que no hubiera obedecido la orden del pretor, de que no hubiera restituído o no hubiera exhibido. A su vez, el demandado hace una estipulación en sentido contrario; se hace prometer por el actor, para el caso de no haber desobedecido el mandato del pretor [...] Este procedimiento es pues peligroso; porque, además de juzgarse sobre la restitución, esto es, sobre el verdadero objeto de la contienda, se juzga de la suma de la *sponsio* y de la *restipulatio*, que siempre tendrá que pagar una de las partes a la otra en concepto de pena, aparte definirse la cuestión de la restitución o de la exhibición".

[171] LUZZATTO, G. I. Op. cit., p. 147: "È significativo che la trattazione relativa al regime interdittale nel Codice Giustinianeo (8, 1/9) si refirisca esclusivamente alla cognitio extra ordinem, né meno significativo che il titolo 4.15 delle Istituzioni, pur riproducendo largamente la trattazione gaiana per quanto concerne la definizione degli interdetti e le loro classificazioni, modifichi la parte iniziale, equiparando gli interdetti alle azioni, sul modello della rubrica di D 43, 1 così come è stata interpolata dai compilatori del Digesto".

[172] Idem, ibidem: "Inoltre, nel titolo stesso delle Istituzioni tutta la trattazione è riportata all'imperfetto, come relativa a un istituto ormai scomparso. E, infine, la trattazione relativa al processo interdittale, che troviamo nel manoscritto del Gaio veronese, è completamente cancellata, e sostituíta dall'affermazione che in sede di processo extra ordinem, quando ormai l'interdetto era completamente assimilato all'azione anche sul piano processuale, un'esposizione del genere diventava superflua".

quanto as intervenções compilatórias adaptaram a proteção interdital ao regime da *cognitio extra ordinem*. As compilações, inclusive, multiplicaram os problemas em sede de avaliação e reconstrução dos textos do *Corpus Iuris Civilis*.[173] Ocorria, assim, no período justinianeu, o fim dos interditos pretorianos.

2.2.3.2. Natureza jurídica dos interditos

A natureza jurídica da tutela interdital sempre foi alvo de muita polêmica,[174] questionando-se o seu caráter jurisdicional ou meramente administrativo. O principal motivo da discussão decorria da possibilidade de os pretores expedirem ordens com caráter preventivo, em verdadeiro poder de império, a imprimir maior celeridade ao feito, porém extrapolando a declaração que caracterizava a jurisdição romana.

Impõe-se aqui fazer uma breve análise acerca da transformação do conceito de jurisdição no direito romano. Em sua constituição primitiva, o Estado impunha sua autoridade para evitar violação de direitos. No entanto, evoluiu o *ius dicere* de mera declaração em juízo do direito aplicável para toda a atividade do magistrado, aumentando-se a intervenção estatal e abrindo-se caminho para uma ideia de unidade de todo o processo. O "julgar" deixou de ser uma simples regulação das atividades privadas, tornando-se de interesse público. Houve, pois, a publicização do processo. Com a *cognitio extra ordinem*, o processo passou a ser uma atividade magistral desde o início até o final. A generalização dessa *cognitio extra ordinem* no Império Romano foi de extrema relevância no que tange ao conceito de jurisdição, deixando esta de ser o *ius dicere* do magistrado (declaração em juízo do direito aplicável) para ser a simples e total administração da justiça pelo magistrado, perdendo importância a figura da *litis contestatio*.[175]

Nesse sentido, percebe-se que, com a estatização do processo, com a mudança no conceito de jurisdição e sua publicização, a atividade preto-

---

[173] Idem, p. 148: "La trattazione (Gaiana) costituisce un modello di organicità e di chiarezza che non è possibile ritrovare nelle altre fonti, sia perché l'esposizione Gaiana ci presenta il regime interdittale classico, all'infuori degli interventi compilatori rivolti a adattare la protezione interdittale al regime della cognitio extra ordinem: interventi che moltiplicano i problemi in sede di valutazione e ricostruzione dei testi del Corpus Iuris".

[174] Idem, p. 143: "Carattere contradditorio che spiega come la dottrina, anche recentíssima, sia giunta, in merito alla valutazione della natura degli interdetti e della struttura del processo interdittale a conclusioni diversissime, e spesso opposte. Per quanto concerne le fonti, basta pensare, da un lato, alla contrapposizione fra i testi che equiparano azioni e interdetti, e i testi che li distinguono nettamente".

[175] GUILLÉN, Victor Fairen. Op. cit., p. 135-143.

riana, cercada de discricionariedade, baseada em um poder de império, poderia não se coadunar com as características da função jurisdicional.

Não há um consenso entre os romanistas sobre a natureza jurídica dos interditos pretorianos, havendo entendimentos no sentido de sua natureza administrativa, em decorrência de o poder de império não se adaptar à função jurisdicional romana, bem como no sentido de sua jurisdicionalidade, que não seria estranha ao poder de império dos pretores.

O entendimento de que os interditos pretorianos consistiriam em atividade administrativa advém, principalmente, de que seriam ordens, decorrentes de um poder de império, que não se adaptavam à declaração da jurisdição romana, culminando com um decreto, e não, com um *iudicium*.

Os interditos, que eram juízos sumários, por intermédio dos quais o pretor expedia ordens e proibições, não foram reconhecidos como jurisdicionais pela doutrina romanística preponderante. Nesse sentido, Fritz Schulz afirma que os juristas clássicos nunca denominaram de *actio* os interditos.[176]

Mario Bretone, em relação aos *interdicta*, aduz que se tratavam de "ordens pretorianas de natureza administrativa", que impunham "a exibição de coisas ou de pessoas, ou a restituição de coisas e a destruição de obras, ou a abstenção de determinados actos".[177] Emilio Albertario refere que o pretor não intervinha como órgão da jurisdição, mas sim, como investido de *imperium* e com funções de polícia.[178]

Grande parcela dessa atribuição de natureza administrativa aos interditos decorreu da discricionariedade que o pretor romano exercitava na *iurisdictio*, seja quando negava, seja quando concedia a tutela jurídica contra ou além do *ius civile*. No entanto, o poder integrava a *iurisdictio* do pretor e o seu específico *imperium*, e não era "alguma coisa emprestada ou concedida a ele por alguma lei". Assim, "a discricionariedade imanente da *iurisdictio* não significava arbítrio, senão faculdade de avaliar e medir a conveniência de determinado provimento jurisdicional a determinado fim de tutela jurídica".[179]

---

[176] Op. cit., p. 24-25 e 59.

[177] Op. cit., p. 109.

[178] *Corso di diritto romano: possesso e quase possesso*. Milano: Giuffrè, 1946, p. 178: "Il pretore non interveniva come organo della giurisdizione, bensì come investito di *imperium* e con funzioni di polizia".

[179] MIRANDA FILHO, Juventino Gomes de. Op. cit., p. 173. Também, nesse sentido, é o entendimento de GIOFFREDI, Carlo. *Diritto e processo nelle antiche forme giuridiche romane*. Roma: Romae Apollinaris, 1955, p. 85-86, ao afirmar que "talune funzioni sono ormai sottratte alla competenza dei massimi detentori dell'*imperium*. Ma in un ordinamento che come quello romano riffuge dai rigidi limiti costituzionali e dalle impostazioni teoriche, non sorge contraddizione: si pensa sempre a

Percebe-se, pois, que o poder de império do pretor encontrava seu fundamento no ordenamento jurídico,[180] razão pela qual não se devia falar em arbitrariedade, até mesmo porque não se podia limitar o poder jurisdicional à mera declaração do texto positivado da lei, pois o *ius dicere* era mais do que aplicação do direito, era atividade criadora.[181]

Nesse sentido, Luzzatto demonstra sua contrariedade à teoria que considerava o interdito e seu relativo processo sob o perfil de um ato e de um processo administrativo.[182]

Em verdade, considerar os interditos como atividade administrativa, tendo em vista que não declaravam direitos, mas sim preveniam danos, traziam ordens, faziam juízos sumários e com base em verossimilhança,[183] não se coaduna com uma visão moderna do direito, em que se percebe um sincretismo processual, permitindo-se cognição e execução em uma mesma relação processual, admitindo-se juízos sumários e com base na verossimilhança, a demonstrar que os interditos romanos, especialmente com os olhos da modernidade, possuíam sim uma natureza jurisdicional, calcada na efetividade e na sumariedade. Do contrário, talvez tivéssemos que infirmar jurisdicionalidade ao mandado de segurança, que traz em si uma ordem, um mandamento.

Aliás, provimentos contendo ordens e proibições têm-se tornado cada dia mais frequentes, razão pela qual se deixou de lado a teoria triná-

---

un'ampia sfera di esigenze sociali entro la quale può liberamente esercitarsi il potere discrezionale del magistrato. E perciò, anche per questa età, sarebbe pericoloso definire l'*imperium* come un potere di esecuzione: l'*imperium* si esercita certamente nell'ambito dell'ordinamento giuridico, ma un ordinamento giuridico dalla concezione generica e lata, quale è quella dei Romani della repubblica [...] il *ius dicere* – come già aveva mostrato l'esame del dato terminologico – è funzione di autorità".

[180] GIOFFREDI, Carlo. Op. cit., p. 81-82: "Col rinnovarsi annuale delle magistrature e con l'affermarsi della volontà dei componenti il comune, il potere del magistrato, nella veste di comando militare – cioè la funzione preminente per la quale è creato – va riconosciuto dall'assemblea popolare che lo sancisce con la *lex curiata de imperio*. Se dunque il comando militare giustifica e presuppone la più alta autorità nella *civitas*, quel comando a sua volta poggia su una manifestazione di volontà del comune. Perciò se le singole funzioni che il magistrato esercita in virtù del suo *imperium*, appunto per la genericità di tale potere appaiono originarie in lui, l'*imperium* però trova il suo fondamento nelle forme dell'ordinamento giuridico".

[181] Idem, p. 82: "Il *ius dicere* non può essere concepito come applicazione di norme, ma piuttosto come azione di autorità intesa a statuire, caso per caso, la soluzione più giusta della lite e ad evitare l'esercizio della forza: creazione, piuttosto che applicazione del diritto".

[182] Op. cit., p. 205: "Ritengo, innanzi tutto, sia pressoché da escludere (o quanto meno le si oppongono considerazioni difficilmente superabili) la teoria che considera l'interdetto e il relativo processo sotto il profilo di un atto e di un processo amministrativo".

[183] SILVA, Ovídio Araújo Baptista da. *Jurisdição e execução na tradição romano-canônica*, op. cit., p. 191: "Íntima relação entre *cognição sumária* e tutela interdital, pois como já vimos a concessão do interdito, pelo pretor romano, apoiava-se necessariamente em *summaria cognitio*, motivo, aliás, historicamente determinante da recusa que a doutrina invariavelmente opôs ao reconhecimento da natureza jurisdicional da tutela interdital".

ria das ações, insuficiente face às ações mandamentais e executivas, que integram a hoje predominante teoria quinária.

O entendimento de que a tutela interdital possuiria natureza administrativa, em razão de que consistia em ordem decorrente do poder de império do pretor, recebe crítica de Ovídio Baptista da Silva, para quem "a doutrina contrapõe *decisão*, como ato de julgamento, à *ordem*, sem levar em conta que, sob o ponto de vista da psicologia humana, a ordem será necessariamente o resultado de uma decisão do agente".[184]

Assim, Ovídio Baptista da Silva afirma

ser entendimento da doutrina em geral a idéia de que somente haverá decisão quando houver julgamento definitivo da lide. Se o magistrado limitar-se a *ordenar*, imagina-se que o resultado do ato volitivo seja o produto de algum estado hipnótico, dado que não haveria, aí, qualquer decisão. A contraposição entre decisão e ordem é um pressuposto comum entre os romanistas, que negam a jurisdicionalidade dos interditos precisamente porque, no provimento judicial que os concedia, não haveria decisão, mas apenas ordem.[185]

2.3. PERÍODO JUSTINIANEU

O chamado período justinianeu durou do ano de 526 d. C. até o ano de 565 d. C. Desde que subiu ao trono em Constantinopla, Justiniano iniciou ampla obra militar e legislativa, nomeando uma comissão que compilou as constituições imperiais vigentes, obra que ficou pronta em 529 e chamou-se *Novus Iustinianus Codex*. Posteriormente, foi realizada a compilação do direito do período clássico, concluída em 533 e chamada de *Digesto* ou *Pandectas*. Também foi organizado um manual que servisse como introdução ao Direito compendiado no Digesto, recebendo o nome de *Institutiones*, que entrou em vigor igualmente em 533 d. C. No entanto, em razão de contradições entre o Digesto e o Codex, este foi atualizado, sendo promulgado em 534. As novas modificações na legislação, por meio de constituições imperiais, efetuadas por Justiniano foram denominadas *Novellae*. O conjunto da obra foi denominado de *Corpus Iuris Civilis* pelo romanista francês Dionísio Godofredo em 1538.[186]

Após a queda do império romano do Ocidente, no ano de 476 d. C, o direito romano sofreu um processo de barbarização, que foi menos sentido no Oriente, em razão da tentativa de conservação da literatura jurídica clássica pelas escolas de direito. O *Corpus Iuris Civilis* coroou o estudo das escolas de direito romano do Oriente, conservando partes essenciais do

---

[184] Decisões interlocutórias e sentenças liminares. *Da Sentença Liminar à Nulidade da Sentença*. Rio de Janeiro: Forense, 2002, p. 08.

[185] Idem, p. 17.

[186] ALVES, José Carlos Moreira. Op. cit., p. 46-48.

direito romano clássico. No entanto, Justiniano aspirava a um "Estado cristão próspero com um regime absolutista", não podendo aplicar o direito clássico em toda a sua plenitude. Assim, foram introduzidas adaptações inovadoras por meio de alterações dos textos do direito romano clássico, chamadas interpolações.[187]

Nota-se, pois, que o *Corpus Iuris Civilis* não possuía a pureza dos procedimentos clássicos, visto ter sofrido alterações e interpretações,[188] muitas das quais equivocadas. Os compiladores fizeram substituições, supressões e acréscimos nos fragmentos dos jurisconsultos clássicos e nas constituições imperiais antigas.[189]

O direito justinianeu, em que pese tenha procedido a uma compilação dos textos do direito clássico, afastou-se deste em decorrência das alterações e interpolações, consagrando o direito romano do período bizantino.[190] Nesse contexto, os interditos pretorianos restaram eliminados do direito romano.[191]

Também o cristianismo teve forte influência sobre o direito justinianeu, tendo as interpolações trazido uma ideia de caridade e sentimento cristão aos textos clássicos,[192] escritos em uma época em que não se conhecia ainda o cristianismo. Por essa razão, inegável a existência de contradições e desarmonias entre os textos clássicos e o direito justinianeu,

---

[187] KASER, Max. Op. cit., p. 22-23.

[188] BRETONE, Mario. Op. cit., p. 279: "No Digesto revivem 'os grupos inumeráveis' da jurisprudência clássica. Naturalmente que os compiladores puderam utilizar as obras dos mestres antigos no estado e na forma em que elas tinham chegado até eles, e portanto com as alterações (voluntárias ou involuntárias) que tinham sofrido uma longa, e por vezes acidentada, história textual".

[189] ALVES, José Carlos Moreira. Op. cit., p. 49. Essas interpolações também eram denominadas tribonianismos, em referência ao jurisconsulto Triboniano, que foi encarregado por Justiniano de organizar a comissão destinada a compilar os textos do período clássico.

[190] SILVA, Ovídio Araújo Baptista da. *Jurisdição e execução na tradição romano-canônica*, op. cit., p. 95: "Justiniano e seus compiladores, mesmo que estivessem imbuídos do propósito de enaltecer e perpetuar o antigo direito romano, tinham clara percepção da distância cultural que os separava do direito romano clássico".

[191] ALBERTARIO, Emilio. Op. cit., p. 178: "Ormai, nell'epoca giustinianea, il termine *actio* è promiscuamente adoperato tanto per indicare un'azione nel preciso senso romano, quanto per indicare un interdetto. Il classico procedimento interdittale è un semplice ricordo storico".

[192] SILVA, Ovídio Araújo Baptista da. *Jurisdição e execução na tradição romano-canônica*, op. cit., p. 96-99: "O conceito romano de *aequitas* transforma-se nas compilações de Justiniano para significar *humanitas*, benignidade e, em última análise, *pietas* cristã [...] Para o direito romano oriental de Justiniano, a *aequitas* tornou-se um referencial constante, como critério de correção do direito positivo, tanto do direito material quanto, especialmente, do processo [...] Assim como a *aequitas* agora permeada de compreensão cristã, igualmente a justiça torna-se, no direito bizantino, inteiramente iluminada pela *caridade*, um dos valores supremos do pensamento cristão [...] Outros valores cristãos fundamentais, derivados da caridade, como o sentimento de *moderação*, a *clemência* e a *piedade*, informam igualmente, como valores referenciais, o sentido da justiça de cada caso e o próprio ordenamento jurídico, em sua totalidade".

inspirado no ideal de caridade.[193] Justiniano orgulhou-se de sua obra, não tanto pelo trabalho de seleção e atualização que lhe permitiu transmitir boa parte do conhecimento anterior, mas principalmente porque pôde construir sua legislação sobre a base firme da justiça cristã.[194]

Conforme assevera Mario Bretone, o direito justinianeu fez um regresso ao passado no "estilo", não no conteúdo normativo. Continuou a ser desenvolvida a tendência simplificadora e unificadora do direito romano tardio, em que se rompeu a distinção entre o direito civil e o direito honorário, bem como a distinção entre o processo formular e o processo cognitivo.[195] Dessa forma, pôs-se fim aos interditos pretorianos, universalizando-se o processo da *cognitio extra ordinem*.

O processo, no período justinianeu, iniciava-se com o *libellus conventionis*, que era o meio normal de chamamento a juízo.[196] O juiz fazia um exame sumário da petição e autorizava a citação do réu para que comparecesse em data aprazada. Tanto autor como réu deviam prestar caução, comprometendo-se a acompanhar o processo e se apresentar na data designada para audiência. "Efetuada regularmente a citação, pagava o demandado as espórtulas ao oficial – porque, a esse tempo, já existiam as custas processuais – devolvendo a notificação, seguindo-se sua resposta

---

[193] BIONDI, Biondo. *Il diritto romano Cristiano*, t. II. Milano: Giuffrè, 1952, p. 113: "Si sono notate storture ed incoerenze logiche, ragionamenti poco convincenti, mutamenti improvvisi di pensiero, fino al punto che l'elemento logico è stato elevato a criterio generale diagnostico delle interpolazioni, e le leggi di Giustiniano bene spesso si sono giudicate stravaganti ed illogiche in confronto alla armoniosa architettura classica [...] Tutto ciò discende non solo dalla fretta od anche insipienza dei compilatori, come si suole ammettere, ma soprattutto da una ragione più intima. La giustizia che affiora nelle nuove leggi non è il risultato di una serie di impeccabili sillogismi, che conducono ad un sistema organico, ma va al di là della logica formale. C'è un urto tra il diritto classico fondato sulla *utilitas*, il quale non si vuole rinnegare, e la nuova giustizia fondata sulla carità, che si vuole fare trionfare. Ciò determina necessariamente disarmonie e storture. La logica non è abbandonata, ma è posta al servizio della carità. Il diritto classico è logico e rettilineo, il diritto giustinianeo è una linea duttile, che si piega in omaggio ad una giustizia di ordine superiore".

[194] Idem, p. 117: "Giustiniano va orgoglioso della sua opera non tanto per il lavoro di selezione ed aggiornamento che gli ha permesso di tramandare ai posteri buona parte dell'antica sapienza, ma soprattutto perchè ha voluto erigere la sua legislazione sulla base ferma della giustizia cristiana".

[195] Op. cit., p. 284: "Com Justiniano, o regresso ao passado colhe-se no 'estilo', não nos conteúdos normativos. O fiscalismo e o corporativismo da política legislativa tardo-imperial não param. No âmbito jurídico-privado continua a desenvolver-se a tendência simplificadora e unificadora. A distinção entre direito civil e direito honorário perdeu há tempo seu valor prático, assim como a distinção entre processo formular e processo cognitivo. Repare-se bem. A chancelaria justiniana – educada, dir-se-ia, pelo 'espírito dos séculos' – não renuncia a descer ao campo de uma interpretação subtil, de cada vez que o julgue oportuno [...] O direito tem na lei imperial a sua única fonte. A educação clássica não pode restituir à ciência jurídica o seu antigo papel dinâmico-normativo, mas apenas aperfeiçoá-la e purificá-la na sua função fundamentalmente teórico-escolástica. Uma certa relação com a práxis, ainda viva menos de um século antes, interrompe-se".

[196] CRUZ E TUCCI, José Rogério; AZEVEDO, Luiz Carlos de. Op. cit., p. 159.

no prazo de 20 dias". A resposta do réu era feita mediante o *"libellus contradictionis*, também escrito, que era transmitido ao mencionado funcionário do juízo e, em seguida, por ordem do juiz, ao autor".[197]

Na audiência, procedia-se à *litis contestatio*, que era o momento processual em que eram "definidos os termos da controvérsia sobre a qual o órgão julgador deveria se pronunciar". Após, passava-se à produção das provas. O juiz, então, analisava os elementos existentes nos autos e os argumentos das partes e prolatava a sentença em audiência pública. A decisão era, em princípio, passível de impugnação em audiência, mediante *appellatio* ou *retractatio*.[198]

2.4. INFLUÊNCIA DO CRISTIANISMO

O cristianismo exerceu forte influência sobre o direito romano a partir do dominato, passando a ser, com Constantino, a religião oficial do império. As interpolações serviriam para explicar como era possível encontrar ideias tipicamente cristãs em autores que desconheceram o cristianismo.[199]

Alterou-se, portanto, a concepção jurídica que se tinha no período anterior, especialmente no direito romano clássico. Não se apagou o ordenamento jurídico até então existente, mas ele passou a ser visto com nova coloração, com um novo espírito, restando completamente modificado.[200]

---

[197] CRUZ E TUCCI, José Rogério; AZEVEDO, Luiz Carlos de. Op. cit., p. 160.

[198] Idem, p. 160-161. Em relação ao processo justinianeu, SCIALOJA, Vittorio, op. cit., p. 371-380, expressa que "el juicio se introduce mediante el *libellus conventionis*, que nos trae a la mente nuestra citación. El actor, por escrito, debe exponer su pretensión en forma muy sucinta, sin rigor alguno de forma [...] El *libellus conventionis*, con el contenido y la forma ya recordados, se presenta al magistrado competente, y a éste se pedía que se iniciara el proceso sobre la base del libelo. El magistrado efectuaba un ligerísimo examen de su contenido, y podía incluso rechazar la demanda si era evidentemente contraria al derecho [...] Pero ordinariamente el magistrado, sin examinar la bondad del contenido del libelo, concede su curso. El acto con el cual ordena el magistrado que se comunique el libelo al demandado, se llama *interlocutio*, o también *sententia* y *praeceptum* [...] La comunicación del libelo se hace mediante un oficial público, un *ejecutor* del magistrado mismo". O demandado devia "prestar caución de defenderse correctamente" e dar "al mismo oficial el libelo contradictorio". Na primeira audiencia que as partes comparecem ante ao magistrado, "se desarrolla una serie de debates orales, que se llaman *cognitiones* cuando se hacen en contradicción; de manera que en el derecho justinianeo se dice que la causa se hace *cognitionaliter* [...] en la primera audiencia en que se pone a discusión ala causa, tiene lugar la *litis contestatio*". "La *litis contestatio* no tiene verdaderamente en derecho justinianeo otro efecto que el procesal de fijar de una manera, si no absolutamente irrevocable, por lo menos importante sin duda para el curso ulterior del juicio, los términos de la controversia judicial".

[199] ALVES, José Carlos Moreira. Op. cit., p. 51-52.

[200] BIONDI, Biondo. *Il diritto romano Cristiano*, t. I. Milano: Giuffrè, 1952, p. 02: "Di solito il cristianesimo si considera come elemento demolitore del mondo antico [...] In realtà non si tratta di demolizione per costruire ex novo; si utilizza invece il vecchio per il nuovo; chiese e basiliche sorgono sui templi

Começou-se a valorizar a legislação tipicamente cristã, muitas vezes, esquecendo o direito precedente, como se não existisse.[201]

A transformação jurídica operada no direito romano tardio foi, consoante Ovídio Baptista da Silva,

> lenta e inteiramente silenciosa, pois a legislação que se inicia com imperadores cristãos vale-se de grande parte do acervo legislativo dos períodos anteriores do direito romano, reproduzindo as lições de seus grandes jurisconsultos, como se houvesse, realmente, entre essas duas grandes formações culturais uma perfeita unidade de princípios e valores. Na verdade, uma observação mais atenta descobrirá que as normas e instituições do direito romano clássico agora se mostram coloridas pelo espírito da religiosidade cristã.[202]

Percebe-se, pois, que o direito romano pós-clássico ou tardio, mormente a partir de Constantino, sofreu grandes influências do sentimento cristão, da religiosidade cristã, afastando-se da orientação existente no período clássico.[203]

A tradição medieval acabou por identificar, assim, a grandeza de Roma com a Roma cristã, não aparecendo o baixo império como decadente, mas sim, como esplendor, em razão da fé cristã espraiada por todos os setores.[204]

Esse foi o direito romano que nos transmitiu a Idade Média, um direito romano fundado a partir de princípios e da moral da Igreja. "O direito processual romano-canônico que afinal plasmou as instituições processuais modernas, em muitos aspectos, apresentava-se não apenas em franca oposição ao processo romano, como divergia notavelmente também do processo dos povos germânicos".[205]

---

pagani. La vecchia impalcatura sopravvive, vivificata però da uno spirito nuovo, in guisa che tutto l'edificio risulta effettivamente diverso".

[201] Idem, p. 04-05: "Quando nel 429 Teodosio II ordina di compiere una raccolta di *leges,* pur disponendo che si faccia *ad similitudinem Gregoriani atque Hermogeniani,* intende che la raccolta contenga leggi ad incominciare da Costantino [...] Teodosio, avvertendo il distacco tra la legislazione che incomincia da Costantino e quella anteriore, volle presentare un codice di pura marca cristiana, e quindi non poteva risalire oltre Costantino [...] Delle precedenti neppure una parola, come se non esistessero".

[202] *Jurisdição e execução na tradição romano-canônica,* op. cit., p. 92.

[203] Idem, p. 91: "Nossos vínculos com o direito romano são inteiramente intermediados pelo espírito cristão que plasmou o direito do último período romano, permeando-o com outros princípios e injetando-lhe novos valores, inteiramente diversos e às vezes antagônicos aos valores e princípios formadores do direito romano clássico".

[204] BIONDI, Biondo. *Il diritto romano Cristiano,* t. I, op. cit., p. 11: "Su questa basi si forma la tradizione medievale che identifica la grandezza di Roma con la Roma cristiana. Il basso impero non appare come decadenza ma splendore, in quanto importa affermazione della fede cristiana in tutti i campi. Costantino e Giustiniano si raffigurano come il tipo ideale di imperatori perchè in loro si vede impersonato il modello del legislatore cristiano".

[205] SILVA, Ovídio Araújo Baptista da. *Jurisdição e execução na tradição romano-canônica,* op. cit., p. 100.

Essa influência do cristianismo no direito romano tardio trouxe um ideal de piedade, benignidade, impedindo que a jurisdição utilizasse instrumentos processuais dotados de maior eficácia contra eventuais devedores.[206] Em verdade, passou-se a adotar um ideal de moderação, de caridade,[207] mas uma moderação diversa da compreendida no direito romano clássico.[208]

2.5. RESSURGIMENTO DO DIREITO ROMANO

A continuidade do estudo do direito romano na Europa, após a queda do império romano do Ocidente, traz grande divergência entre os doutrinadores.[209] De qualquer sorte, tem-se que o ressurgimen-

---

[206] Idem, ibidem: "Tanto na forma quanto na substância, o procedimento civil torna-se permeado de sentimento cristão [...] No que respeita ao sentido e ao critério a ser seguido na realização da justiça, o novo ordenamento processual, iluminado por esses valores e inspirado na benevolência e compaixão cristãs, proscreve todas as formas e instrumentos infamantes a que possam constranger a pessoa do devedor". Consoante refere BIONDI, Biondo. *Il diritto romano Cristiano*, t. II, op. cit., p. 106-107, "la legge civile impone non solo una formula di fede, ma altresì un comportamento nella covivenza umana conforme alla predicazione evangelica, la quale non richiede soltanto di credere, ma di comportarsi secondo i suoi precetti: accanto al comandamento di amare Dio sovra ogni cosa, esiste il precetto, di simile importanza, che impone di amare il prossimo".

[207] Idem, p. 127: "Una delle caratteristiche della nuova legislazione è la moderazione. La legge vuole evitare eccessi. Le asprezze derivanti dalla logica conseguenziaria del *ius civile*, smussate già dal diritto pretorio e dalla legislazione imperiale, sono gradualmente eliminate laddove appariva più urgente. L'appello frequentissimo all'*aequitas*, all'*humanitas*, alla *clementia*, alla *benignitas*, ed in contrapposto quell'esplicito rifuggire dalla *asperitas*, *duritia*, *acerbitas*, che torviamo nelle nostre leggi, significa appunto richiamo alla misura, alla moderazione, all'equilibrio".

[208] Idem, p. 127-128: "La moderazione classica importa discrezionalità, adeguamento, proporzione, in funzione di svariati elementi soggettivi ed oggettivi. *Moderare* vuol dire stabilire, determinare, tenendo presenti tutte le circostanze del caso, ossia determinazione discrezionale [...] Il *moderare* non esclude dunque una punizione *severius* [...] Nella legislazione postclassica e giustinianea la *moderatio* non importa soltanto discrezionalità, ma soprattutto misura, limite, attenuazione. La *moderatio* classica può importare anche severità, la nuova esclude. La *moderatio* classica è qualitativa, quella giustinianea è anche quantitativa, nel senso che non può sorpassare certi limiti. La nuova legislazione è la legislazione del limite, della *mediocritas*, della *media sentenia*. La moderazione classica rientra nella nozione di *aequitas*, la nuova si identifica con la *benignitas*".

[209] ALVES, José Carlos Moreira. Op. cit., p. 57. Ensina WIEACKER, Franz. *História do direito privado moderno*, 3. ed. Trad. A. M. Botelho Hespanha. Lisboa: Fundação Calouste Gulbenkian, p. 24-35, que "o mundo histórico da jurisprudência criadora e do antigo direito imperial já desaparecera antes do início da alta Idade Média. A ciência das escolas jurídicas – que, no império oriental, ainda entendera, continuara a transmitir e acabara por conservar para sempre no Digesto de Justiniano a literatura clássica – perdera-se nos territórios do império do ocidente o mais tardar no séc. V, altura em que ela própria aí se tinha fundamentalmente constituído como tal. Aqui apenas sobreviveram à derrocada espiritual e política do mundo antigo restos de instituições sócio-políticas e as singelas figuras dogmáticas do direito vulgar". Continua Franz Wieacker, salientando que, em relação à polêmica da história do direito romano na Idade Média, no que tange à eventual sobrevivência do ensino jurídico na antiguidade tardia e sua influência "sobre a instituição do *studium civile* bolonhês ou sobre o seu precursor de Pavia", é "improvável que através de ulteriores termos de ligação não documentados, um tal ensino jurídico especializado possa ter sobrevivido até ao século XI".

to[210] do direito romano ocorreu com a fundação da *Escola dos Glosadores* em Bolonha.[211] Os glosadores receberam esse nome em razão das notas (glosas) entre as linhas ou à margem do texto. Posteriormente, surgiram os pós-glosadores, também "chamados *comentadores*, por terem escrito longos comentários, onde fundiam as normas de direito romano, de direito canônico e dos direitos locais, fazendo surgir o que se denominou *direito comum*".[212]

A recepção decorrente da atividade universitária e dos glosadores permitiu que as compilações de Justiniano fossem introduzidas no ordenamento jurídico sob o nome de *Corpus Iuris Civilis*. Assim, o direito romano estudado não foi o do período clássico, mas sim, o do período tardio, decorrente das interpretações de Justiniano escritas no *Corpus Iuris Civilis*.[213]

Segundo Victor Fairen Guillén, os glosadores e as escolas posteriores trataram o *Corpus Iuris* como uma unidade jurídica e histórica, sem perceber que existiriam fragmentos inconciliáveis, em razão de mentalidades e épocas diferentes, propagando os erros iniciais,[214] acabando por consagrar a universalização da *litis contestatio*.

Percebe-se, pois, que nos foi legado o direito romano existente no *Corpus Iuris Civilis*, de Justiniano, que trazia a marca do período pós-clássico – tendo em vista as alterações e interpolações do direito romano clássico – o que trouxe consequências para nosso ordenamento processual.[215]

---

[210] MERRYMAN, John Henry. *The civil law tradition*. Stanford: Stanford University Press, 1969, p. 09-10: "With the fall of the Roman Empire, the *Corpus Juris Civilis* fell into disuse. Cruder, less sophisticated versions of the Roman civil law were applied by the invaders to the peoples of the Italian peninsula. The invaders also brought with them their own Germanic legal customs [...] 'vulgarized' or 'barbarized' Roman law [...] As light returned to Europe, as Europeans regained control of the Mediterranean Sea, and as that extraordinary period of feverish intellectual and artistic rebirth called the Renaissance began, an intellectual and scholarly interest in law reappeared. What civil lawyers commonly refer to as 'the revival of Roman law' is generally conceded to have had its beginning in Bologna, Italy, late in the eleventh century. It was at Bologna that the first European university appeared, and law was a major object of study [...] The law studied was the *Corpus Juris Civilis* of Justinian"

[211] ALVES, José Carlos Moreira. Op. cit., p. 57. Convenciona-se o ano de 1088 como sendo o nascimento da Universidade de Bolonha.

[212] Idem, p. 58-59.

[213] WIEACKER, Franz. Op. cit., p. 139: "Recebido não foi o direito romano clássico (então desconhecido na sua forma original); também não o direito histórico justinianeu como tal, mas o *jus commune* europeu, que os glosadores e, sobretudo, os consiliadores tinham formado com base no *Corpus Iuris* justinianeu, mas com a assimilação cientifica dos estatutos e usos comerciais de seu tempo, sobretudo da Itália do Norte".

[214] Op. cit., p. 32-33.

[215] SILVA, Ovídio Araújo Baptista da. *Jurisdição e execução na tradição romano-canônica*, op. cit., p. 89: "Ainda que nos seja possível comprovar, como o fazem os romanistas modernos, os equívocos e confusões dos juristas e compiladores do direito romano tardio, sendo capazes de indicar, com precisão, as adulterações de textos do direito romano clássico, mesmo assim perseveramos na preservação de

2.6. RETORNO DA SUMARIEDADE NA IDADE MÉDIA

Tratamos do processo civil romano, demonstrando que, por meio dos interditos, o direito romano clássico possuía uma efetividade maior em seus procedimentos, havendo a possibilidade da tomada de decisões com base em cognição sumária, não exauriente.

No entanto, o direito romano pós-clássico acabou por não preservar os interditos pretorianos, suprimindo esse procedimento, como regra mais célere e expedito. Por meio do *Corpus Iuris Civilis*, o procedimento civil do direito romano pós-clássico acabou exercendo significativa influência sobre os ordenamentos jurídicos modernos, não havendo um ambiente muito propício para decisões não exaurientes, com base em cognição sumária, com julgamentos fundados em juízos de verossimilhança, o que decorreu, também, da influência do cristianismo.

A Idade Média, contudo, propiciou um retorno aos juízos mais céleres e sumários, especialmente em razão das atividades comerciais, que exigiam procedimentos mais expeditivos. Essa necessária aceleração processual foi também defendida pela Igreja, razão pela qual o Papa Clemente V expediu a bula *Saepe Contingit*.[216] Esse "retorno à sumarização" não alcançou maior repercussão nos estudos processuais.[217]

O tráfico mercantil no Mediterrâneo já não mais suportava um exclusivo e moroso procedimento solene e ordinário, demandando juízos mais abreviados, o que foi notado também pelos canonistas.[218] Nesse sentido, a Idade Média acabou conhecendo procedimentos mais sumários,

---

suas conseqüências processuais [...] não conseguimos livrar-nos das conseqüências daquela confusão e adulteração compilatória dos antigos textos romanos".

[216] CAPPELLETTI, Mauro. *Proceso, ideologias, sociedad*. Trad. Santiago Sentís Melendo y Tomás A. Banzhaf. Buenos Aires: Ediciones Juridicas Europa-America, 1974, p. 339-340: "Ya en el medioevo, por lo demás, la exigencia de un proceso más dúctil, más rápido, menos formal se había hecho sentir especialmente en el mundo, siempre más dinámico y vigoroso, de las relaciones comerciales que habían llegado a florecer en el ámbito de los libres municipios ciudadanos. Fueron creados tipos especiales de procedimientos 'sumarios': recuérdese al respecto, sobre todo, la famosa Clementina 'Saepe' de 1306".

[217] MONROY GÁLVEZ, Juan; MONROY PALACIOS, Juan. Op. cit., p. 190: "Durante el Alto Medioevo, los canonistas y las necesidades comerciales de la época (el tráfico mercantil desarrollado en el Mediterráneo) requirieron de un procedimiento más expeditivo. Esta necesidad determinó que el Papa Clemente V (el interés en la actividad mercantil alcanzaba también al Vaticano) expidiera la famosa bula *Saepe contingit*, con la que promovió una sumarización del juicio ordinario. Sin embargo, este esfuerzo fue silenciado o, por lo menos, no destacado en los estudios procesales".

[218] GUILLÉN, Victor Fairen. Op. cit., p. 41-42: "Pero ya en el Alto Medievo se sentía principalmente por parte de los canonistas un evidente deseo de liberar al proceso de formalismos inútiles que lo tornaban costoso y largo. Varios Pontífices (Alejandro III, Inocencio III, Gregorio IX, Inocencio IV) se hubieron de percatar de que el *solemnes ordo judiciarius* no surtía resultados proporcionados a las fuerzas de toda índole en él investidas. Se hacía precisa una reforma simplificatoria del proceso, dirigiéndolo preeminentemente a la obtención de la verdad".

especialmente no que se referia aos títulos executivos e às disposições da bula *Clementina Saepe Contingit.*

2.6.1. Atividades mercantis

A prática de relações comerciais trouxe a necessidade de um rito processual que propiciasse maior efetividade da prestação jurisdicional, obrigando um distanciamento e uma sumarização do moroso procedimento ordinário e plenário.[219]

Os tribunais mercantis eram caracterizados por maior rapidez e eficiência em seus julgamentos, rompendo com a tradição formalista do processo romano canônico e trazendo uma sumarização procedimental, que buscava uma formação mais rápida do título executivo, antecipando a satisfação do direito perseguido pelo demandante e atendendo "à necessidade de obviar a *demora na obtenção* da sentença, ou na realização judicial do direito, evitando a morosidade natural do procedimento ordinário".[220]

2.6.2. *Bula Saepe Contingit*

Fator determinante para a sumariedade processual nas causas comerciais foi sua autorização pela bula do Papa Clemente V, de 1306, denominada *Clementina Saepe Contingit.*[221] Inicialmente, a bula papal trazia

---

[219] GUILLÉN, Victor Fairen. Op. cit., p. 42: Foram, então, criadas disposições "tendiendo a obtener una mayor brevedad en los juicios. Esta sumarización de los juicios, representaba un triunfo de la economía procesal; las crecientes necesidades de rapidez impuestas por la entidad del tráfico mercantil que se desarrollaba en torno al Mediterráneo, impusieron también en materia civil, la sumarización del proceso".

[220] SILVA, Ovídio Araújo Baptista da. *Do processo cautelar*, 3. ed. Rio de Janeiro: Forense, 2001, p. 19: "A quem examine a história da execução provisória no Direito medieval certamente não escapará a observação de que o instituto surgiu profundamente comprometido com os valores da nascente civilização mercantil que florescia nos albores da Idade Moderna, a exigirem instrumentos jurisdicionais adequados e compatíveis com as novas necessidades econômicas e sociais. As complicações do lento e embaraçoso processo romano-canônico e a proliferação de recursos com o efeito suspensivo que lhe era inerente tornavam-se inconciliáveis com as exigências do intenso e crescente comércio mediterrâneo. A execução provisória e as demais formas concebidas pelos juristas medievais para obviarem as dificuldades criadas pela eternização dos feitos – entre os quais não se pode olvidar a criação dos *títulos executivos* – nasceram juntas e sob a inspiração desse mesmo princípio comum de adequação do dispositivo jurisdicional aos novos valores culturais, de modo a dotá-lo de funcionalidade e torná-lo um instrumento, tanto quanto possível, seguro e eficiente na realização da justiça".

[221] CHAINAIS, Cécile. Op. cit., p. 246 : « Puisant ses origines dans le droit romain, la notion de procédure sommaire s'est épanouie en droit canonique, à travers une série de décrets pontificaux dont le point d'aboutissement fut la fameuse Clementina Saepe de 1312, selon laquelle, pour certains types de litiges relevant de la matière criminelle, le juge pouvait procéder 'simpliciter et de plano, sine stepitu et figura judicii'».

uma sumarização procedimental, com o encurtamento dos atos processuais, buscando uma prestação jurisdicional mais célere.[222]

A bula *Saepe Contingit* tornou despicienda a forma escrita da ação proposta e da defesa, bem como limitou a cognição a uma só audiência e trouxe prevalente oralidade. Nesse sentido, houve maior valorização de princípios como o da concentração e o da oralidade. Passou, também, a haver maior impulso oficial e menor formalismo. A *Saepe Contingit* também permitiu um procedimento executivo específico, quando documentalmente provado, tal como os modernos títulos executivos extrajudiciais.[223]

Carlos Alberto Alvaro de Oliveira, ao tratar da *Clementina Saepe*, salienta que:

> Se cuida de sistema procedimental totalmente novo, diferindo essencialmente do *solennis ordo judiciorum* em diversos aspectos fundamentais. Não só foi removida a vinculação jurídica ao processo ordinário como também, de modo significativo, outorgou-se ao juiz o poder de investigar a verdade material até de ofício. Desobrigou-se o autor de formular por escrito sua inconformidade, facultada manifestação oral. Aboliu-se, igualmente, a litiscontestação, concedendo-se ao juiz autoridade para rejeitar exceções dilatórias, com o que se introduziu o germe do "princípio da eventualidade" [...] permitiu-se-lhe *(ao órgão judicial)* firme controle da causa, autorizado até a interrogar as partes de ofício [...] concedeu-se ao juiz poder discricionário para encerrar a consideração dos elementos da causa em uma ou poucas audiências, e julgar a causa tão logo lhe parecesse maduro [...] Embora a *Clementina* contivesse apenas as singelas palavras, "*appellationes dilatorias et frustratorias repellendo*", o efeito daí decorrente, tal a aspiração de rapidez e eficiência do meio social, foi tornar inapeláveis as assim chamadas "*sententiae interlocutoriae*". Tornaram-se estas, assim, irrecorríveis, só cabendo a correção do erro pela própria corte inferior ou por revisão em apelação interposta do julgamento final.[224]

Conforme Victor Fairen Guillén, os princípios informativos do novo juízo da bula *Saepe Contingit* e dos que dela derivaram eram os seguintes:

> 1. Liberación de la *litis contestatio*; 2. Limitación de las apelaciones interlocutorias; 3. Liberación del orden legal de los actos, impuesto con gran amplitud anteriormente en el *solemnes ordo iudiciarius*; 4. Acortamiento de los plazos; 5. Concesión al Juez de la dirección del proceso para poder repeler actuaciones superfluas; 6. Concesión al mismo del poder de cerrar la audiencia y dictar sentencia cuando hallare al proceso suficientemente instruido; 7. Supresión de formalidades superfluas.[225]

---

[222] OLIVEIRA, Carlos Alberto Alvaro. *Do formalismo no processo civil*, op. cit., p. 34: "Impossível desconhecer o papel exercido pela *Clementina Saepe*, em face do seu significado e importância para a história do direito processual".

[223] OTHON SIDOU, José Maria. *Processo civil comparado*. Rio de Janeiro: Forense Universitária, 1997, p. 78-79.

[224] *Do formalismo no processo civil*, op. cit., p. 34-35.

[225] Op. cit., p. 44.

A sumarização, na Idade Média, dos procedimentos decorrentes das atividades mercantis e em razão da bula *Clementina Saepe Contingit* não obteve continuação por parte dos estudos processuais, prevalecendo, no sistema jurídico do *civil law*, a regra da ordinariedade e da plenariedade cognitiva.

2.7. *COMMON LAW* E *CIVIL LAW*

Consoante anteriormente demonstrado, inegável a influência do direito tardio romano sobre o sistema jurídico do *civil law*,[226] trazendo, pois, consideráveis consequências ao nosso ordenamento processual. Tal não ocorreu com o *common law*, em que se percebe maior afinidade com o direito romano do período clássico.[227]

Nesse sentido, Mauro Cappelletti demonstra algumas semelhanças entre o direito romano clássico, especialmente no que tange ao direito pretoriano, e o sistema jurídico da *common law*, demonstrando, por exemplo, a existência de uma casuística maior, com as *actiones in factum* do direito romano e as *action on the case*, do direito anglo-saxão.[228]

Assim, o direito romano clássico, em razão do direito pretoriano, mormente no tocante aos interditos e às *actiones in factum*, caracterizou-se pela criatividade, em que se buscava a decisão justa para o caso concreto, possuindo o magistrado maior discricionariedade e poder de criação, semelhante ao sistema do *common law*.[229]

---

[226] CAPPELLETTI, Mauro. *Proceso, ideologias, sociedad*, op. cit., p. 328: "Bastante más próximo al proceso continental moderno es, en todo caso, en muchos aspectos, el proceso posclásico y bizantino; al cual, mucho más que al proceso romano clásico, está vinculada en efecto, como ya se ha dicho, también la formación del proceso canónico y común".

[227] Idem, p. 317: "En cuanto al proceso romano clásico, en cambio, se puede decir desde luego, aunque a primera vista pueda parecer paradójico, que afinidades con ese sistema se encuentran antes bien en el ordenamiento procesal de los países del *common law* que en el de los países europeo-continentales y en general de los países del *civil law* (entre los cuales se incluyen, por ejemplo, todos los países de la América Latina)".

[228] Idem, p. 325-326: "Otra analogía notable entre el sistema romano y el anglosajón se manifiesta en la contraposición y progresiva superposición de un *ius honorarium* o *praetorium* al originario *ius civile*, algo similar, en muchos aspectos, al fenómeno de la formación de la *equity* junto al *common law*. La misma figura del *praetor*, a la que se remonta justamente la creación del *ius honorarium*, puede de algún modo aproximarse a la figura del *chancellor* inglés, mientras que no se encuentra ninguna figura correspondiente en el proceso canónico y común ni en el actual de los países continentales. En algún caso, por otra parte, encontramos confiadas al *praetor* tareas que en la historia del proceso anglosajón han sido cumplidas por las mismas *courts of common law*. De gran interés a este respecto es especialmente el conjunto de las *actiones ficticiae, actiones utiles* y *actiones in factum*, de las cuales el jurista anglosajón se puede formar una idea al menos aproximativa pensando en la fundamental *action on the case* y en la enorme importancia que, también en la evolución judicial de *common law*, ha asumido el fenómeno de las *ficciones*".

[229] Idem, p. 327-328: "Dicha formación histórica es a su vez explicada por la mentalidad concreta, inductiva, casuística de los juristas romanos de la época clásica; de donde el derecho en el sistema romano, similar también en esto al futuro sistema anglosajón de 'creación judicial' del derecho (*judge-*

Dessa forma, percebe-se que o sistema jurídico do *common law* orientou-se pelo período criativo do direito romano clássico, enquanto que o sistema do *civil law* trouxe, como principal herança do direito romano, o período tardio ou bizantino, muito em decorrência de o ressurgimento do estudo do direito romano ter se baseado no *Corpus Iuris Civilis*.[230] Por essa razão e tendo em vista que Justiniano praticamente desconsiderou os interditos pretorianos e sua correlata sumarização, a ordinariedade e sua consequente, em que pese não obrigatória, plenariedade tornaram-se a regra de nosso ordenamento processual.[231]

Nesse contexto, os princípios orientadores do direito anglo-saxão em muito se aproximam da forma como eram praticados no direito romano clássico, em que prevalecia uma oralidade maior, imediação, concentração e livre valorização das provas.[232] Aos julgadores, em decorrência dessa contingência histórica, também foram reservadas características diferentes nos dois grandes sistemas jurídicos, aceitando-se, no *common law*, maior participação e criação judicial,[233] ao passo que, no *civil law*, o julgador é visto mais como um simples aplicador da lei.[234]

---

made law) [derecho hecho por el juez], era creado no tanto por la posición o la modificación de normas generales y abstractas, como antes bien por la creación de nuevas acciones o excepciones para casos concretos de la vida que el *praetor* consideraba merecedores de tutela".

[230] SÈROUSSI, Roland. *Introdução ao direito inglês e norte-americano*. Trad. Renata Maria Parreira Cordeiro. São Paulo: Landy, 2001, p. 14: "No entanto, por vários meios, o direito continental não está tão longe assim da *common law*. A rivalidade histórica das duas famílias jurídicas dá aqui e ali lugar a aproximações ou até a espaços de complementaridade (extensão de conceitos, harmonização dos textos de leis, comparação de soluções jurisprudenciais e de processos, troca de juristas)...".

[231] SILVA, Ovídio Araújo Baptista da. *Jurisdição e execução na tradição romano-canônica*, op. cit., p. 102: "Tanto o sistema jurídico da Europa continental quanto a *common law* são de certa forma descendentes do direito romano e, não obstante, apenas o primeiro conservou a estrutura elementar do procedimento da *actio*, diretamente ligada aos juízos privados, enquanto o direito inglês preservou a porção mais nobre da função judicial romana, reservada apenas ao pretor, não ao juiz privado".

[232] CAPPELLETTI, Mauro. *Proceso, ideologias, sociedad*, op. cit., p. 353.

[233] MERRYMAN, John Henry. *The civil law tradition*, op. cit., p. 35: "We know that our legal tradition was originally created and has grown and developed in the hands of judges, reasoning closely from case to case and building a body of law that binds subsequent judges, through the doctrine of *stare decisis*, to decide similar cases similarly. We know that there is an abundance of legislation in force, and we recognize that there is a legislative function. But to us the common law means the law created and molded by the judges, and we will think (often quite inaccurately) of legislation as serving a kind of supplementary function".

[234] Idem, p. 36-38: "One of the principal reasons for the quite different status of the civil law judge is the existence of a different judicial tradition in the civil law, beginning in Roman times. The judge (*iudex*) of Rome was not a prominent man of the law. Prior to the Imperial period he was, in effect, a layman discharging an arbitral function by presiding over the settlement of disputes according to formulae supplied by another official, the *praetor* (...) In part the contemporary civil law judge inherits a status and serves a set of functions determined by a tradition going back to the *iudex* of Roman times. This tradition, in which the judge has never been conceived of as playing a very creative part, was reinforced by the anti-judicial ideology of the European revolution and the logical consequences of a rationalistic doctrine of strict separations of powers. The civil law judge thus play a substantially

Decorrente dessa influência histórica, percebe-se que, no *common law*, se tornou usual a criação de direitos substanciais por meio de concretos expedientes de caráter processual,[235] buscando a justiça do caso concreto, o que o diferencia do *civil law*, em que se busca a segurança jurídica com base num fechado ordenamento que procura declarar a vontade da lei.

2.8. ORDINARIEDADE E SUMARIEDADE NO DIREITO BRASILEIRO

Da análise histórica realizada, percebe-se que o direito da *civil law*, incluindo-se aqui o direito pátrio, possui marcante influência do direito romano pós-clássico ou tardio, razão pela qual se caracteriza pela ordinariedade, com apego à forma, mitigando-se um pouco a tão necessária efetividade jurídica.

Para Luiz Guilherme Marinoni:

O procedimento ordinário é comprometido com a idéia de que o juiz deveria apenas atuar a vontade da lei. O mito que dá suporte à figura do juiz como "bouche de la loi", sem qualquer poder criativo ou de *imperium*, é o da neutralidade, supondo, de um lado, ser possível um juiz despido de vontade inconsciente e, de outro, ser a lei – como pretendeu Montesquieu – uma relação necessária fundada na natureza das coisas.[236]

Do direito romano clássico, no entanto, especialmente dos interditos, foram adquiridas algumas características de maior sumariedade, permitindo-se a expedição de ordens com nítido propósito preventivo, baseado na verossimilhança, com cognição sumária.

Para Ovídio Baptista:

Através do Processo de Conhecimento, nosso Direito Processual consolidou a herança recebida do direito romano bizantino, tardio e decadente, universalizando o procedimento privado da *actio* do Direito Privado romano, deste modo suprimindo os últimos vestígios que ainda conservávamos do Direito medieval, de inspiração germânica, dentre os quais cabe mencionar as *ações sumárias*, e como exemplo dessas ações sumárias os *interditos* que o gênio medieval, inspirando-se no Direito romano clássico, transfundira em ações especiais, de cognição limitada, de que é exemplo eminente a ação cominatória, agora reintroduzida em nosso sistema.[237]

---

more modest role than the judge in the common law tradition, and the system of selection and tenure of civil law judge is consistent with this quite different status of the judicial profession".

[235] CAPPELLETTI, Mauro. *Proceso, ideologias, sociedad*, op. cit., p. 326-327.

[236] MARINONI, Luiz Guilherme. *Antecipação da tutela*. 11. ed., rev. e ampl. São Paulo: Revista dos Tribunais, 2010, p. 116.

[237] Reforma dos processos de execução e cautelar. *Da Sentença Liminar à Nulidade da Sentença*. Rio de Janeiro: Forense, 2002, p. 169-170.

Conforme salienta José Roberto dos Santos Bedaque, "o processo sumário, mais abreviado e voltado para a solução de casos urgentes, tem origem, portanto, no interdito romano da época clássica, não nos interditos possessórios existentes nos *judicia extraordinaria*".[238]

Parece possível estabelecer comparação entre procedimentos do direito atual que se iniciam com atos decisórios, precedidos de cognição sumária e coercitivos, e os interditos do processo romano. Estes consistiam em ordem emitida pelo magistrado, impondo certo comportamento a uma pessoa privada, a pedido de outra. Essa forma de tutela, emanada do poder de *imperium* do magistrado, abrangia a grande maioria das relações da vida envolvendo direitos absolutos.[239]

De acordo com Carlos Alberto Alvaro de Oliveira, Briegleb indica doze exemplos de processos de cognição sumária no direito romano, dez nas Pandetas e dois nos códigos, servindo como exemplos a "pretensão relativa ao dever de alimentar parentes" e as "estipulações pretórias outorgadas fora do terreno estritamente processual, com vistas à proteção de determinada situação de fato ou para garantir a indenização de possível prejuízo futuro".[240]

Entretanto, a tônica do processo civil brasileiro, muito em razão da influência do direito romano tardio, é baseada na ordinariedade do procedimento, com a plenariedade da cognição.[241] Ocorre que, com o passar do tempo, se foi percebendo a limitação da ordinariedade, especialmente em razão da complexidade das relações sociais.

Segundo Marinoni, percebeu-se que:

A neutralidade do procedimento ordinário e a completa insensibilidade para a necessidade de instrumentos de tutela adequados às novas necessidades de uma sociedade em constante evolução também são responsáveis pela chamada crise da justiça civil.[242]

Na busca de procedimentos que primassem pela efetividade, especialmente para atender às demandas mais urgentes, o ordenamento jurídico brasileiro foi dando maior ênfase a procedimentos sumários, va-

---

[238] *Tutela cautelar e tutela antecipada: tutelas sumárias e de urgência (tentativa de sistematização)*. São Paulo: Malheiros, 1998, p. 28.

[239] Idem, p. 27.

[240] Perfil dogmático da tutela de urgência. *Ajuris*, n. 70, Porto Alegre, 1997, p. 214-218. Para HEERDT, Paulo. Sumarização do processo e do procedimento. *Ajuris*, n. 48, Porto Alegre, 1990, p. 83: "Na esfera do processo, já os romanos percebiam a necessidade de sumarizar, estabelecendo outros procedimentos, além do *ordo iudiciorum privatorum*, da fase da Justiça privada".

[241] Idem, p. 95: As ações ordinárias "são aquelas ações que se processam dentro da ordem normal (*solemnis ordo*), visando a dar às partes os mais amplos meios de se chegar a uma solução definitiva e exauriente, de modo a resolver-se de forma completa e segura o litígio existente em todos os seus aspectos. Daí por que, além de revestir-se o processo da forma ordinária, a cognição será igualmente ordinária, porque plena".

[242] *Antecipação da tutela*, op. cit., p. 119.

lorizando-se as tutelas cautelares e positivando-se a antecipação dos efeitos da tutela.

Salienta Luiz Guilherme Marinoni que:

Aquele que não dá importância à "satisfação" fundada em cognição sumária, chamando-a de mera "satisfação fática", mostra não estar atento à preocupação mais recente da doutrina, vale dizer, à preocupação com a "tutela dos direitos", uma vez que, na perspectiva do consumidor do serviço jurisdicional, o que vale é a "tutela do direito", pouco importando que esta venha por meio de uma decisão de cognição sumária ou mediante uma decisão de cognição exauriente e definitiva.[243]

Com a crescente necessidade de procedimentos mais efetivos, a sumariedade passou a ter lugar de maior destaque no processo civil brasileiro.

Para Ovídio Baptista da Silva, pode ocorrer sumarização da demanda nas seguintes hipóteses: a) cognição superficial (antecipação de tutela); b) cognição exauriente em que é vedada investigação de determinada questão previamente excluída da área litigiosa (ações cambiárias e possessórias); c) juiz não pode se valer de determinadas provas (mandado de segurança); d) "reserva de exceções", em que a "sentença liminar torna-se desde logo executiva se o demandado não oferecer prova escrita contrária, reservando-se para uma *fase* subseqüente da própria ação o exame das questões que exijam prova demorada e complexa".[244]

Segundo Bedaque:

À técnica da tutela sumária, cautelar ou não, se contrapõe a da cognição plena. Esta se caracteriza pela precisa regulamentação dos atos do procedimento, bem como dos poderes, deveres, ônus e faculdades dos sujeitos do processo. O contraditório efetivo e equilibrado se realiza sempre antes do provimento, que se torna imutável, adquirindo a qualidade da coisa julgada formal e material. Já a via da tutela sumária dispensa o contraditório antecipado, podendo a decisão ser proferida antes, relegado o exercício da ampla defesa a momento posterior. A iniciativa para que a cognição plena se realiza é normalmente ônus daquele que suportou os efeitos do provimento sumário.[245]

Acerca da sumarização, Paulo Heerdt afirma que:

Etimologicamente significa resumo, originada do verbo latino *sumere*, ou seja, reduzir, diminuir, sintetizar. O adjetivo *sumarius* pode ser traduzido como simples, feito sem formalidades ordinárias, isto é, resumidamente e, portanto, breve e sem delongas.[246]

---

[243] *Antecipação da tutela*, op. cit., p. 126.

[244] O contraditório nas ações sumárias. *Da sentença liminar à nulidade da sentença*. Rio de Janeiro: Forense, 2002, p. 254-255. *Comentários ao Código de Processo Civil*, v. XIII, São Paulo: Revista dos Tribunais, 2000, p. 58.

[245] *Tutela cautelar e tutela antecipada...* op. cit., p. 111.

[246] Op. cit., p. 83.

Importante fazer a distinção entre a técnica de sumarização procedimental, abreviando e acelerando procedimentos, e a de sumarização material, em que se retira todo um conteúdo material ou probatório da apreciação judicial.

Para Paulo Heerdt:

> Parece evidente que a sumarização, enquanto técnica processual, tendente a melhor obter a efetiva realização da ordem jurídica positiva – o que exige instrumentos diferenciados – deve ser analisada sob dois aspectos: enquanto abrevia e simplifica as formas e enquanto limita o conteúdo do processo [...] As técnicas de sumarização podem, pois, consistir em simplificação do procedimento, com abreviação dos prazos, eliminação de atos, supressão de formalidades, etc. Podem ainda consistir em redução da cognição judicial, limitação probatória, etc.[247]

Impõe-se fazer a distinção, por conseguinte, entre sumariedade processual ou procedimental e sumariedade material.

2.9. SUMARIEDADE FORMAL E MATERIAL

Conforme analisado anteriormente, a sumariedade aqui trabalhada será tanto a sumariedade formal, procedimental, que Guillén trata como plenário rápido, quanto a sumariedade material, em que se pode retirar da apreciação judicial todo um meio de prova ou uma determinada matéria, reduzindo-se o objeto cognoscível.

A nomenclatura utilizada apresenta-se mais palatável para a distinção entre essas duas espécies de sumarização, visto que há maior dificuldade em se estabelecer uniformidade quando se fala em sumariedade horizontal e vertical.

Entre os juristas que analisam as espécies de sumariedade quanto à horizontalidade e à verticalidade, não há um entendimento uníssono, havendo evidentes divergências.

Assim, para Ovídio Baptista, a cognição superficial corresponderia a uma forma de sumarização horizontal, "porque ao juiz é permitido, ao apreciar o pedido de liminares, investigar todas as questões da lide, porém apenas *superficialmente*". Já, "nas hipóteses de verdadeira sumarização *vertical*, ao juiz é vedado conhecer de toda uma parcela de questões litigiosas que, não fosse uma determinação do direito material, poderiam ser suscitadas pelo demandado". Aqui haverá cognição exauriente, mas o objeto cognoscível poderá ser limitadíssimo.[248]

---

[247] *Tutela cautelar e tutela antecipada...* op. cit., p. 88-89.

[248] O contraditório nas ações sumárias, op. cit., p. 255.

Para o processualista gaúcho, a sumariedade horizontal seria a própria das liminares, com possibilidade de análise de toda a extensão da lide, horizontalmente, mas com limitação quanto à profundidade, enquanto que a sumariedade vertical seria aquela em que ao juiz é vedado conhecer toda uma parcela de questões litigiosas.

Já José Roberto dos Santos Bedaque acaba por analisar a sumariedade horizontal e vertical de maneira diversa:

> A sumariedade da tutela pode decorrer de restrição à atividade cognitiva do juiz, quer no plano vertical, quer no plano horizontal. No primeiro caso a cognição é superficial; no segundo, parcial. A cognição sumária parcial tem por objeto somente uma parte dos fatos relevantes, dos fatos constitutivos. Os outros podem ser alegados somente após o provimento final do juiz, normalmente em outra sede. Já a cognição sumária superficial não é parcial, porque o juiz examina todos os fatos constitutivos da demanda e da defesa. Mas é sumária porque a atividade cognitiva do julgador não é exauriente.[249]

Assim, percebe-se que Bedaque trata a sumarização horizontal como cognição sumária parcial, tendo por objeto somente parte dos fatos relevantes, enquanto que a sumarização vertical seria uma cognição sumária superficial, em que se examinam todos os fatos constitutivos da demanda, mas de maneira não exauriente.

Em sentido semelhante, Perez Ragone refere que a cognição horizontal estaria no campo da amplitude, sendo total ou parcial, caso sejam analisadas todas as questões da lide ou apenas algumas, enquanto a cognição vertical se daria quanto à profundidade, segundo o maior ou menor grau de cognição.

> La cognición en el proceso puede ser enfocada horizontal o verticalmente. En el primer caso – horizontalidad – estamos en el ámbito de la amplitud, cognición total o parcial, según se traten todas las cuestiones que atañen a la litis o solo algunas [...] En el segundo caso – verticalidad – estamos en el ámbito de la profundidad, según sea mayor o menor el grado de cognición necesario en relación con la certeza. [...] cognición superficial: donde hay un simple juicio de verosimilitud [...] cognición sumaria: donde hay un grado más profundo cual es un juicio de probabilidad [...] cognición exhaustiva: donde el grado exigido es la certeza.[250]

Paulo Heerdt analisa a sumariedade horizontal e vertical em sentido similar ao de Ovídio Baptista:

> [...] superficialidade ou parcialidade, segundo a área de cognição se faça em corte horizontal, permitindo ao juiz que conheça de todas as questões, porém apenas superficialmente; ou, ao contrário, eliminando a cognição de uma área toda de questões, cortando-se no sentido vertical a cognição.[251]

---

[249] *Tutela cautelar e tutela antecipada... op. cit.*, p. 240.

[250] RAGONE, Álvaro Perez. Introducción al estudio de la tutela anticipatoria. *Revista de Processo*, n. 81, São Paulo, 1996, p. 137-138.

[251] Op. cit., p. 97.

Luiz Guilherme Marinoni examina o tema em conformidade com o entendimento de Bedaque e Perez Ragone:

A cognição pode ser analisada em duas direções: no sentido horizontal, quando a cognição pode ser plena ou parcial; e no sentido vertical, em que a cognição pode ser exauriente, sumária e superficial [...] Nos procedimentos de cognição parcial, o juiz fica impedido de conhecer as questões reservadas, ou seja, as questões excluídas pelo legislador para dar conteúdo a outra demanda. É o caso das ações possessórias e das ações cambiárias.[252]

Para que se procure dar um tratamento mais uniforme à matéria, utiliza-se aqui a distinção entre sumariedade formal e sumariedade material, caso a sumariedade se dê em relação ao encurtamento de prazos, concentração dos atos, em verdadeira sumariedade procedimental, ou caso haja um verdadeiro corte de determinada matéria ou meio de prova.

Assim é a lição de Carlos Alberto Alvaro de Oliveira:

Não se pode deixar de mencionar a elaboração dogmática de HANS KARL BRIEGLEB, a quem coube o mérito indiscutível de ter, já em 1859, distinguido a mera simplificação *formal* do processo da sumariedade *material*. Segundo sua doutrina, o processo verdadeiramente sumário caracteriza-se pela incompletude material da *causa cognitio*, por meio da exclusão dos meios ordinários de defesa, circunstância que vem a se refletir no efeito provisório da decisão daí resultante. De sua vez, o procedimento acelerado, cuja origem está nas fontes do Direito Canônico (especialmente na Decretal *Saepe contingit* do Papa Clemente III, de 1306), distingue-se pela forma encurtada, simplificada e concentrada do procedimento, mas não pela incompletude da cognição e muito menos pelo seu imperfeito resultado (provisoriedade). Assim, o processo acelerado distingue-se do ordinário pela forma e do sumário pelo material em debate no litígio.[253]

Nesse contexto, haveria sumariedade formal nos procedimentos em que acontecesse maior aceleração do *iter* procedimental, com uma cognição mais superficial, com base na verossimilhança, com a simplificação e a concentração dos atos processuais.

Já a sumariedade material ocorreria quando fosse vedada ao juiz a análise de toda uma matéria, como a questão atinente à propriedade nas ações possessórias, ou quando se retirasse toda possibilidade de um meio de prova, como a prova pericial nos Juizados Especiais, ou a prova oral nas ações de mandado de segurança.

Assim, haveria sumariedade formal quando se tratasse de uma sumariedade superficial, em que a cognição do juiz se desse sobre toda a extensão horizontal da causa, mas de maneira superficial, com base em juízo de verossimilhança das liminares antecipatórias dos efeitos da tutela. Em outro sentido, haveria sumariedade material quando fosse vedado

---

[252] *Antecipação da tutela*, op. cit., p. 31.

[253] Perfil dogmático da tutela de urgência, op. cit., p. 231.

ao juiz conhecer uma série de questões litigiosas, uma determinada matéria ou meio de prova.

Conforme assevera Carlos Alberto Alvaro de Oliveira, o processo cautelar em sentido estrito, por limitar a matéria a ser analisada, mesmo que exauriente quanto à profundidade, seria um exemplo de sumariedade material.

> Quanto ao processo cautelar em sentido estrito, cabe ponderar que exibe, praticamente, a mesma estrutura do sumário formal. Fator relevante, no entanto, é que a cognição do juiz se circunscreve ao objeto específico deste tipo de tutela jurisdicional, dirigida apenas a prevenir o dano em face de risco a provável direito do autor. Constata-se aqui, por conseguinte, sumariedade do tipo *material*, em face da cognição necessariamente incompleta do material a ser trabalhado pelo órgão judicial, embora exauriente quanto à profundidade.[254]

Continua o processualista gaúcho, referindo que o chamado processo sumário possuiria mera sumariedade formal, por acelerar o procedimento ordinário:

> O impropriamente denominado processo sumário, regulado nos arts. 275 a 281 do Código, nada mais constitui do que aceleração do procedimento ordinário (sumariedade formal). Tanto quanto no procedimento ordinário, a cognição é plena e exauriente, e o provimento jurisdicional equacionador da controvérsia reveste-se de probabilidade em grau suficiente para se tornar imutável e livre de ataques futuros em qualquer outro processo.[255]

Há casos em que se está diante de sumariedade tanto material como formal, consoante evidencia Carlos Alberto:

> Merece outras considerações a cognição desenvolvida pelo órgão judicial ao momento de exarar sua decisão liminar, cognição essa também denominada *prima facie* – fenômeno comum a todo tipo de tutela de urgência. Sem dúvida, trata-se de sumariedade tanto material quanto superficial, ou baseada na aparência. Sumária do ponto de vista material, porquanto restrita ao *periculum in mora* e ao *fumus boni iuris*, de aparência ou superficial, por se bastar com o aporte fático e probatório do autor, em matéria ainda não-submetida ao contraditório.[256]

Importante é reconhecer a existência de sumariedade tanto no que tange aos juízos de aparência, de verossimilhança, em que ocorre uma sumariedade formal, quanto no atinente às lides que vedam ao juiz conhecer toda uma determinada matéria ou meio de prova, quando estaremos diante de uma sumariedade material.

Sabe-se, no entanto, que há respeitáveis posicionamentos que discordam da existência de verdadeira cognição sumária quando da sumariedade material. Nesse sentido, Kazuo Watanabe assevera:

---

[254] Perfil dogmático da tutela de urgência, op. cit., p. 232.

[255] Idem, ibidem.

[256] Idem, ibidem.

Se a cognição se estabelece sobre todas as questões, ela é horizontalmente *ilimitada*, mas se a cognição dessas questões é superficial, ela é *sumária* quanto à profundidade. Seria, então, cognição *ampla* em extensão, mas *sumária* em profundidade. Porém, se a cognição é eliminada "de uma área toda de questões", seria *limitada* quanto à extensão, mas se quanto ao objeto cognoscível a perquirição do juiz não sofre limitação, ela é *exauriente* quanto à profundidade. Ter-se-ia, na hipótese, cognição *limitada* em extensão e *exauriente* em profundidade. Reservamos somente àquela, conforme será explanado no parágrafo seguinte, a expressão *cognição sumária*.[257]

Entretanto, a sumariedade não é meramente a cognição superficial, dos juízos de verossimilhança ou probabilidade, próprios das liminares, quando se estará diante de sumariedade formal, horizontalmente ampla, mas com profundidade restrita.

Assim, para Ovídio Baptista da Silva:

Pode haver, no entanto, *sumarização* (restrição, limitação, corte) da cognição judicial mesmo nos casos em que o "objeto cognoscível" de uma determinada lide seja apreciado em sentença final de mérito, sempre que ao juiz seja vedado o conhecimento de certas defesas que a natureza da causa tornara impossível suscitar.[258]

Da mesma forma, "não há realmente qualquer razão para pretender-se afastar a denominação 'sumário' daqueles processos plenários quanto à cognição judicial, mas sumários quanto à sua forma".[259]

Assim, haveria sumarização tanto nas questões decididas com base em cognição superficial, como no caso das liminares, quanto nas questões decididas com base em cognição exauriente, mas quando vedada decisão sobre determinada matéria, como nas ações possessórias, ou quando vedado determinado meio de prova, como nos juizados especiais cíveis, ou quando reservadas exceções ou defesas para outra demanda, quando o contraditório poderá ser eventual.

---

[257] *Da cognição no processo civil*, op. cit., p. 128-129.

[258] O contraditório nas ações sumárias, op. cit., p. 254.

[259] HEERDT, Paulo. Op. cit., p. 88.

3. O direito ao contraditório

A origem do contraditório remonta a tempos antigos, podendo-se atestar a sua existência no Direito Romano, como salienta João Lacê Kuhn:

> Como não poderia deixar de ser, as primeiras notícias que se têm do contraditório, como elemento informador do direito processual, remontam à época do Direito Romano. Da consciência romana de direito como bem da vida individual, vem a idéia inseparável da bilateralidade. A idéia que existiu em todas as épocas, porém com modo, procedimentos e peculiaridades próprias.
>
> A exigência do comparecimento da parte contrária – réu – para a formação do processo, é elemento de criação do direito processual desde os primórdios históricos. Quando se concebeu o Direito como ciência, verificou-se a necessidade de fórmulas, ritos e procedimentos para viabilizá-lo e assegurá-lo a quem efetivamente o possua. Também chegou-se à conclusão de que a dialética era obrigatória: a afirmação pura e simples, subjetiva, por apenas uma das partes não era suficiente para atribuir-lhe, com segurança, o direito que postulava. Havia, sem dúvida, a necessidade de ouvir a parte contrária, aquela de quem se reivindica ou reclama o direito postulado.
>
> Não há, entretanto, como refutar que o contraditório é nato do ser humano quando contra ele investe alguma coisa ou alguém. A defesa privada e a autotutela são os embriões do processo dialético hoje vivenciado.[260]

No que tange ao direito brasileiro, a garantia do contraditório esteve presente em todas as constituições republicanas, apesar de, antes do advento da Constituição Federal de 1988, sua previsão ser expressa apenas para o processo penal. Nesse sentido, assevera João Lacê Kuhn que:

> O contraditório esteve presente no artigo 72, § 16 da Constituição de 1891; artigo 113, n. 24 da de 1934; artigo 122, n. 11 da Constituição de 1937; artigo 141, § 25 da Constituição

---

[260] KUHN, João Lacê. *O princípio do contraditório no processo de execução*. Porto Alegre: Livraria do Advogado, 1998, p. 33-34. Conforme o processualista gaúcho, "observa-se, também, que o contraditório possuiu participação muito forte em todos os tipos de processos no Direito Romano. Está presente no procedimento da *legis actiones*, no *procedimento formulário* e também está presente no procedimento da *cognitio extra ordinem*. Da mesma sorte, no processo Justiniano se encontra o procedimento do contraditório visivelmente arraigado às práticas processuais. Nessa fase, lapidou-se esse primado de direito adjetivo, que vige até hoje, cada vez com maior vigor e maior aplicação, ao ponto de Carnelutti referir que é princípio informador de todo o processo civil vigente". Impõe-se salientar que GRECO, Leonardo. O princípio do contraditório. *Revista Dialética de Direito Processual*, n. 24, p. 71, assevera que "a audiência bilateral tem origem na Antiguidade grega, mencionada por Eurípedes, Aristóteles e Sêneca".

de 1946; artigo 150, § 15 da de 1967; artigo 153, § 16, da de 1969; e finalmente no artigo 5º, inciso LV, da atual Carta. Entretanto, gize-se, com exceção da atual, em todas as outras Constituições a referência era feita apenas em relação ao processo penal, ou instrução criminal.[261]

Contudo, mesmo não havendo previsão constitucional específica para o processo civil, o princípio do contraditório era a ele aplicado e desenvolvido, consoante refere Rui Portanova:

> Até o advento da Constituição Federal de 1988, o contraditório não tinha um dispositivo específico para o processo civil. Isto não impediu nem sua aplicação nem seu desenvolvimento. Os termos do art. 8º da Declaração dos Direitos do Homem e o princípio da igualdade davam embasamento suficiente.[262]

De qualquer sorte, inegável que o princípio do contraditório, no que se refere ao processo civil, se encontra positivado como norma formalmente (e materialmente) constitucional em razão da Constituição Federal de 1988, que, em seu art. 5º, LV, dispõe que "aos litigantes em processo judicial ou administrativo, e aos acusados em geral são assegurados o contraditório e ampla defesa, com os meios e recursos a ela inerentes".

Pode-se dizer, inclusive, que o princípio do contraditório integra o próprio princípio do devido processo legal, visto sob a perspectiva de um devido processo legal procedimental,[263] e possui, como forte característica, a igualdade das partes, conferindo-lhes direitos e deveres de maneira paritária.

Aliás, por meio do princípio do contraditório, é realizada a garantia de tratamento igualitário entre as partes,[264] buscando-se eliminar as de-

---

[261] Op. cit., p. 19-20.

[262] *Princípios do processo civil*, 7. ed. Porto Alegre: Livraria do Advogado, 2008, p. 161.

[263] Nesse sentido, ÁVILA, Humberto. O que é "devido processo legal"? Revista de Processo, n. 163, 2008, p. 57-58, para quem o devido processo legal deve ser compreendido como um princípio unicamente procedimental, ascendendo a uma posição de sobreprincípio, rearticulando as diversas garantias processuais constitucionais: "O dispositivo relativo ao "devido processo legal" deve, portanto, ser entendido no sentido de um princípio unicamente procedimental. A Constituição, para não deixar dúvidas com relação à existência de um direito à proteção de direitos, resolveu explicitar o direito a um processo adequado ou justo [...] deve haver um processo; ele deve ser justo; e deve ser compatível com o ordenamento jurídico, especialmente com os direitos fundamentais [...] Como vários elementos necessários à promoção do ideal de protetividade já estão previstos na própria Constituição, quer por meio da previsão de ideais mais restritos (princípios da ampla defesa e do contraditório), quer por meio da previsão de comportamentos ou de prerrogativas (regras do juiz natural imparcial, da motivação, da publicidade e da proibição de prova ilícita), além daquelas funções, o princípio do devido processo legal procedimental, ao ascender à posição de sobreprincípio, exerce uma função rearticuladora relativamente a esses elementos já previstos, que tanto podem convergir, quanto divergir relativamente ao fim maior".

[264] COLESANTI, Vittorio. Principio del contraddittorio e procedimenti speciali. *Rivista di Diritto Processuale*, anno XXX, n. 4, 1975, p. 584: "e il contraddittorio (con la serie imponente di norme e istituti che vi si ricollegano) rappresenta precisamente lo strumento tecnico che, plasmando la struttura del procedimento, è preordinato ad assicurare tale eguaglianza".

sigualdades de fato ou jurídicas porventura existentes, permitindo aos contendores a chamada "paridade de armas".[265]

Nos dizeres de Humberto Theodoro Júnior:

O principal consectário do tratamento igualitário das partes se realiza através do contraditório, que consiste na necessidade de ouvir a pessoa perante a qual será proferida a decisão, garantindo-lhe o pleno direito de defesa e de pronunciamento durante todo o curso do processo. Não há privilégios, de qualquer sorte.[266]

No mesmo sentido, Rui Portanova expressa que:

O plano da concreta aplicabilidade da garantia do contraditório tem íntima relação com o princípio da igualdade, em sua dimensão dinâmica (princípio igualizador). Assim, o contraditório opera com vistas à eliminação (ou pelo menos diminuição) das desigualdades, jurídicas ou de fato, entre os sujeitos do processo.[267]

Buscando-se tratamento igualitário às partes e evitando-se privilégio, é que se assegura a presença da garantia do contraditório no processo civil.

Todos os meios necessários têm de ser empregados para que não se manifeste posição privilegiada em prol de um dos litigantes e em detrimento do outro, no rumo do êxito processual. Somente quando as forças do processo, de busca e revelação da verdade, são efetivamente distribuídos com irrestrita igualdade, é que se pode falar em processo caracterizado pelo contraditório e ampla defesa.[268]

Não se quer, com isso, dizer que os poderes das partes devam estar em absoluta identidade, mas que se evitem injustificáveis diferenças de tratamento entre elas.[269]

Sobre o contraditório, refere Leonardo Greco que:

Numa noção elementar poderia ele ser definido como o princípio que impõe ao juiz a prévia audiência de ambas as partes antes de adotar qualquer decisão (*audiatur et altera pars*) e o oferecimento a ambas das mesmas oportunidades de acesso à Justiça e de exercício do direito de defesa.[270]

---

[265] PICARDI, Nicola. Il principio del contraddittorio. *Rivista di Diritto Processuale*, anno LIII, n. 3, luglio-settembre, 1998, p. 679.

[266] THEODORO JÚNIOR, Humberto. *Curso de direito processual civil*, v. 1, 41. ed. Rio de Janeiro: Forense, 2004, p. 25.

[267] Op. cit., p. 164. Para KUHN, João Lace, op. cit., p. 24, o princípio do contraditório "é, efetivamente, o guardião do equilíbrio de forças dentro da jurisdição".

[268] THEODORO JÚNIOR, Humberto. A garantia fundamental do devido processo legal e o exercício do poder de cautela no direito processual civil. *Revista dos Tribunais*, v. 665, 1991, p.14.

[269] PICARDI, Nicola. Il principio del contraddittorio, op. cit., p. 678: "La difesa in giudizio è, in primo luogo, garanzia di contraddittorio e l'uguaglianza delli armi assume il valore di condizione di legittimità costituzionale della norma processuale. Con ciò non si postula l'assoluta identità tra i poteri delle parti, ma si mira ad evitare ingiustificabili differenze di trattamento".

[270] Op. cit., p. 71.

Percebe-se, pelo tratamento igualitário conferido às partes, que o princípio do contraditório, constitucionalmente previsto, protege tanto o direito de ação quanto o direito de defesa, assegurando ao autor o direito de deduzir sua ação em juízo, alegando e provando seu direito, e ao réu, o direito de ser informado sobre todo o conteúdo do processo, podendo se defender, ser ouvido, e provar suas alegações.[271]

Nesse contexto, José Roberto dos Santos Bedaque afirma que:

O direito de ação compreende, pois, direito ao contraditório. O direito à ampla defesa é um dos componentes mais relevantes da garantia constitucional de acesso ao Poder Judiciário. Refere-se não só a quem alega ter direito lesado ou ameaçado, e por isso provoca a atividade jurisdicional do Estado, como também àqueles em face de quem a tutela é pleiteada e cuja esfera jurídica pode ser afetada pelo resultado do processo.[272]

No mesmo sentido, pronuncia-se João Lacê Kuhn:

O princípio sob comento é princípio de Estado de Direito, pois o texto constitucional garante a igualdade das partes, direito de ação e direito à defesa, isto é, a possibilidade de deduzir pretensão em juízo e podê-la defender, provar os fatos que compõem seu direito, resguardada ao réu a possibilidade de refutá-los.[273]

Por essa razão, tradicionalmente, define-se o contraditório como a garantia da ciência bilateral dos atos e termos do processo e consequente possibilidade de manifestação sobre eles.

O contraditório assenta-se em fundamentos lógico e político. A bilateralidade da ação (e da pretensão) que gera a bilateralidade do processo (e a contradição recíproca) é o fundamento lógico. O sentido de que ninguém pode ser julgado sem ser ouvido é o fundamento político. Sustentado sobre esses dois pilares, o princípio dinamiza a dialética processual e vai tocar, como momento argumentativo, todos os atos que preparam o espírito do juiz.[274]

Mas de nada adianta assegurar o direito de ação e de defesa às partes, por meio do princípio do contraditório, se este for meramente formal, sem que se lhe garanta efetividade, sem que se assegure às partes o direito de efetivamente influenciar no desenvolvimento processual.[275]

Entre as garantias do devido processo constitucional destacam-se o contraditório e a ampla defesa. Aliás, a própria definição de processo leva em conta esse elemento, pois presti-

---

[271] FAZZALARI, Elio. *Istituzioni di Diritto Processuale*, ottava edizione. Padova: Cedam, 1996, p. 86: "L'essenza stessa del contraddittorio esige che vi partecipino almeno due soggetti, un « interessato » e un « controinteressato » : sull'uno dei quali l'atto finale è destinato a svolgere effetti favorevoli e sull'altro effetti pregiudizievoli".

[272] *Tutela cautelar e tutela antecipada...* op. cit., p. 90.

[273] Op. cit., p. 22.

[274] PORTANOVA, Rui. Op. cit., p. 161.

[275] OLIVEIRA, Carlos Alberto Alvaro de. A garantia do contraditório. *Revista da Faculdade de Direito Ritter dos Reis*, v. 1, 1998, p. 20: "Dentro dessas coordenadas, o conteúdo mínimo do princípio do contraditório não se esgota na ciência bilateral dos atos do processo e na possibilidade de contraditá-los, mas faz também depender a própria formação dos provimentos judiciais da efetiva participação das partes".

giada posição doutrinária considera existente o fenômeno toda vez que o procedimento se realizar em contraditório. A exigência do contraditório traduz-se em regras destinadas a torná-lo efetivo, pois de nada adiantaria mera garantia formal de participação se às partes não fossem dadas condições de atuar com eficiência do processo.[276]

Pela garantia do contraditório, autor e réu devem ter a possibilidade efetiva de participar do desenvolvimento do processo, podendo expor suas alegações e produzir provas quanto a elas,[277] provas estas que devem ser avaliadas e valoradas pelo julgador.[278]

Assim, em seu núcleo essencial, o contraditório não exprime a mera exigência de que as partes se encontrem em paridade formal no processo, nem busca a simples neutralidade do julgador, mas requer que as partes estejam em condição de efetivamente influenciar no resultado da demanda.[279]

Conforme salienta Rui Portanova:

Um Estado Democrático de Direito exige que o contraditório se revele *pleno e efetivo*, e não apenas nominal ou formal. Para tanto, não deve haver barreiras e entraves injustificáveis ao trabalho da parte em prol da demonstração de seu possível direito [...] Assim, não basta intimar a parte para manifestar-se, ouvi-la e permitir a produção de alegações e provas. Mais do que isto, o contraditório tem que ser *pleno e efetivo*, e não apenas nominal e formal. Mais do que acolher as razões das partes, o contraditório preocupa-se com o fato de estas influírem efetivamente no convencimento do juiz e até de criar dúvida em seu convencimento.[280]

Por essa razão, inclusive, pode-se dizer que a garantia da motivação das decisões integraria o chamado "conteúdo mínimo" do contraditório, assegurando essa efetiva participação das partes, essa concreta influência na síntese final do exercício dialético entre os contendores, visto que a imposição de o julgador motivar sua decisão se traduz na obrigação de

---

[276] BEDAQUE, José Roberto dos Santos. *Tutela cautelar e tutela antecipada...* op. cit., p. 257.

[277] TARZIA, Giuseppe. Le principe du contradictoire dans la procédure civile italienne. *Revue Internationale de Droit Comparé*, trente-troisième année, n. 3, juillet-septembre 1981, p. 792: "Le principe, tel qu'il a été élaboré par la jurisprudence, se déploie essentiellement, à mon avis, en trois garanties fondamentales: la « garantie de la connaissance », la « garantie du dialogue », la « garantie de la preuve »".

[278] Idem, p. 798: "Les parties ont donc le droit de présenter au juge les éléments de preuve dont elles disposent, de prendre l'initiative des mesures d'instruction et d'assister à leur exécution, d'en discuter le résultat et de le voir apprécier dans la décision".

[279] TROCKER, Nicolò. *Processo civile e Costituzione*. Milano: Giuffrè, 1974, p. 385-386: "« Nel suo nucleo sostanziale ed irriducibile » l'art. 24 della Costituzione dev'essere rispettato « in ogni specie di giudizio, quale che sia la struttura dei relativi procedimenti ». Ma in questo suo « nucleo essenziale » il contraddittorio non esprime l'esigenza che le parti si trovino su un piano di parità formale nel processo, né postula affatto la cd. neutralità del giudice, bensì richiede semplicemente che gli « interessati » siano posti in grado di influire attivamente sull'esito del giudizio".

[280] Op. cit., p. 126 e 161.

levar em consideração os argumentos expendidos pelas partes, podendo representar uma síntese final do contraditório.[281]

Para Daniel Mitidiero:

> O direito fundamental ao contraditório importa em direito das partes a ver os fundamentos argüidos em suas manifestações processuais considerados pela decisão jurisdicional, o que de seu turno exige do julgador capacidade, apreensão e isenção de ânimo para contemplar as razões apresentadas. Na perspectiva do órgão jurisdicional, esse direito corresponde ao dever de dar atenção aos arrazoados das partes, o que pressupõe deles tomar conhecimento, considerando-os séria e detidamente. Corresponde, em suma, ao dever de fundamentar suas decisões [...] O dever de fundamentação das decisões consiste na "última manifestação do contraditório", porquanto a motivação "garante às partes a possibilidade de constatar terem sido ouvidas". Há, pois, um nexo inarredável entre inafastabilidade da jurisdição, direito fundamental ao contraditório e dever de fundamentar as decisões jurisdicionais, sem o qual não se pode reconhecer a existência de um processo justo.[282]

A bem da verdade, a participação igualitária das partes por meio de um contraditório efetivo legitima o próprio provimento jurisdicional.[283] Esse é o entendimento de José Roberto dos Santos Bedaque:

> Contraditório nada mais é do que o conjunto de atividades desenvolvidas pelos sujeitos do processo, reveladoras da existência de diálogo efetivo entre eles, visando à correta formação do provimento jurisdicional. A participação das partes é fundamental para conferir legitimidade à tutela, pois significa que a elas foi assegurado o poder de influir no convencimento do juiz [...] Trata-se de postulado destinado a proporcionar ampla participação dos sujeitos da relação processual nos atos preparatórios do provimento final. Sua observância constitui fator de legitimidade do ato estatal, pois representa a possibilidade que as pessoas diretamente envolvidas com o processo têm de influir em seu resultado.[284]

Importante ressaltar que às partes é assegurada a "possibilidade" de exercer o contraditório, visto que essa garantia pode não ser efetivamente exercida, razão pela qual o processo civil brasileiro prevê a possibilidade da revelia. Não há, pois, uma obrigatoriedade de exercício do

---

[281] COLESANTI, Vittorio. Op. cit., p. 612: "È lecito dire che la garanzia della motivazione rappresenta l'ultima manifestazione del contraddittorio, per ciò solo che l'obbligo posto al giudice di enunciare i motivi del suo provvedimento, si traduce nell'obbligo di tener conto dei risultati del contraddittorio, e al tempo stesso di render conto che l'*iter* formativo del provvedimento medesimo s'è svolto all'insegna della (possibile) partecipazione degli interessati [...] In questo senso la garanzia della motivazione, seppur rivolta alla soddisfazione di un interesse sociale, riassume anche la tutela dell'interesse individuale alla piena esplicazione del contraddittorio, di cui rappresenta (per cosi dire) la sintesi finale".

[282] MITIDIERO, Daniel. *Colaboração no processo civil: pressupostos sociais, lógicos e éticos.* São Paulo: Revista dos Tribunais, 2009, p. 138-139.

[283] Nesse sentido, DINAMARCO, Cândido Rangel. *Instituições de direito processual civil,* v. 1, 5. ed. rev. e atual. São Paulo: Malheiros, 2005, p. 235, ao referir que "na realidade, o que legitima os atos de poder não é a mera e formal observância dos procedimentos, mas a *participação* que mediante o correto cumprimento das normas procedimentais tenha sido possível aos destinatários. Melhor falar, portanto, em *legitimação pelo contraditório e pelo devido processo legal*".

[284] *Tutela cautelar e tutela antecipada...* op. cit., p. 88 e 94.

contraditório, até mesmo por respeito à liberdade, concretizando-se o princípio na possibilidade de as partes se utilizarem da estrutura dialética do processo.[285]

> No juízo cível, entretanto, deve ocorrer a "possibilidade" de o demandado defender-se – momento processual para defesa técnica – que pode ou não ocorrer efetivamente, solucionando-se sua ausência pelo instituto da revelia (artigo 319 do CPC). Destarte, essa não-imperatividade do demandado em defender-se no processo cível não significa que a ele não seja dada a oportunidade de fazê-lo, e, somente neste caso, é que a pena de nulidade será inevitável nesse procedimento também.[286]

Conforme ressalta Cândido Dinamarco:

> No processo de conhecimento, o réu que não oferece contestação considera-se *revel* e a lei, legitimamente, endereça-lhe a pesada sanção consistente em mandar que em princípio o juiz tome por verdadeiras todas as alegações verossímeis feitas pelo autor em matéria de fato (CPC, art. 319). Nem por isso, contudo, peca esse processo por falta de contraditório – dado que, com a citação regularmente feita, o demandado ficará ciente e isso significa que decorrem de sua própria omissão as conseqüências que ele suportará.[287]

Saliente-se, ainda, a importância do próprio julgador no desenvolvimento do processo em respeito ao princípio do contraditório, em verdadeiro ativismo judicial.[288] Para Cândido Rangel Dinamarco:

---

[285] COLESANTI, Vittorio. Op. cit., p. 582-583: "Gran tempo è passato da quando l'*effettiva* attuazione del contraddittorio era, e non poteva esser riguardata che come una esigenza imprescindibile, immanente al processo, come *conditio sine qua non* per consentirne lo svolgimento verso l'atto conclusivo di esso; al punto d'esser configurabile una vera e propria « coazione al contraddittorio », rilevante a svariati effetti e da realizzare comunque, eventualmente anche per via di finzioni, addirittura allo scopo di determinare la soggezione delle parti al giudizio. Ben diversamente, come non è più a discorrere di un obbligo, bensì di un onere del contraddittorio, così viene ormai in evidenza non la necessità, ma la possibilità che esso abbia in concreto ad attuarsi: nel garantire ad ognuno degli interessati una equivalenza e corrispondenza nelle rispettive posizioni, il contraddittorio si concreta nella possibilità a ciascuno accordata di interloquire nel processo, e non in via episodica ma esplicando una serie di scelte, di controlli e di reazioni che subiscono al tempo stesso le scelte, le reazioni, i controlli altrui [...] se l'ordinamento si sforza di far sì che alla possibilità del contraddittorio faccia riscontro la sua realizzazione effettiva, non può peraltro non riconoscere che ciò, al fondo, involge un problema di libertà. Quel che conta, insomma, è che a ognuno sia offerta la possibilità di avvalersi della struttura dialettica del processo, e che essa sia congegnata in modo tale da consentire ad ognuno degli interessati di giovarsene; talché, sotto questo profilo, è lecito dire che alla « coazione al contraddittorio » si è sostituita la libertà del contraddittorio, purché e nella misura in cui sia garantita una struttura processuale comunque idonea alla esplicazione di quella libertà".

[286] KUHN, João Lacê. Op. cit., p. 22-23.

[287] *Instituições de direito processual civil*, op. cit., p. 237. O autor salienta, ainda, que "há casos em que a *reação* se impõe como absolutamente indispensável, falando a doutrina, com relação a eles, na necessidade de um *contraditório efetivo*. É o que se dá quando a citação tiver sido feita por meios precários, como a publicação de editais, vindo o réu a permanecer revel. A lei manda que o juiz dê curador a esse demandado (art. 9º, inc. II), com o *munus* de oferecer obrigatoriamente a defesa, sob pena de nulidade de todos os atos processuais subseqüentes. Faz-se necessária uma reação que em casos normais seria somente possível, justamente porque a informação não foi feita de modo confiável. Não se sabe se o réu não respondeu à inicial porque não quis, ou porque não soube da sua propositura".

[288] TARZIA, Giuseppe. Le principe du contradictoire dans la procédure civile italienne, op. cit., p. 797: "Il me paraît plutôt intéressant de mentionner la tendance à voir dans le juge, non plus seulement l'arbitre (selon la conception ilbérale du siècle passé), ou bien le directeur du procès (c'est l'idée

Significa também que o próprio juiz deve *participar* da preparação do julgamento a ser feito, exercendo ele próprio o contraditório. A garantia deste resolve-se portanto em um direito das partes e uma série de deveres do juiz. É do passado a afirmação do contraditório exclusivamente como abertura para as partes, desconsiderada a participação do juiz.[289]

No mesmo sentido, está o posicionamento de Leonardo Greco:

> O contraditório não pode mais apenas reger as relações entre as partes e o equilíbrio que a elas deve ser assegurado no processo, mas se transforma numa ponte de comunicação de dupla via entre as partes e o juiz. Isto é, o juiz passa a integrar o contraditório, porque, como meio assecuratório do princípio político da participação democrática, o contraditório deve assegurar às partes todas as possibilidades de influenciar eficazmente as decisões judiciais.[290]

Daniel Mitidiero bem desenvolve a ideia de processo cooperativo, em que o juiz exerce um duplo papel, devendo ser isonômico na condução do processo e assimétrico quando da decisão das questões processuais e materiais da causa. Nesse aspecto, afirma que:

> Essas características imprimidas pela sociedade no Estado através da Constituição evidentemente acabam repercutindo na posição ocupada pelo juiz no processo. O juiz do processo cooperativo é um juiz isonômico na condução do processo e assimétrico no quando da decisão das questões processuais e materiais da causa. Desempenha duplo papel, pois, ocupa dupla posição: paritário no diálogo, assimétrico na decisão. Visa-se alcançar, com isso, um "ponto de equilíbrio" na organização do formalismo processual, conformando-o como uma verdadeira "comunidade de trabalho" entre as pessoas do juízo. A cooperação converte-se em uma prioridade no processo.[291]

Percebe-se o papel isonômico do julgador, mesmo conduzindo processual e materialmente o processo, em razão do dever de diálogo, permitindo a participação das partes e que essas possam influenciar em suas decisões, tornando o processo um verdadeiro *actum trium personarum*.[292]

Assim, em toda a condução processual, dever-se-á observar o contraditório, a dialeticidade, o diálogo, envolvendo, inclusive, o próprio julgador.[293]

---

qui a inspiré, notamment, les Codes allemand, autrichien et italien) mais un sujet qui est engagé luimême dans la dialectique judiciaire et qui est donc tenu à soumettre l'exercice de ses pouvoirs à la règle du contradictoire".

[289] *Instituições de direito processual civil*, op. cit., p. 240, expressando que "a participação que a garantia do contraditório impõe ao juiz consiste em atos de *direção, de prova e de diálogo*. A lei impõe ao juiz, entre seus deveres fundamentais no processo, o de participar efetivamente". Nesse contexto, complementa Dinamarco, à p. 243, que "o processo civil moderno repudia a idéia do *juiz Pilatos*, que, em face de uma instrução mal feita, resigna-se a fazer injustiça atribuindo a falha aos litigantes".

[290] Op. cit., p. 73.

[291] *Colaboração no processo civil*, op. cit., p. 72-73.

[292] Idem, p. 73.

[293] Idem, p. 73-74.

Para Daniel Mitidiero:

Nessa quadra, coloca-se o órgão jurisdicional como um dos participantes do processo, igualmente gravado pela necessidade de observar o contraditório ao longo de todo o procedimento. Por força do contraditório, vê-se obrigado ao debate, ao diálogo judiciário. Vê-se na contingência, pois, de dirigir o processo isonomicamente, cooperando com as partes, estando gravado por deveres de esclarecimento, prevenção, consulta e auxílio para com os litigantes.[294]

Em relação ao conteúdo do princípio do contraditório, impõe-se referir que as partes têm o direito de ser ouvidas, de deduzir suas pretensões em juízo, dialogar, de produzir as provas que entenderem necessárias para influir no convencimento do julgador. E mais, as partes têm o direito de ver seus argumentos e suas provas apreciadas pelo juiz, participando efetivamente da construção do provimento jurisdicional.[295]

Para Nelson Nery Junior:

Por contraditório deve entender-se, de um lado, a necessidade de dar conhecimento da existência da ação e de todos os atos do processo às partes, e, de outro, a possibilidade de as partes reagirem aos atos que lhe sejam desfavoráveis. Os contendores têm direito de deduzir suas pretensões e defesas, de realizar as provas que requereram para demonstrar a existência de seu direito, em suma, direito de serem ouvidos paritariamente no processo em todos os seus termos.[296]

Consoante Francisco Tiago Duarte Stockinger:

A primeira expressão desta garantia se constitui na necessidade de informar as partes, seja quanto à ação intentada, como qualquer outro provimento jurisdicional [...] A segunda característica do contraditório é reflexa ao princípio da igualdade. O processo não se desenvolve mediante as alegações de uma única parte. Dessa forma, é imperativo que se possibilite a participação dos litigantes com interesses díspares, em iguais condições, para que ofereçam resposta à pretensão exposta por seu adversário. O maior significado do contraditório consiste na possibilidade de fazer os titulares do direito litigioso participarem na construção do provimento jurisdicional. O contraditório, enfim, é elemento necessário à convicção do juiz, e, portanto, deve ser promovido com bastante ênfase no processo [...] conclui-se que a característica marcante do contraditório está calcada na necessidade de conceder ensejo à participação das partes na construção do provimento jurisdicional.[297]

---

[294] Idem, p. 75.

[295] FAZZALARI, Elio. Op. cit., p. 83: "C'è, insomma, « processo » quando in una o più fasi dell'*iter* di formazione di un atto è contemplata la partecipazione non solo – ed ovviamente – del suo autore, ma anche dei destinatari dei suoi effetti, *in contraddittorio*, in modo che costoro possano svolgere attività di cui l'autore dell'atto deve tener conto; i cui risultati, cioè, egli può disattendere, ma non ignorare".

[296] *Princípios do processo civil na Constituição Federal*. 8. ed. rev., ampl., e atual. São Paulo: Revistas dos Tribunais, 2004, p. 172.

[297] O provimento jurisdicional e a garantia do contraditório. *As garantias do cidadão no processo civil: relações entre Constituição e processo*. Porto Alegre: Livraria do Advogado, 2003, p. 91-92. Para DINAMARCO, Cândido Rangel. *Instituições de direito processual civil*, op. cit., p. 236, "esta é a dinâmica do *pedir-alegar-provar*, em que se resolve o contraditório posto à disposição das partes".

Conforme Leonardo Greco:

O conteúdo atual do princípio do contraditório é bastante abrangente, desdobrando-se em diversos aspectos, o *primeiro* dos quais é o da tradicional *audiência bilateral*. O sentido moderno da *audiência bilateral* é o de adequada e tempestiva notificação do ajuizamento da causa e de todos os atos processuais através de comunicações preferencialmente reais, bem como ampla possibilidade de impugnar e contrariar os atos dos demais sujeitos, de modo que nenhuma questão seja decidida sem essa prévia audiência das partes. O processo deve formar-se e desenvolver-se em permanente contraditório. As sucessivas decisões que o juiz deva adotar devem ser antecedidas de comunicação efetiva às partes (reservado o emprego de meios de comunicação ficta, como os editais, apenas para as hipóteses em que seja impossível a comunicação real), assim como da ampla concessão às partes das faculdades de apresentar alegações, propor e produzir provas e requerer providências aptas a influir substancialmente nas decisões [...] *Segundo* componente essencial do princípio do contraditório é o conjunto de prerrogativa que poderíamos resumir sob o título de *ampla defesa* [...] *Terceira* projeção indispensável do contraditório participativo é a flexibilidade de prazos [...] O *quarto* aspecto fundamental do contraditório participativo é a igualdade concreta.[298]

Importante destacar a função dialética do contraditório,[299] de diálogo entre as partes, e entre essas e o juiz, a fim de viabilizar uma participação maior, uma efetividade maior do contraditório, uma legitimidade maior do provimento jurisdicional pelo permanente diálogo entre os interessados.

Em síntese, o contraditório do nosso tempo nada mais é do que a projeção no processo do primado da dignidade humana. Esse primado da dignidade humana impõe que o poder de influir nas decisões judiciais seja assegurado de fato, na prática, em concreto, e não apenas formalmente, a todos os interessados. Ora, não existe forma mais eficaz para isso, do que através da instauração de um diálogo humano entre o juiz e os outros sujeitos principais do processo, autor, réu e eventuais terceiros intervenientes. O diálogo é o intercâmbio de ideias entre duas ou mais pessoas humanas a respeito de qualquer questão ou problema. No diálogo todos os interlocutores falam, ouvem, dizendo o que pensam e reagindo às opiniões dos outros, de tal modo que ao seu término cada um deles influiu nas ideias do outro e por elas foi também influenciado. A transformação do processo em instância de diálogo certamente exige um

---

[298] Op. cit., p. 74-76.

[299] OLIVEIRA, Carlos Alberto Alvaro de. A garantia do contraditório. *Revista da Faculdade de Direito Ritter dos Reis*, v. 1, 1998, p. 9: "A dialética, lógica da opinião e do provável, intermedeia o certamente verdadeiro (raciocínio apodítico) e o certamente falso (raciocínio sofístico). No seu âmbito, incluem-se os procedimentos não demonstrativos, mas argumentativos, enquanto pressupõem o diálogo, a colaboração das partes numa situação controvertida, como no processo. Em semelhante ambiente cultural, o contraditório representa o único método e instrumento para a investigação dialética da verdade provável, aceito e imposto pela prática judiciária à margem da autoridade estatal, decorrente apenas da elaboração doutrinária, sem qualquer assento em regra escrita".

novo juiz, capaz não apenas de ouvir, mas também de escutar e de falar. Nesse aspecto, ação e defesa têm o mesmo conteúdo, como instrumentos de participação.[300]

De acordo com Carlos Alberto Alvaro de Oliveira:

> O monólogo apouca necessariamente a perspectiva do observador e em contrapartida o diálogo, recomendado pelo método dialético, amplia o quadro de análise, constrange à comparação, atenua o perigo de opiniões preconcebidas e favorece a formação de um juízo mais aberto e ponderado. A faculdade concedida aos litigantes de pronunciar-se e intervir ativamente no processo impede, outrossim, sujeitem-se passivamente à definição jurídica ou fáctica da causa efetuada pelo órgão judicial. E exclui, por outro lado, o tratamento da parte como simples "objeto" de pronunciamento judicial, garantindo o seu direito de atuar de modo crítico e construtivo sobre o andamento do processo e seu resultado, desenvolvendo antes da decisão a defesa das suas razões. A matéria vincula-se ao próprio respeito à dignidade humana e aos valores intrínsecos da democracia, adquirindo sua melhor expressão e referencial, no âmbito processual, no princípio do contraditório, compreendido de maneira renovada, e cuja efetividade não significa apenas debate das questões entre as partes, mas concreto exercício do direito de defesa para fins de formação do convencimento do juiz, atuando, assim como anteparo à lacunosidade ou insuficiência da sua cognição.[301]

Por essas razões, inclusive, pode-se dizer que o contraditório é exercido em toda a extensão processual, desde antes da citação até após a sentença, conforme refere Rui Portanova:

> Pode-se dizer que o princípio do contraditório começa antes da citação e não termina depois da sentença. Se já na elaboração da inicial a idéia de bilateralidade tem seus reflexos, por igual a sentença, com a necessidade de motivação, é informada pelo princípio. Com efeito, ao julgar, o juiz reflete a importância que deu ao direito da parte de influir em seu convencimento e esclarecer os fatos da causa.[302]

Como bem salienta Mauro Cappelletti, o princípio do contraditório permeia todo o curso do processo:

> Las garantías previstas por la Constitución, en particular el derecho de acción y de defensa, no se limitan al momento inicial de la proposición de la demanda o de la contestación, sino que se traducen también en una garantía general del contradictorio ("audiatur et altera pars") en el curso del proceso entero.[303]

Percebe-se, por conseguinte, a importância do princípio do contraditório, sendo considerado verdadeiro núcleo do direito ao processo justo.[304]

---

[300] GRECO, Leonardo. Op. cit., p. 78.

[301] OLIVEIRA, Carlos Alberto Alvaro de. A garantia do contraditório, op. cit., p. 15-16.

[302] Op. cit., p. 163.

[303] *Proceso, ideologias, sociedad*, op. cit., p. 554.

[304] Sobre o direito ao processo justo, ver TROCKER, Nicolò. Il nuovo articolo 111 della costituzione e il "giusto processo" in materia civile: profili generali. *Rivista Trimestrale di Diritto e Procedura Civile*,

Conforme refere Cécile Chainais, o princípio do contraditório constitui uma forma de mínimo denominador comum processual, sendo uma garantia necessária para a boa justiça, caracterizando o processo jurisdicional do ponto de vista formal. O contraditório pertence às estruturas elementares do procedimento, à sua gramática, pertence à cultura do processualista. "Ele é o que resta quando tudo é esquecido".[305]

Por certo que a garantia do contraditório, por permitir às partes participar da construção dos provimentos jurisdicionais, não possui um modelo fundante, estático, devendo-se sempre adequar a generalidade legislativa aos casos concretos, a fim de dar efetividade às garantias constitucionais no processo.

Entretanto, por toda a importância do princípio do contraditório, deve-se, sempre que possível, permitir seu exercício antes da tomada de qualquer decisão, até mesmo para que as partes possam influir, de forma efetiva, na referida decisão.

Assim, busca-se evitar sejam as partes surpreendidas por provimentos jurisdicionais sobre os quais não foram ouvidas, não tiveram a oportunidade de se manifestar, de influenciar na sua concretização.

E mais, conforme refere Daniel Mitidiero:

> O debate judicial amplia necessariamente o quadro de análise, constrange ao cotejo de argumentos diversos, atenua o perigo de opiniões pré-concebidas e favorece a formação de uma decisão mais aberta e ponderada. Funciona, pois, como um evidente instrumento de "democratização do processo".[306]

Ocorre que nem sempre é possível o exercício do contraditório previamente à tomada de toda e qualquer decisão, havendo, por exemplo, casos urgentes em que não é possível ouvir as partes antes do provimento jurisdicional, sob pena de perecimento do próprio direito postulado.[307]

---

anno LV, n. 2, 2001, p. 381-410; COMOGLIO, Luigi Paolo. Valori etici e ideologie del "giusto processo" (modelli a confronto). *Rivista Trimestrale di Diritto e Procedura Civile*, anno LII, n. 3, 1998, p. 887-938; PROTO PISANI, Andrea. Giusto processo e valore della cognizione piena. *Rivista di Diritto Civile*, anno XLVIII, 2002, p. 265-280; e MITIDIERO, Daniel. *Colaboração no processo civil: pressupostos sociais, lógicos e éticos*. São Paulo: Revista dos Tribunais, 2009.

[305] Op. cit., p. 251.

[306] *Colaboração no processo civil*, op. cit., p. 137.

[307] CHAINAIS, Cécile. Op. cit., p. 252-255 : Por vezes, o direito à proteção jurisdicional provisória comanda que a tutela seja ordenada sem respeitar o contraditório, quando a urgência é particularmente premente ou quando existe o risco de que esta proteção se torne ineficaz caso o demandado seja informado. Excepcionalmente, admite-se que a tutela seja concedida sem a ouvida da parte contrária, quando o autor provar que a celeridade procurada é incompatível com a organização de um debate em contraditório, devendo-se sempre motivar a postergação do contraditório, que deverá posteriormente ser restabelecido, seja com a simples possibilidade aberta às partes, seja com a concessão de prazo às partes, findo o qual, não instaurado o contraditório, a tutela caduca.

O Código de Processo Civil, como se verá, tem diversos dispositivos que permitem afastar toda sorte de surpresas e segredos que de forma alguma se compatibilizam com um processo democrático. Concede-se, contudo, a existência de provimentos liminares. As justificativas para tais exceções centram-se em razões de urgência e interesse público. Mesmo assim, o contraditório não fica afastado de todo, em face da posterior comunicação da decisão liminar. Ademais, o demandado, se tiver conhecimento do processo antes da decisão do juiz, poderá desenvolver atividade processual plena mesmo antes de efetivada a medida liminar.[308]

Contudo, conforme ressaltado por Rui Portanova, mesmo nos casos de provimentos liminares, sem a ouvida da parte contrária, não há que se falar em afastamento total do princípio do contraditório, visto que há possibilidade de exercício posterior do contraditório, podendo o provimento jurisdicional ser revogado ou modificado.

A garantia do contraditório é fruto da própria dialeticidade do processo, mas devem-se respeitar as particularidades dos casos concretos e dos diversos procedimentos e ritos, mormente face à cognição sumária, razão pela qual nem sempre o contraditório será prévio, podendo ser diferido no tempo, ou até mesmo invertido ou eventual, sem que, com isso, se fale em total violação dessa tão cara garantia constitucional.

3.1. CONTRADITÓRIO PRÉVIO

Inegavelmente, em razão de todo o anteriormente exposto, a regra no processo civil brasileiro é a da possibilidade de exercício do contraditório prévio, ou seja, de as partes se manifestarem antes da tomada de decisão pelo magistrado.[309] Trata-se de consequência lógica da própria garantia do contraditório, de as partes, de forma efetiva, influírem na construção da decisão judicial e participarem dela, não sendo surpreendidas por um provimento jurisdicional que desconheciam e sobre o qual não foram ouvidas.

Por princípio, as partes não podem ser surpreendidas por decisão que se apóie numa visão jurídica que não tinham percebido ou tinham considerado sem maior significado. Nesse sentido, mesmo o conhecimento de ofício, pelo juiz, deve ser precedido de prévio conhecimento da parte. Além disso, a parte deve tomar conhecimento de eventual novo rumo que

---

[308] PORTANOVA, Rui. Op. cit., p. 161-162.

[309] Na Itália, conforne salienta COLESANTI, Vittorio, op. cit., p. 585, "l'art. 101 cod. proc. civ., il quale « salvo che la legge disponga altrimenti » esige che le condizioni per il contraddittorio fra gli interessati sian create anteriormente alla pronuncia ad opera del giudice del suo provvedimento: come dire che l'eguaglianza delle parti, attaverso la possibilità del dialogo, va assicurata proprio nel procedimento e non fuori di esso, e dunque ai fini della stessa formazione dell'atto giurisdizionale".

o juízo irá tomar. Aqui dá-se a necessidade do contraditório para a liberdade de escolha do direito pelo juiz consubstanciada no *iura novit curia*.[310]

Assim, para a plena concretização da garantia constitucional do contraditório, as decisões devem ser fruto da participação de ambas as partes do processo, a fim de que seja respeitada a igualdade, a bilateralidade, por meio do chamado contraditório prévio.

Nesse sentido, Daniel Mitidiero salienta que, para "que se forme o juízo, o órgão judiciário tem o dever de oportunizar às partes a possibilidade de essas influenciarem na descoberta do direito, o que se engendra mediante a técnica do contraditório prévio".[311]

Para Leonardo Greco:

Contraditório eficaz é sempre prévio, anterior a qualquer decisão, devendo a sua postergação, através de liminares cautelares ou antecipatórias, ser excepcional e fundamentada na convicção firme da existência do direito do requerente e na cuidadosa ponderação dos interesses em jogo e dos riscos da antecipação ou do retardamento da decisão.[312]

Entretanto, nem sempre é possível o contraditório prévio, havendo casos em que o princípio do contraditório pode ser postergado no tempo.

3.2. CONTRADITÓRIO DIFERIDO

Em que pese a regra do contraditório pleno e prévio, não há como negar a necessidade de, em certas situações, se conceder o bem da vida a uma das partes sem que a parte *ex adversa* tenha tido a possibilidade de exercício de sua garantia constitucional do contraditório e da ampla defesa.[313]

O ordenamento jurídico empresta igual relevância ao valor efetividade, que, muitas vezes, impõe uma redução no conteúdo do contraditório, mormente diante da excessiva demora do processo.[314]

O contraditório pode ser exercido e respeitado sem que tenha sido prévio, como nas demandas sumárias, em que é possível uma redução cognitiva ou procedimental, sem que isso importe em inconstitucionalidade.

---

[310] PORTANOVA, Rui. Op. cit., p. 162.

[311] *Colaboração no processo civil*, op. cit., p. 83.

[312] Op. cit., p. 74.

[313] COLESANTI, Vittorio. Op. cit., p. 589: "Parlare invero di contraddittorio posticipato all'emanazione di un provvedimento vuol significare solo e non altro che quest'ultimo vien reso senza contraddittorio, il quale non ha modo di realizzarsi nel procedimento di formazione dell'atto".

[314] OLIVEIRA, Carlos Alberto Alvaro de. A garantia do contraditório, op. cit., p. 21-22.

Trata-se de limitação do princípio do contraditório, até mesmo em razão de que não há nenhum princípio absoluto, devendo-se analisar eventual conflito entre princípios, dando prevalência àquele hierarquicamente superior no caso concreto.

Acontece que determinadas situações, ou certos direitos, exigem uma resposta jurisdicional que confira imediatamente o bem da vida procurado pela parte. Dessa forma, não há como não admitir, para esses casos, uma limitação do contraditório, concebendo-se um julgamento baseado em alegações e provas que sejam compatíveis com a urgência que legitima a tutela, pospondo-se a forma plena do contraditório.[315]

Ressalta Carlos Alberto Alvaro de Oliveira que:

Nessa matéria, ainda mais ressalta o princípio geral da adaptação, de tal modo que só se poderá adiar o contraditório para um momento posterior na justa medida em que o provimento judicial, emitido *inaudita altera parte*, seja idôneo para atingir a finalidade a que se propõe a lei e em consonância com os pressupostos nela estabelecidos. Essa idoneidade decorre principalmente da proporcionalidade entre o prejuízo processual causado pela inobservância do princípio e o provável prejuízo que a outra parte poderá sofrer sem o deferimento da cautela ou da tutela cuja antecipação se pretende, condicionada ainda à provável existência do direito afirmado.[316]

Percebe-se a importância do princípio da proporcionalidade para a mitigação do princípio do contraditório, a fim de verificar, no caso concreto, a melhor maneira de harmonizar as garantias constitucionais postas em oposição, permitindo o sacrifício de um direito improvável em prol de um direito provável.[317]

Salienta-se que não há total violação ao direito de defesa e ao contraditório, apenas permitindo-se que o seu efetivo exercício seja postergado, seja diferido no tempo.[318] Nesse sentido, Pontes de Miranda assegura:

---

[315] MARINONI, Luiz Guilherme. O custo e o tempo do processo civil brasileiro, op. cit., p. 48.

[316] A garantia do contraditório. *Do formalismo no processo civil*, 2. ed., rev. e acres. apêndice. São Paulo: Saraiva, 2003, p. 240.

[317] OLIVEIRA, Carlos Alberto Alvaro de. A garantia do contraditório. *Revista da Faculdade de Direito Ritter dos Reis*, v. 1, 1998, p. 24: "Hipóteses haverá em que o juiz haverá de ponderar, em face das circunstâncias específicas do caso concreto, a melhor maneira de harmonizar eventualmente o conflito axiológico entre a garantia do acesso à jurisdição (art. 5º, XXXV, da Constituição) e a garantia do contraditório e da ampla defesa (art. 5º, LV, da Constituição). Pense-se, por exemplo, na hipótese de não ser concedida ordem liminar pela possibilidade de causar um dano irreversível na situação fática de interesse do demandado e a sua vez o requerente da providência corresse o risco de padecer um dano de natureza irreversível. Aí o conflito axiológico imporia uma minudente ponderação das circunstâncias do caso concreto, de molde a permitir, estando presente o pressuposto da aparência do direito, o sacrifício do direito improvável no altar do direito provável [...] O conflito, por isso mesmo, só pode ser equacionado pela aplicação do princípio da proporcionalidade, que consiste em assegurar a eficácia dos direitos e em dar proteção aos interesses daí decorrentes, mediante a técnica da ponderação dos valores e o equilíbrio dos interesses em jogo no caso concreto".

[318] Salienta COLESANTI, Vittorio, op. cit., p. 588, que, "in presenza di una particolare efficienza e attendibilità delle prove che assistono la pretesa del richiedente", se deve consentir con un provimento imediato, garantindo a posterior provocação do contraditório, cuja garantia não é eliminada,

A respeito do processo civil, *lato sensu*, de modo nenhum se pode vedar ou omitir a defesa. O que pode ocorrer é que a lei protraia a exercitabilidade da defesa, tal como ocorre nas execuções imediatas, nas medidas cautelares e noutros processos em que é recomendável não se aguardar a contestação ou outro ato de defesa.[319]

Conforme assevera Bedaque:

Não se verifica, e nem poderia ser diferente, a completa supressão do contraditório, que apenas é diferido para outro momento do procedimento. Além de técnica excepcional, sua adoção se justifica em função das circunstâncias inerentes ao direito material.[320]

Para Leonardo Greco:

De qualquer modo, se indispensável a liminar, deve o interessado ter *a posteriori* ampla possibilidade de provocar o reexame da decisão, perante o mesmo órgão jurisdicional que a deferiu, que às suas alegações e provas deve conferir a mesma atenção atribuída à postulação do requerente, sendo insuficiente a mera possibilidade de impugnação da decisão através de recurso para a instância superior.[321]

Certo é que a proteção de interesses postos em perigo pode impor a necessidade de provimentos urgentes, sem um completo desvelamento da situação fática, e a ausência da ouvida prévia da parte adversa pode se fazer necessária para que não ocorra a frustração da eficácia prática do provimento desejado. Entretanto, tratando-se de ingerência na esfera jurídica da outra parte, a limitação da regra geral do contraditório prévio deve ocorrer apenas quando indispensável para o alcance do escopo do provimento jurisdicional, preenchendo determinados pressupostos e assegurando à outra parte a possibilidade de defender-se posteriormente por meio da instauração de um regular contraditório diferido.[322]

Note-se que, em relação ao contraditório diferido, não há maiores oposições doutrinárias, visto que a garantia constitucional é exercida na própria relação processual,[323] mesmo que posteriormente, podendo influenciar no provimento jurisdicional definitivo.

---

mas apenas se realiza em um momento sucessivo à formação do provimento, por meio do contraditório *posticipato*.

[319] *Comentários à Constituição de 1967: com a Emenda n. 1 de 1969*, 2. ed., t. 5. São Paulo: Revista dos Tribunais, 1971, p. 235-236.

[320] *Tutela cautelar e tutela antecipada...* op. cit., p. 88. Segundo PICARDI, Nicola. I processi speciali. *Rivista di Diritto Processuale*, v. 37, n. 1, 1982. Padova: Cedam, p. 748, acerca do 'procedimento sumário em contraditório' italiano, "si tratta di assicurare effettività di tutela ad alcune situazioni soggettive che, essendo caratterizzate in funzione della non diretta patrimonialità, necessitano di una tutela urgente che prevenga la loro lesione o ne impedisca immediatamente la continuazione".

[321] Op. cit., p. 75.

[322] TROCKER, Nicolò. *Processo Civile e Costituzione*, op. cit., p. 406-407.

[323] COLESANTI, Vittorio. Op. cit., p. 590: "Vi è insomma un complesso di garanzie, dall'esame del quale non può non trarsi il convincimento che, indipendentemente dalla mancata attuazione della forma anticipata del contraddittorio, vi è spazio più che sufficiente per l'esercizio del diritto di difesa".

A questão do contraditório que Martinetto indica como *posticipado*, de que temos exemplo notório nos provimentos liminares, quando emitidos antes da audiência do réu, não chega a criar dificuldade, uma vez que o demandado contra quem a decisão antecipada seja concedida, poderá opor-se a ela, *na mesma relação processual.* Esta forma de contraditório *diferido* foi aceita pelo jurista, pois neste caso, como no contraditório prévio, que é a expressão comum da *bilateralidade da audiência*, em que o juiz somente deve prover depois de ouvir a ambas as partes, o resultado final do procedimento igualmente será construído pela participação de ambas as partes [...] Martinetto pressupõe que o princípio somente será observado quando a parte contra a qual o provimento for pronunciado tenha oportunidade de opor-lhe *defesa*, antes que ele se torne definitivo, ou seja, quando a audiência do demandado seja assegurada *na mesma relação processual*.[324]

3.3. CONTRADITÓRIO EVENTUAL E INVERSÃO DO CONTRADITÓRIO

Maiores dificuldade surgem em relação ao chamado contraditório eventual, em que a parte primeiro deve prestar, sem poder exercer de forma plena seu direito de defesa, para, somente após, em uma demanda plenária, poder defender-se plenamente, consoante entendimento de Ovídio Baptista da Silva:

> Nos casos em que o princípio da *bilateralidade da audiência* assume a estrutura de contraditório *eventual*, forma-se a tão célebre quão mal afamada "cláusula *solve et repete*", segundo a qual o demandado deve antes prestar (solver o débito), sem poder defender-se plenamente, para depois, numa demanda plenária subseqüente, *repetir* o que houver pago indevidamente. Na verdade, o chamado contraditório *eventual* pode apresentar-se sob duas modalidades distintas. Numa delas, tutela-se o interesse do autor numa fase inicial da causa, para somente depois permitir que o demandado, se o quiser, dê início ao contraditório, tornando-se autor de uma demanda *incidental*. É o que se dá no processo de execução obrigacional (Livro II do CPC); e de certo modo também no procedimento monitório (art. 1.102 do CPC), embora nossa "ação" monitória insira os "embargos" no próprio procedimento injuncional. Na verdade, tendo a natureza de embargos ou, o que seria mais correto, de simples contestação, a verdade é que o ônus de provocar o contraditório transfere-se para o demandado. A outra modalidade de contraditório *eventual* ocorre quando o demandado, a quem cabe provocar o contraditório, ao invés de promovê-lo sob uma dessas duas maneiras, terá de fazê-lo através de uma *ação autônoma* (não incidental) subseqüente.[325]

Segundo Kazuo Watanabe, existe um expressivo exemplo em que o contraditório é eventual no sistema processual brasileiro, que é a ação de prestação de contas, ajuizada por quem se julgar com direito de exigilas. Assim, se o réu prestou contas, acabou por reconhecer o direito de o autor pedi-las, exaurindo-se a primeira fase do processo, tipicamente ju-

---

[324] SILVA, Ovídio Araújo Baptista da. O contraditório nas ações sumárias, op. cit., p. 261.

[325] Idem, p. 275-276.

ESTABILIZAÇÃO DA TUTELA ANTECIPADA

risdicional, em razão do reconhecimento implícito do pedido. "Havendo contestação, a cognição será plena e exauriente".[326]

Assim, mesmo nas hipóteses de contraditório eventual, não há que se falar em inconstitucionalidade ou violação do princípio do contraditório, razão pela qual, inclusive, tal fenômeno ocorre em inúmeras demandas sumárias.[327]

Nesse contexto, defendendo a constitucionalidade do contraditório eventual, Ovídio Baptista da Silva salienta que:

> Ou todas as ações sumárias terão de ser consideradas inconstitucionais, frente à norma do art. 5º, LV da Constituição Federal; ou, se toda essa multidão de ações sumárias deva ser considerada legítima, perante o direito brasileiro, então devemos considerar que o *princípio do contraditório* será igualmente preservado nos casos do chamado *contraditório eventual*, em que a defesa transforme-se, de contestação, em *causa petendi* de uma ação inversa a ser facultativamente ajuizada pelo sucumbente no juízo sumário.[328]

Impõe-se destacar, entretanto, que é possível que o contraditório na sua forma eventual seja ônus do próprio autor que tenha conseguido um provimento favorável, e que, portanto, deva provocar o contraditório da outra parte, como pode ser ônus do demandado que teve contra si um provimento jurisdicional, por meio da chamada inversão do contraditório.

Acerca da inversão do contraditório, Ovídio Baptista refere que:

> O processo que outorgou tutela jurisdicional com base em simples verossimilhança, absolutamente não tranca a possibilidade de que as eventuais injustiças, porventura cometidas pelas formas sumárias de proteção processual, sejam reparadas através de processo subseqüente. Pode ocorrer, e em geral é o que ocorre, que a parte que perdera como demandado no processo sumário, tenha de provocar, como autor, a demanda por meio da qual ela pretenda reparar a justiça de que fora vítima, na demanda anterior. Dá-se então uma *inversão de contraditório*, que é a técnica utilizada pelo título executivo e pelas demais formas usuais de sumarização.[329]

Como mais um exemplo de inversão do contraditório, o processualista gaúcho analisa a ação de desapropriação:

---

[326] *Da cognição no processo civil*, op. cit., p. 137-138.

[327] Para TROCKER, Nicolò. Il nuovo articolo 111 della costituzione e il "giusto processo" in materia civile: profili generali. *Rivista Trimestrale di Diritto e Procedura Civile*, anno LV, n. 2, 2001, p. 395, "non è censurabile la deviazione dal modello contenzioso ordinario che rimette all'iniziativa eventuale dell'interessato l'instaurazione del contraddittorio. Quel che rileva è che il procedimento promosso in forma sommaria non si esaurisca in sé, senza accordare al resistente la facoltà di difendersi in una fase ulteriore di giudizio, ove la domanda iniziale è sottoposta alla piena cognizione del giudice e l'esecuzione provvisoria del provvedimento emesso è suscetibile di sospenzione o di revoca".

[328] O contraditório nas ações sumárias, op. cit., p. 281.

[329] Teoria da ação cautelar. *Da Sentença Liminar à Nulidade da Sentença*. Rio de Janeiro: Forense, 2002, p. 77-78.

A natureza de *lide parcial* da ação de desapropriação não pode ser negada. A *plenitude de defesa* somente será assegurada se a conjugarmos com a demanda plenária subseqüente. Mas aqui, como em todas as *ações sumárias*, ocorre uma inversão do contraditório – que é a conseqüência direta da terminalidade da *lide parcial* –, de modo que a vitória no juízo sumário não obriga a que o vencedor promova a *lide plenária* subseqüente. Quem for sucumbente na *ação sumária*, se julgar conveniente, poderá promover, como autor, a ação plenária posterior. Mas isto é uma faculdade, não um ônus processual.[330]

Por fim, Ovídio Baptista da Silva trata das ações possessórias, conjugadas com eventual ação petitória, como mais um exemplo de contraditório invertido:

> Para que se admita a existência de um *direito substancial de cautela*, é necessário antes legitimar uma forma especial de *inversão do contraditório*, de modo que a exigida *declaração* desse direito material à segurança possa dar-se na ação *plenária* subseqüente. No fundo, esta estrutura consagra o denominado pacto ou "cláusula *solve et repete*", pois o sucumbente no processo satisfativo *(principal)*, assim como o vitorioso na lide possessória poderá tornar-se sucumbente na petitória posterior [...] Em última análise, o respeito à garantia constitucional da *plenitude de defesa* dar-se-ia pela conjugação das duas demandas. As defesas omitidas na demanda *sumária* formariam objeto da lide *plenária* subseqüente, de sorte que o demandado no interdito possessório – privado que fora de usar de suas defesas petitórias – teria de tornar-se autor de uma ação autônoma subseqüente, para demonstrar seu "direito à posse", de modo que o mandamento constitucional fosse observado, e lhe fosse assegurada a *ampla defesa* [...] O exemplo das ações possessórias serve para mostrar que a ordem jurídica pode cortar em duas uma determinada ação, para atender à necessidade de tutela imediata de algum interesse capaz de ser sacrificado pelo *periculum in mora* de modo que, através dessa técnica de *sumarização*, é possível partir em duas ações, igualmente autônomas (terminais), a ação originária.[331]

3.4. CONTRADITÓRIO E DEMANDAS SUMÁRIAS

Primeiramente, impõe-se salientar que se está a utilizar a ideia de sumariedade exposta no capítulo 2, tanto no que tange à sumariedade material quanto à formal ou procedimental.

Conforme se verificou anteriormente, nas demandas sumárias, é comum o princípio do contraditório ser diferido no tempo, podendo ser, inclusive, eventual ou invertido.

Assim, uma das características das demandas sumárias é a limitação do contraditório, até mesmo em razão da redução do campo cognitivo. Não se está diminuindo, com isso, a importância da garantia constitucional do contraditório, mas, apenas, se ressaltando que não se trata de um

---

[330] O contraditório nas ações sumárias, op. cit., p. 274.

[331] Idem, p. 256 e 268-269.

ESTABILIZAÇÃO DA TUTELA ANTECIPADA

princípio absoluto, podendo sofrer mitigação, no caso concreto, quando em conflito com garantias tão ou mais importantes.

> Com isso, é importante dizer que a garantia do contraditório e da ampla defesa não é absoluta, e deve ser cedida, muitas vezes, quando representar perigo a outros valores prestigiados no ordenamento jurídico. Dessa forma, faz-se plenamente justificável a necessidade e a concretização de ritos sumários, a disciplinar o procedimento de causas referentes a determinados tipos de direito, em que se tem por objetivo acelerar a prestação jurisdicional, sem as severas garantias do processo ordinário. A seguir este mesmo entendimento, a antecipação de tutela, prevista no artigo 273 do CPC, a ser deferida em situações específicas no processo de conhecimento, não afronta a garantia constitucional em comento, pois sua finalidade precípua é salvaguardar um direito, que pode vir a sofrer leso pela observância irrestrita do contraditório e da ampla defesa.[332]

De qualquer sorte, inegável é a garantia do contraditório nas demandas de cognição sumária, conforme assevera Leonardo Greco:

> Até a primeira metade do século XX era comum encontrar-se na doutrina a limitação do contraditório ao processo de conhecimento, excluídos o processo de execução, a jurisdição voluntária e alguns procedimentos cognitivos sumários, em que a iniciativa do contraditório dependia de provocação do réu.

> Hoje o direito de influir eficazmente na prestação jurisdicional, seja qual for a sua natureza, com todos os meios aptos a alcançar esse resultado, é uma garantia da qual não pode ser privado qualquer cidadão, como exigência de participação eficaz, haja ou não litígio, haja ou não cognição exaustiva, haja jurisdição provocada ou de ofício, seja qual for o procedimento.[333]

Permite-se, por conseguinte, a mitigação ou a postergação da garantia constitucional do contraditório, devendo-se sempre assegurar a realização de um chamado "conteúdo mínimo"[334] do contraditório.

3.4.1. Contraditório e procedimentos especiais

Os procedimentos especiais, via de regra, o são em razão de alguma forma de sumariedade, seja foral, seja material, que os diferencia do modelo tido como ordinário.[335] Aliás, os procedimentos eram considerados especiais, muitas vezes, pelo simples fato de permitirem um provimento

---

[332] STOCKINGER, Francisco Tiago Duarte. Op. cit., p. 93.

[333] Op. cit., p. 77.

[334] Nesse sentido, COLESANTI, Vittorio. Principio del contraddittorio e procedimenti speciali. *Rivista di Diritto Processuale*, anno XXX, n. 4, 1975; e TARZIA, Giuseppe. Il contraddittorio nel processo esecutivo. *Rivista di Diritto Processuale*, anno XXXIII, n. 2, aprile-giugno 1978.

[335] COLESANTI, Vittorio. Op. cit., p. 578: "La qualifica di « speciale » attribuita ad un procedimento non ha certo di per sè – e son cose ovvie – alcun significato preciso; la formula stessa non ha un valore positivo, ed è caratterizzante solo in ciò, che giova a contrassegnare una deviazione della struttura del procedimento dallo schema astratto del processo contenzioso, ritenuto « a priori » come un modello ordinario".

de natureza liminar. Entretanto, com o advento da antecipação de tutela, o próprio procedimento ordinário permite uma liminar antecipatória, de sorte que não há mais que se falar em especialidade pela simples possibilidade de se permitir uma decisão antecipada no tempo.

A bem da verdade, a "especialidade" do procedimento visa a adequar o modelo ordinário às concretas exigências da realidade, inclusive, superando, e por que não, negando, conforme refere Vittorio Colesanti, o modelo ordinário, alterando o esquema formal, especialmente para simplificar o procedimento e adequá-lo às concretas exigências de tutela.[336]

Havendo sumariedade nos procedimentos especiais, é comum que o princípio do contraditório seja diferido no tempo, bem como é possível que ocorra caso de contraditório eventual ou invertido.[337]

Essa limitação do contraditório não importa, por si, em inconstitucionalidade do procedimento especial, tendo em vista que o contraditório poderá posteriormente ser provocado, seja para confirmar ou revogar a eventual decisão proferida sem o prévio contraditório.[338]

Nesse contexto, em todo e qualquer procedimento especial, deve-se assegurar um conteúdo mínimo irredutível da garantia do contraditório,[339] salientando-se que o contraditório não se articula em todos os tipos processuais por meio de normas iguais em conteúdo e número, podendo, inclusive, estar predisposto em lei de forma quantitativa e qualitativamente diversa.[340]

Reitera-se que os procedimentos especiais buscam "dar vida" a esquemas estruturais em que a forma de participação das partes é diversa em relação ao procedimento ordinário, bem como nos procedimentos especiais, ou, pelo menos, em boa parte deles há neles uma forma de tutela

---

[336] COLESANTI, Vittorio. Op. cit., p. 579.

[337] Idem, p. 582: "Ecco dunque che, pur nell'ambito dei processi giurisdizionali, ad uno schema formale in cui il contraddittorio assume la sua più compiuta attuazione, fan riscontro figure di procedimenti, nei quali la partecipazione degli interessati avviene in guisa diversa; e la « specialità » della struttura procedimentale si rivela in funzione del vario atteggiarsi e concretarsi del contraddittorio, mentre a lor volta le diverse modalità e intensità di attuazione di esso implicano l'adozione di forme processuali « speciali »; e speciali rispetto al modello che, proprio in virtù della più raffinata e completa realizzazione del contraddittorio, viene ad essere considerato come ordinario".

[338] Para TARZIA, Giuseppe. Le principe du contradictoire dans la procédure civile italienne, op. cit., p. 800, a necessidade de declaração de inconstitucionalidade "ce n'est pas le cas, tout de même, des procédures spéciales où le contradictoire est simplement différé".

[339] Idem, p. 792: "« Contenu irréductible » du contradictoire, c'est-à-dire les garanties qui doivent être assurées aux parties pendant tout le déroulement de l'instance, dans la procédure ordinaire ainsi que dans les procédures spéciales".

[340] FAZZALARI, Elio. Op. cit., p. 88: "Il contraddittorio non si articola, in tutti i tipi di processo, mediante norme – e facoltà, poteri, doveri, ed atti – uguali per contenuto e numero, ché anzi può, di volta in volta, essere predisposto dalla legge in forme qualitativamente e quantitativamente diverse, per lo più in ragione del tipo e della natura dell'atto cui l'attività in contraddittorio deve meter capo".

particolare, até mesmo privilegiada em relação à forma ordinária. Por essa razão, é de todo natural que se revele alguma espécie de privilégio na modalidade de atuação do contraditório e da participação dos interessados, não havendo sentido lamentar que, nos procedimentos especiais, o contraditório seja disciplinado de forma diversa do processo ordinário.[341]

Conforme demonstra Vittorio Colesanti, a igualdade das partes no processo, em que o contraditório é uma garantia, está longe de excluir a variedade de formas processuais e de modalidades de atuação do próprio contraditório.[342] O exercício do contraditório deve ser assegurado, mas compativelmente com as particulares características estruturais dos diversos procedimentos.[343]

3.4.2. Contraditório e processo de execução

Polêmica é a concretização do princípio do contraditório nos feitos executivos, tendo em vista a existência de inúmeros posicionamentos doutrinários no sentido da ausência dessa garantia nos feitos de natureza executiva.

Nesse sentido, João Lacê Kuhn[344] e Giuseppe Tarzia[345] explicitam os principais argumentos pelos quais doutrinadores do porte de Enrico Tulio Liebmann e Salvatore Satta refutam a existência de um verdadeiro contraditório nos processos de natureza executiva.

Para os referidos processualistas italianos, não haveria, no processo executivo, a tão decantada igualdade entre as partes, característica marcante do princípio do contraditório, tendo em vista que o devedor estaria em posição de submissão ao credor.

Entretanto, Ovídio Baptista da Silva explicita que:

> O sistema jurídico brasileiro subordina-se ao pressuposto constitucional que impõe, além do respeito ao *contraditório* em todos os procedimentos, sejam eles jurisdicionais ou não, a observância da *plenitude de defesa* (Constituição Federal, art. 5º, LV), de modo que não seria possível conceber a existência de exceção tão radical a esse princípio, justamente no

---

[341] COLESANTI, Vittorio. Op. cit, p. 586-587.

[342] Idem, p. 587.

[343] Idem, p. 598: "La stessa corrente affermazione – consacrata dall'autorità di notissime sentenze della Corte Costituzionale – secondo la quale l'attuazione del contraddittorio deve esser sì garantita, ma « compatibilmente » con le particolari caratteristiche strutturali dei vari procedimenti (e con l'indole sommaria della cognizione che, per lo più, vi è connessa) merita una più attenta considerazione: accanto al nucleo centrale dell'asserto, che cioè la partecipazione degli interessati al procedimento ha sempre da essere garantita, vi è la chiara visione della varietà di forme che, in relazione alla struttura del procedimento, il contraddittorio può venire ad assumere".

[344] Op. cit, p. 47.

[345] Il contraddittorio nel processo esecutivo, op. cit., p. 193-248.

processo executivo, produtor de conseqüências sabidamente graves e definitivas [...] Ou se admite que o processo executivo preserva o princípio do contraditório; ou, caso contrário, teremos de considerá-lo irremediavelmente inconstitucional, por ofensa ao preceito de nossa carta que exige a observância do "devido processo legal" com "plenitude de defesa", porque, dir-se-ia, o devedor quando embarga não exerce "defesa", mas ao contrário promove "outra ação", de que decorre, com uma conclusão lógica irrecusável, que, não havendo defesa, contraditório por certo não haverá.[346]

A bem da verdade, o sincretismo processual viabiliza a existência de execução no processo de conhecimento, assim como permite cognição dentro do processo executivo, com a inclusão de medidas como a exceção de pré-executividade, o que possibilita, a toda evidência, o exercício da garantia do contraditório nos processos executivos.

No mesmo sentido, Rui Portanova assevera que:

Como visto, o contraditório tem sentido mais amplo do que a só apresentação de defesa. Também no processo de execução o devedor tem o direito de receber as informações necessárias e de apresentar razões de fundo (como a exceção de pré-executividade) e de forma (como impugnação ao valor da avaliação), que são frutos do seu direito ao contraditório.[347]

Certo é que o executado faz parte do processo executivo, razão pela qual tem possibilidade de se manifestar, de ser ouvido, podendo exercer seu direito de defesa e podendo dialogar, exercendo o contraditório. Da mesma forma, pode arguir exceção de pré-executividade, bem como lhe é permitido apresentar impugnações. Percebe-se, pois, a presença, mesmo que mitigada, do princípio do contraditório nas demandas executivas.

Nesse contexto, João Lacê Kuhn salienta que:

O contraditório, na execução, tem um caráter limitado, mas existe e incide em determinados momentos, perfeitamente identificáveis, onde haverá, sim, o conhecimento por parte do juiz, forçando-o a decidir questões presentes no procedimento e que serão fundamentais para o desiderato [...] Se é verificado em algumas circunstâncias ou situações específicas é porque se pode atestar sua real existência [...] A simples atenuação do princípio não lhe retira a condição de incidente. De fato ele existe, porém, pelas circunstâncias do mister é observado desta ou daquela maneira, com aquela ou esta grandeza.[348]

Continua o jurista gaúcho referindo que:

Certo é que o contraditório se faz presente no processo de execução. Não de uma forma tradicional, como meio de obtenção de prova para criação do direito. Na execução o direito – mérito – já está criado, ou pela sentença anterior, ou pelo título extrajudicial. Neste sentido, sim, concordamos, deve o contraditório ser atenuado, pois se incidir plenamente deixa a execução de ter sua finalidade – vide exceções de pré-executividade –, perpetuando os processos indefinidamente, com graves prejuízos às partes e ao próprio aparelho judiciário.

---

[346] O contraditório nas ações sumárias, op. cit., p. 261-263.

[347] Op. cit., p. 163.

[348] Op. cit., p. 50-52.

Todavia, deve ter presença, sim, no processo [...] O processo de resistência, de contrariedade, é nato do ser humano e não seria dentro do processo de execução, por simples apego a dogmas ou paradigmas, que se faria desprezado, submetendo o devedor a imposições até maiores do que deveria suportar pelo simples fato de não poder refutar [...] As partes estão em juízo, via propositura e citação, para auxiliar o magistrado na condução do feito, a fim de satisfazer o credor de forma menos desgastante para o devedor. Essa possibilidade de propor, de auxiliar, podendo valer-se de todos os meios disponíveis no direito processual é a expressão cristalina do contraditório na execução.[349]

Esse também é o entendimento de Cândido Rangel Dinamarco:

No *processo de execução*, que não comporta discussões nem julgamentos sobre a existência do crédito – mas comporta-os com referência a outras questões – o contraditório que se estabelece endereça-se somente aos julgamentos que nesse processo podem ter lugar. *Não há processo sem decisão alguma, não há decisão sem prévio conhecimento e não há conhecimento sem contraditório.*

Por isso, também no processo executivo está presente o trinômio *pedir-alegar-provar*, ao cabo de cuja realização o juiz decide. A vigente Constituição Federal não permite duvidar da inclusão do processo executivo na garantia do contraditório (art. 5º, inc. LV) e isso é democraticamente correto porque não só processo de conhecimento produz resultados capazes de atingir o patrimônio das pessoas: o de execução atinge sempre, sendo que a execução por dinheiro produz o gravíssimo resultado consistente na expropriação do bem penhorado. Sendo a participação indispensável fator legitimante da imposição dos resultados do exercício do poder, seria ilegítimo privar o executado de participar do processo executivo – simplesmente sujeitando-se aos atos do juiz e suportando inerte o exercício do poder sobre os bens de sua propriedade ou posse. Além disso, mandando a lei que a execução se faça pelo *modo menos gravoso possível* (CPC, art. 620), não haveria como dar efetividade a essa regra medular da execução forçada se não fosse mediante a dialética do contraditório.[350]

Para Giuseppe Tarzia, a igualdade entre as partes que o contraditório procura garantir é conciliável com a situação de favorecimento de uma das partes em relação à outra no que tange ao processo de execução.[351]

Assim, a disparidade entre as partes não seria suficiente para negar a presença da garantia do contraditório no processo executivo, visto que há possibilidade de participação do executado no desenvolvimento do processo e, portanto, de influir no provimento do juízo de execução.[352]

Conforme assevera Giuseppe Tarzia, o contraditório executivo pode ser definido como *parcial* em relação aos temas submetidos ao diálogo entre as partes e aos provimentos do juiz da execução e, além disso, *atenuado*, em relação aos poderes limitados das partes, mas tudo respeitando

---

[349] O contraditório nas ações sumárias, op. cit., p. 60-64.

[350] *Instituições de direito processual civil*, op. cit., p. 238.

[351] Il contraddittorio nel processo esecutivo, op. cit., p. 202.

[352] Idem, p. 203.

a configuração do instituto derivado das peculiaridades estruturais do processo, sendo incompatível sua radical negação.[353]

Assim, o processo de execução prevê uma formal contraposição entre exequente e executado, que não coincide plenamente com aquela do processo de conhecimento, entre autor e réu, mas realizando, de forma particular e atenuada, a igualdade e o contraditório entre os sujeitos da relação processual.[354]

3.4.3. Contraditório e ação monitória

A ação monitória foi instituída em nosso ordenamento jurídico pela Lei 9.079, de 14 de julho de 1995, que acrescentou ao Código de Processo Civil o art. 1.102 A, B e C, com posterior alteração pela Lei 11.232, de 22 de dezembro de 2005. Nesse sentido, o titular de uma prova escrita sem eficácia de título executivo que busque o pagamento de quantia em dinheiro ou a entrega de bem fungível ou de determinado bem móvel poderá ingressar com uma ação monitória.

O demandado, então, no prazo de 15 dias, poderá cumprir o mandado de pagamento ou de entrega da coisa, ou, caso queira se opor, deverá opor os chamados embargos monitórios, que suspenderão a eficácia do mandado inicial. Os embargos independem de prévia segurança do juízo e serão processados nos próprios autos pelo procedimento ordinário.

Caso o réu não oponha os embargos monitórios, constituir-se-á de pleno direito o título executivo judicial, prosseguindo-se na forma do capítulo atinente ao cumprimento da sentença.

O procedimento monitório não é bem utilizado em nosso ordenamento jurídico, visto que não há viabilização expressa do cumprimento da sentença em caso de embargos meramente procrastinatórios, nem se afirma que o recurso de apelação interposto contra sentença que rejeitou ou julgou improcedentes os embargos monitórios seja recebido somente no efeito devolutivo. Demonstra-se, pois, a falta de efetividade do procedimento monitório, eis por que bastaria a oposição de embargos desprovidos de qualquer fundamento para que o tempo necessário até a

---

[353] Il contraddittorio nel processo esecutivo, op. cit., p. 204.

[354] COMOGLIO, Luigi Paolo. Principi constituzionali e processo di esecuzione. *Rivista di Diritto Processuale*, anno XLIX (seconda serie), n. 2, 1994, p. 459: "Dal punto di vista della sua struttura, il processo di esecuzione: – prevede una formale contrapposizione di parti (creditore procedente e debitore esecutato), che non coincide appieno con quella (fra attore e convenuto) proprio del processo di cognizione, realizzando quindi in forme del tutto particolari (ed attinuate), l'eguaglianza ed il contraddittorio fra il soggetti coinvolti".

formação do título executivo judicial fosse tão longo quanto o do procedimento ordinário do processo de conhecimento.[355]

De qualquer sorte, percebe-se, na ação monitória, a inversão do contraditório, visto que o demandado deverá opor embargos monitórios para poder exercer plenamente a garantia do contraditório em demanda satisfativa posterior.

Conforme salienta Kazuo Watanabe, "no *processo monitório*, há a inversão da iniciativa do contraditório, tornando-se necessária a cognição somente quando o demandado adotar a iniciativa do contraditório".[356]

Para José Rogério Cruz e Tucci:

> A ação monitória é veiculada mediante procedimento especialíssimo, em razão da sumariedade formal da cognição e de outros aspectos que o conotam [...] o pronunciamento jurisdicional perseguido é proferido *inaudita altera parte*, diferindo-se para um momento ulterior a possibilidade de contraditório.[357]

3.4.4. Contraditório e medidas de urgência

Ponto mais relevante para o presente estudo é o contraditório nas medidas de urgência, aqui consideradas como gênero do qual as medidas cautelares a as antecipações de tutela são espécies.

Conforme estudado no capítulo 2, atinente à sumariedade, pode-se perceber que as medidas de urgência possuem evidente sumarização, mormente do ponto de vista procedimental, com a aceleração do procedimento e a concessão, ou não, do bem da vida em momento anterior ao previsto nos procedimentos ordinários de cognição plenária.

Piero Calamandrei demonstra a justificação para a redução do contraditório nas ações cautelares – que, para Ovídio Baptista da Silva, na verdade, se refere às tutelas antecipadas –, em razão das provas e da natureza especial da relação processual controvertida, salientando que, no mais das vezes, o procedimento ordinário com cognição plenária não chegaria a resultado diferente daquele obtido com rapidez e economia com as medidas de urgência.[358]

As tutelas antecipatórias serão melhor estudadas no capítulo seguinte, mas, de qualquer forma, percebe-se a possibilidade de concessão de decisões antecipadas no tempo, antes do exercício de um contraditório

---

[355] MARINONI, Luiz Guilherme. O custo e o tempo do processo civil brasileiro, op. cit., p. 52-53.

[356] *Da cognição no processo civil*, op. cit., p. 138.

[357] *Tempo e processo*, op. cit., p. 135-136.

[358] *Introduzione allo studio sistematico dei provvedimenti cautelari*. Padova: CEDAM, 1936, p. 13.

prévio e pleno, mas permitindo, igualmente, o seu exercício de forma diferida no tempo,[359] no curso da mesma relação processual, podendo efetivamente influenciar na construção da decisão final de mérito.

Assim, conforme anteriormente salientando, não há maiores restrições doutrinárias à possibilidade de exercício do contraditório diferido, como usualmente ocorre nas medidas de urgência.

Para Francisco Tiago Duarte Stockinger:

> A necessidade de haver uma prestação jurisdicional célere, e que não faça perecer pelo decurso de tempo o direito da parte e a própria credibilidade da justiça, é um problema enfrentado pelos Tribunais. A saída encontrada é em prejuízo do direito de defesa, pois o balanço feito no caso concreto, em juízo de verossimilhança, é que mais vale uma tutela jurídica efetiva, que componha com razoabilidade e rapidez o litígio entre as partes, do que um processo moroso em busca da verdade dos fatos, que dificilmente será alcançada.[360]

Para o referido advogado gaúcho, a garantia do contraditório não encontraria óbice nas antecipações de tutela ou nas medidas cautelares:

> Será possível afirmar que o direito ao contraditório encontra óbice nas medidas de antecipação de tutela, ou mesmo nas medidas liminares de origem cautelar proferidas sem a audiência da parte contrária? Nestas situações, o julgador concede uma decisão que terá efeito no mundo dos fatos, repercutindo de imediato na esfera jurídica do demandado, ao qual sequer teve oportunidade de se manifestar previamente. Apesar de aparentemente polêmica, a questão não suscita maiores dúvidas, na medida em que a parte adversa, após a concessão da medida, poderá exercer de forma plena o contraditório e a ampla defesa, tendo a certeza de que estas decisões proferidas pelo juiz podem a qualquer tempo ser revogadas ou modificadas. Encontra-se neste ponto um conflito de princípios. Há o entrechoque do pressuposto constitucional da inafastabilidade da lesão ou ameaça de direito, e o princípio do contraditório. Se o juiz for obrigado a esperar a resposta do réu para decidir acerca de um provimento liminar, poderá ocorrer a lesão ao direito, ficando o Judiciário impedido de coibir tal acontecimento.[361]

Percebe-se, por conseguinte, que o contraditório diferido, corriqueiro nas medidas de urgência, não suscita maiores polêmicas entre os doutrinadores, admitindo-se a necessidade, em casos excepcionais, da concessão de decisões *inaudita altera parte*, sem a ouvida da parte contrária, sem a bilateralidade da audiência, prevista pelo princípio do contraditório, antes do provimento jurisdicional.[362] Tal ocorre em razão de que o con-

---

[359] COLESANTI, Vittorio. Op. cit., p. 600: "l'assenza del contraddittorio, nella sua forma c. d. anticipata, può trovar giustificazione nell'indole *lato sensu* cautelare del provvedimento richiesto, tanto più se alla struttura del procedimento sia comunque ricollegabile l'onere di provvedere, specie se a pena d'inefficacia del provvedimento pur già conseguito, a provocare il contraddittorio, per ristabilire quell'equilibrio turbato solo provvisoriamente e per soddisfare la stessa effettività della tutela".

[360] Op. cit., p. 90.

[361] Idem, p. 90-91.

[362] O provimento *inaudita altera parte* possui razão de ser, especialmente, quando a ouvida da parte contrária puder trazer prejuízos para a própria concessão da medida. Nesse sentido, GHIRGA, Maria

traditório poderá ser exercido de forma plena no curso da mesma relação processual, sendo que as decisões liminares poderão ser revogadas ou modificadas a qualquer tempo.

Nesse contexto, Vitório Colesanti salienta que não se pode contestar a *ratio* dessa disciplina, nem se pode negar a racionalidade entre a estrutura do procedimento sem prévio contraditório e a satisfação da tutela exigida. É evidente que, em certas medidas de urgência, a prévia ouvida do demandado poderia fazer perecer a eficácia prática do provimento, ou o privaria de sua utilidade. Assim, a adoção de um procedimento inspirado na não realização plena do contraditório durante o *iter* de formação do provimento corresponde a uma escolha exigida pelo ordenamento, que reconhece, na função cautelar, uma notável forma de tutela e, disciplinando-a, não pode deixar de assegurar a eficiência prática nem esvaziá-la de efetividade.[363]

Maiores dificuldades poderão surgir em caso de medidas de urgência que permitam um contraditório eventual, demandando a inversão do contraditório, como proposto pelo projeto de estabilização da tutela antecipada.

Francesca. Principi generali del processo e misure provvisorie. *Rivista di Diritto Processuale*, anno LII, n. 2, aprile-giugno 1997, p. 497: "Dopo la riforma del '90 quindi la pronuncia di una misura cautelare senza la preventiva audizione delle parti è condizionata alla presenza di questo presupposto: che la convocazione della parte possa pregiudicare l'attuazione della misura cautelare; presupposto che si è suggerito di interpretare in modo da estendere la portata della norma dai casi di pericolo di infruttuosità a quelli di pericolo di tardività".

[363] Op. cit., p. 593.

4. Antecipação de tutela

Como vimos até agora, um dos grandes males que atinge o ordenamento jurídico pátrio é a morosidade da prestação jurisdicional. Sabe-se que justiça e instantaneidade são conceitos que raramente se encontram, razão pela qual uma razoável duração processual se faz necessária para que se tenha um provimento jurisdicional adequado.

De qualquer sorte, é inegável que a complexidade dos fatos apresentados aos operadores do direito, bem como a premência na sua solução, não permitem mais que se prolonguem exacerbadamente as discussões postas ao Poder Judiciário, sob pena de a decisão não ser efetiva. Assim como a segurança jurídica, que demanda um período de maturação das decisões judiciais, a efetividade é um valor indispensável aos jurisdicionados, a exigir maior celeridade na solução dos conflitos.

Dessa forma, em decorrência da complexidade dos fatos sociais, muitas vezes atrelados à imperatividade da urgência, não se admite que o ordenamento processual estabeleça a solução de todos os conflitos com base unicamente na ordinariedade, com cognição plenária, estabelecendo um rito único e moroso para todas as demandas.

Um dos grandes avanços do processo civil brasileiro ocorreu, sem sombra de dúvidas, com a reforma processual de 1994, especialmente no que tange à previsão da antecipação de tutela do art. 273 do CPC, instituída pela Lei 8.952/94.[364] Anteriormente, havia um desprestígio à efetividade, buscando-se a certeza por meio da ordinariedade, da plenariedade, sem que se permitisse, como regra, a satisfação do direito do autor, mesmo que provisoriamente, antes do decurso de todo um rito processual lento e arcaico.[365] Para que se corrigisse tal injustiça, que permitia a pre-

---

[364] "A sua adoção foi inicialmente sugerida por Ovídio Baptista da Silva, em julho de 1983, no 1º Congresso Nacional de Direito Processual Civil, realizado em Porto Alegre". CARNEIRO, Athos Gusmão. *Da antecipação de tutela*. 6. ed. Rio de Janeiro: Forense, 2005, p. 17.

[365] A antecipação dos efeitos da tutela tem o condão de responder "às exigências de equânime distribuição dos ônus do tempo no processo". CARNEIRO, Athos Gusmão. Op. cit., p. 09. No mesmo sentido, ASSIS, Araken de. Antecipação de tutela. *Aspectos polêmicos da antecipação de tutela*. São Paulo: Revista dos Tribunais, 1997, p. 14, ao afirmar o caráter progressista da antecipação de tutela, permitindo uma "inovação imediata, redistribuindo entre as partes o ônus temporal do processo, no regime anterior suportado, exclusivamente, pelo autor".

servação de um direito improvável do réu em detrimento de um direito provável do autor, muitas vezes, admitia-se a violação à forma e à pureza dos conceitos com a utilização de tutelas cautelares para a satisfação de direitos prementes.

Entretanto, tratava-se de um desvirtuamento da essência da tutela cautelar,[366] que tem por objeto a obtenção de providência destinada a garantir a eficácia da tutela de conhecimento ou de execução, e não satisfazer o direito material afirmado.[367] Nesse contexto, para que se viabilizasse a satisfação do direito material por meio de uma tutela provisória, estabeleceu-se a previsão do art. 273 do Código de Processo Civil, que trouxe ao direito pátrio a antecipação dos efeitos da tutela, presente nas disposições gerais do procedimento comum.

A antecipação de tutela está prevista tanto para o procedimento ordinário como para o procedimento sumário, também sendo admitida nos procedimentos especiais, por força do art. 272 do CPC. Nesse diapasão, a antecipação de tutela, presentes seus requisitos e justificada constitucionalmente sua necessidade, passou a ser regra no processo civil brasileiro, deixando de ser uma exceção prevista em determinados procedimentos especiais, como o mandado de segurança e as ações possessórias, que já admitiam a antecipação satisfativa da tutela por meio de medida liminar.

Com a tutela antecipada, permite-se a concessão de uma tutela provisória que satisfaça o direito da parte.[368] A tutela é provisória porque limitada no tempo e porque precária, já que pode ser revogada ou modificada a qualquer tempo, não estando sujeita à imutabilidade própria da coisa julgada.[369] A mudança que gera a modificação ou revogação decorre da alteração dos fatos ou do estado da prova.[370]

---

[366] MARINONI, Luiz Guilherme. *Antecipação da tutela*. Op. cit., p. 106: "O Código de Processo Civil teve que ser alterado, nele introduzindo-se a tutela antecipatória, não só pela razão de que a evolução da sociedade demonstrou que a demora do procedimento comum não era mais suportável, e que por esta razão era necessária uma tutela sumária satisfativa, *mas especialmente pelo motivo de que a grande maioria dos doutrinadores e dos tribunais não admitiam que a tutela sumária satisfativa fosse prestada sob o manto protetor da "ação cautelar inominada""*.

[367] ZAVASCKI, Teori Albino. *Antecipação da tutela*. 4. ed. rev. e ampl. São Paulo: Saraiva, 2005, p. 08-09.

[368] RAGONE, Álvaro Perez. Op. cit., p. 139: "Tutela Anticipatoria: es una tutela diferenciada de urgencia, que con base en una cognición sumaria y llenado los requisitos de procedencia, satisface anticipadamente al requirente otorgándole una atribución o utilidad que pudiera probablemente obtener en la sentencia futura con autoridad de cosa juzgada material".

[369] MARINONI, Luiz Guilherme. *Antecipação da tutela*. Op. cit., p. 192-193: "A provisoriedade da tutela antecipatória deve ser entendida como a sua incapacidade de definir a controvérsia, por sua absoluta falta de idoneidade para a declaração ou, em outros termos, para a produção de coisa julgada material. Mas a satisfatividade da tutela antecipatória, e mesmo a eventual irreversibilidade dos seus efeitos fáticos, não é contraditória com a sua estrutura. Em outras palavras, nada impede que uma tutela que produza efeitos fáticos irreversíveis seja, do ponto de vista estrutural, provisória, vale dizer, incapaz de dar solução definitiva ao mérito".

Dessa forma, ocorreu uma considerável valorização da efetividade, atribuindo-se ao juiz o poder de deferir medidas tipicamente executivas no curso do processo de conhecimento. Antecipam-se providências executórias que decorreriam da futura sentença de procedência, mediante atos tipicamente executivos.[371] Têm-se, assim, ações sincréticas, mesclando cognição e execução em uma mesma demanda, mitigando a segmentação total que havia entre processo de conhecimento e processo de execução, em que, primeiro, haveria de se esgotar a atividade cognitiva para, somente após, adentrar às providências executivas.

Deve-se ter em mente, contudo, que a antecipação de tutela, por ser uma tutela provisória, deve ser utilizada de forma excepcional, adequada, em observância às normas constitucionais, não podendo se constituir na panaceia de todos os males,[372] sob pena de grave violação a garantias tão ou mais caras que a efetividade. De qualquer sorte, a correta utilização da antecipação de tutela constitui ferramenta de ótima valia para a concretização do valor efetividade no processo civil.[373]

4.1. TUTELA ANTECIPADA E TUTELA CAUTELAR

Apesar das constantes imprecisões conceituais, que, muitas vezes, acabam por gerar confusão entre tutela antecipada e medida cautelar, há que se ter em mente a clara distinção entre os dois institutos.[374]

Primeiramente, percebe-se que as tutelas antecipadas, introduzidas pela reforma de 1994, são concedidas no próprio processo de conhecimento, na própria ação destinada a obter a tutela definitiva, mediante decisões interlocutórias, a demonstrar o já referido sincretismo.[375] Em sentido contrário, as cautelares são postuladas em ação autônoma.

---

[370] ZAVASCKI, Teori Albino. Op. cit., p. 33. No mesmo sentido, MARINONI, Luiz Guilherme. *Antecipação da tutela*. Op. cit., p. 162-163: "As razões que permitem a revogação ou modificação da tutela, quando não interposto o agravo de instrumento, são as "novas circunstâncias", vale dizer, são "outras razões", no sentido de "razões" que não foram apresentadas. Não é somente a alteração da situação de fato objeto da lide que permite a modificação ou a revogação da tutela, mas também o surgimento, derivado do desenvolvimento do contraditório, de uma outra evidência sobre a situação de fato".

[371] ZAVASCKI, Teori Albino. Op. cit., p. 71.

[372] BARBOSA MOREIRA, José Carlos. Tutela de urgência e efetividade do direito. *Gênesis – Revista de Direito Processual Civil*, 2003, v. 28, p. 294.

[373] ZAVASCKI, Teori Albino. Op. cit., p. 73-74.

[374] OLIVEIRA, Carlos Alberto Alvaro de. Perfil dogmático da tutela de urgência. *Ajuris*, n. 70, Porto Alegre, 1997, p. 224: "Embora cautela e antecipação trabalhem com a urgência, buscando a prevenção do dano decorrente da demora do curso do processo de conhecimento ou de execução, não há como afastar a manifesta diversidade da natureza do receio de lesão, elemento importante para diferenciá-las porquanto interfere na eficácia e efeitos do provimento a ser exarado pelo órgão judicial".

[375] ZAVASCKI, Teori Albino. Op. cit., p. 45.

Ademais, a tutela antecipada é utilizada para a própria satisfação do direito afirmado, enquanto que a cautelar é cabível para garantir uma futura certificação ou execução, e não para satisfazer o próprio direito.[376] Assim, a tutela antecipada busca a satisfação do direito, ao passo que a cautelar não satisfaz, mas sim, assegura uma futura certificação ou execução.[377] Por essa razão é que Pontes de Miranda fez a célebre distinção entre ambas, considerando a cautelar uma "segurança para a execução", enquanto a tutela antecipada seria uma "execução para a segurança".

Piero Calamandrei, em sua clássica obra sobre tutelas cautelares, acaba por tratar sob a denominação cautelar tanto as tutelas realmente cautelares, quanto as tutelas satisfativas, sendo que aquelas decorreriam do perigo de infrutuosidade (*pericolo di infruttuosità*), enquanto estas teriam sentido em razão do perigo de tardança (*pericolo di tardività*).[378]

Conforme refere Teori Albino Zavascki, a tutela cautelar é um

[...] instrumento para a obtenção de medidas adequadas a tutelar o direito, sem satisfazê-lo. Todas as demais medidas assecuratórias, que constituam satisfação antecipada de efeitos da tutela de mérito, já não caberão em ação cautelar, podendo ser, ou melhor, *devendo* ser reclamadas na própria ação de conhecimento.[379]

Também, em relação aos requisitos necessários para a concessão da tutela antecipada e da medida cautelar, poder-se-ia estabelecer uma diferenciação, sendo que, para alguns doutrinadores, os requisitos da antecipação de tutela seriam mais rigorosos que os da tutela cautelar, visto que nesta bastaria o *fumus boni iuris*, ou seja, a fumaça do bom direito, enquanto que naquela seria necessária uma "prova inequívoca", que

---

[376] ASSIS, Araken de. Antecipação de tutela. *Aspectos polêmicos da antecipação de tutela*. São Paulo: Revista dos Tribunais, 1997, p. 17-18: "A impossibilidade de o juiz, através da cautela, outorgar o bem da vida ao autor. Em tal hipótese, deixaria de assegurar o direito e, desde logo, o realizaria, ainda que sob a égide de cognição sumária [...] não há como fugir da bradante diferença de função, nesta última espécie de provimento judicial, em confronto com o cautelar, que é autônomo, e visa apenas a garantir a sobrevivência do direito litigioso até sua futura declaração de existência ou sua execução, bem como da flagrante impossibilidade de "satisfação provisória"".

[377] ZAVASCKI, Teori Albino. Op. cit., p. 57: "Na cautelar há medida de *segurança para a certificação* ou *segurança para futura execução* do direito; na antecipatória há adiantamento, total ou parcial, da própria fruição do direito, ou seja, há, em sentido lato, execução antecipada, como um meio para evitar que o direito pereça ou sofra dano (*execução para segurança*)".

[378] CALAMANDREI, Piero. *Introduzione allo studio sistematico dei provvedimenti cautelari*, op. cit., p. 31-89.

[379] ZAVASCKI, Teori Albino. Op. cit., p. 45. Conforme assevera RAGONE, Álvaro Perez, op. cit., p. 139, "las medidas cautelares refieren a asegurar la eficacia útil de una resolución por venir, y no a anticipar directamente en el plano sustancial el efecto de esa resolución; si bien en ambos estamos en la "provisoriedad", simplemente por no tener *res iudicata*, véase que en un caso se puede haber quitado a un, pero no dado a otro (cautelaridad), en el otro caso se quitó a uno y se hizo a su vez una *atribución* al requirente (anticipatoriedad). Hablando claro, estas medidas satisfactivas no son bajo ningún punto de vista "medidas cautelares"".

118

Gustavo Bohrer Paim

convença o julgador da "verossimilhança" do direito alegado.[380] Assim, a prova inequívoca necessária para a concessão da tutela antecipada seria mais robusta que a simples aparência de "bom direito", requerida para a concessão da medida cautelar.[381]

Contudo, Marinoni salienta que:

> Não há qualquer lógica na distinção entre a convicção de verossimilhança própria à tutela antecipatória e aquela característica à tutela cautelar. Com efeito, é um enorme equívoco imaginar que a verossimilhança possa variar conforme se esteja diante da tutela cautelar ou da tutela antecipatória. Trata-se apenas de uma tentativa, evidentemente destituída de êxito, de empregar a lógica matemática para demonstrar algo que não pode ser por ela explicado.[382]

Entretanto, em razão da suposta diversidade dos requisitos, parte da doutrina considera a fungibilidade prevista no § 7º do art. 273 do CPC uma via de mão única, admitindo-se apenas a concessão de medida de natureza cautelar quando efetuado pedido de antecipação de tutela, mas não se admitindo a concessão de uma medida de natureza antecipatória e satisfativa quando efetuado um pedido autônomo de tutela cautelar.[383]

Majoritariamente, todavia, tem-se admitido, mesmo que de forma excepcional, a concessão de tutela de natureza antecipatória quando requerida em pedido cautelar, conforme entende Luiz Guilherme Marinoni:

> É correto admitir a concessão de tutela de natureza antecipatória ainda que tenha sido postulada com o nome de cautelar. Neste caso, não existindo erro grosseiro do requerente, ou, em outras palavras, havendo dúvida fundada e razoável quanto à natureza da tutela, aplica-se a idéia de fungibilidade, uma vez que o seu objetivo é o de evitar maiores dúvidas quanto ao cabimento da tutela urgente (evidentemente de natureza nebulosa) no processo de conhecimento [...] A concessão de tutela antecipatória no caso em que houver sido pedida cautelar somente é possível em *hipóteses excepcionais, ou seja, quando for razoável e fundada a dúvida em relação à correta identificação da tutela urgente.*[384]

---

[380] LOPES, João Batista. Fundamento constitucional da tutela de urgência. *Revista Dialética de Direito Processual*, n. 8, São Paulo, 2003, p. 71: "Enquanto na tutela cautelar é suficiente o *fumus boni iuris*, ou seja, a plausibilidade do direito, na tutela antecipada exige-se mais, a probabilidade (*rectius*, a forte probabilidade) da existência do direito". De qualquer sorte, parece inadequado o adjetivo inequívoco para caracterizar a prova necessária para a antecipação dos efeitos da tutela, visto que se está no plano da verossimilhança, e não da certeza jurídica, devendo a prova inequívoca, em verdade, ser uma prova suficiente para a concessão da tutela.

[381] SILVA, Ovídio Araújo Baptista da. Decisões interlocutórias e sentenças liminares. *Da Sentença Liminar à Nulidade da Sentença*. Rio de Janeiro: Forense, 2002, p. 72: "Tratando-se de medida liminar *satisfativa*, capaz de provocar uma situação definitiva e irreversível, recomenda-se cautela redobrada do juiz ao concedê-la, ao passo que o trato das autênticas medidas cautelares, posto que produtores de situações fáticas por natureza *reversíveis*, poderá exigir do magistrado uma densidade menor de convencimento inicial".

[382] *Antecipação da tutela*. Op. cit., p. 171.

[383] Nesse sentido, ZAVASCKI, Teori Albino. Op. cit., p. 45.

[384] *Antecipação da tutela*, op. cit., p. 130-131. No mesmo sentido, THEODORO JÚNIOR, Humberto. Tutela antecipada. *Aspectos polêmicos da antecipação de tutela*. São Paulo: Revista dos Tribunais, 1997,

De qualquer sorte, a fungibilidade prevista no art. 273, §7°, do CPC salienta a distinção entre antecipação de tutela e medida cautelar, pois "somente coisas *distintas* podem ser *confundidas*".[385]

Impõe-se reiterar, contudo, que o principal traço distintivo é a satisfatividade que ocorre na antecipação de tutela, e que não está presente nas medidas cautelares.[386] Assim, manifesta-se Ovídio Baptista da Silva, entendendo "a tutela cautelar como uma forma de tutela, uma forma de proteção jurisdicional que deve assegurar, que deve proteger cautelarmente sem jamais satisfazer o direito acautelado", contrapondo "tutela *cautelar* à tutela *satisfativa*".[387]

O oposto à tutela cautelar seria a tutela satisfativa, o que permitiria que se tratasse de antecipação dos efeitos da tutela satisfativa nas nossas denominadas antecipações de tutela, mas também de *antecipação dos efeitos da tutela cautelar*, como ocorre nos provimentos liminares em sede de ação cautelar.[388]

Nesse contexto, nota-se a incongruência das chamadas cautelares satisfativas, visto que, se a medida acautela, não poderia satisfazer.[389]

---

p. 201: "É preferível transigir com a pureza dos institutos do que sonegar a prestação justa a que o Estado se obrigou perante todos aqueles que dependem do Poder Judiciário para defender seus direitos e interesses envolvidos em litígio. Eis a orientação merecedora de aplausos, sempre que o juiz se deparar com algum desvio procedimental no conflito entre tutela cautelar e tutela antecipatória". Também DINAMARCO, Cândido Rangel. *A reforma da reforma*, 3. ed. rev. e atual. São Paulo: Malheiros, 2002, p. 92. No mesmo sentido, CARPENA, Márcio Louzada. *Do processo cautelar moderno*, 2. ed. Rio de Janeiro: Forense, 2005, p. 108, que entende igualmente cabível a fungibilidade quando se tenha requerido tutela de natureza antecipatória em medida cautelar. Ainda, CRUZ, André Luiz Vinhas da. As tutelas de urgência na reforma do CPC: a sobrevivência do processo cautelar. *Revista Dialética de Direito Processual*, n. 22, São Paulo, 2005, p. 33, para quem "acima de digressões doutrinárias, o ideal de justiça é o que há ineludivelmente de preponderar, ainda que o rigorismo formal da técnica processual seja mitigado".

[385] MARINONI, Luiz Guilherme. *Antecipação da tutela*. Op. cit., p. 130.

[386] Idem, p. 106-107: "A tutela cautelar tem por fim assegurar a viabilidade da realização de um direito, não podendo realizá-lo. A tutela que satisfaz um direito, ainda que fundada em juízo de aparência, é 'satisfativa sumária'. A prestação jurisdicional satisfativa sumária, pois, nada tem a ver com a tutela cautelar. A tutela que satisfaz, por estar além do assegurar, realiza missão que é completamente distinta da cautelar. Na tutela cautelar há sempre referibilidade a um direito acautelado. O direito referido é que é protegido (assegurado) cautelarmente. Se inexiste referibilidade, ou referência a direito, não há direito acautelado".

[387] SILVA, Ovídio Araújo Baptista da. Teoria da ação cautelar. *Da Sentença Liminar à Nulidade da Sentença*. Rio de Janeiro: Forense, 2002, p. 65.

[388] Nesse sentido, inclusive, o Projeto do novo Código de Processo Civil aprovado pelo Senado estabelece que "são medidas satisfativas as que visam a antecipar ao autor, no todo ou em parte, os efeitos da tutela pretendida" (art. 269, § 1°).

[389] NERY JUNIOR, Nelson. Procedimentos e tutela antecipatória. *Aspectos polêmicos da antecipação de tutela*. São Paulo: Revista dos Tribunais, 1997, p. 383: "Tutela antecipatória dos efeitos da sentença de mérito é providência que tem natureza jurídica de *execução lato sensu*, com o objetivo de entregar ao autor, total ou parcialmente, a própria pretensão deduzida em juízo ou os seus efeitos. É tutela satisfativa no plano dos fatos, já que realiza o direito, dando ao requerente o bem da vida por ele pretendido com a ação de conhecimento. Com a instituição da tutela antecipatória dos efeitos da

Tem-se entendido, assim, que medidas como os alimentos provisionais, em que pese receberem a denominação cautelar, têm natureza de medidas satisfativas, e não acauteladoras.[390] Não se quer dizer, com isso, que as ações cautelares sempre demandem uma ação principal, não podendo jamais ser autônomas.[391] O que não se admite é a natureza cautelar atribuída a tutelas evidentemente satisfativas.

Salienta Athos Gusmão Carneiro:

A profunda diferença entre as providências que objetivam apenas *garantir* a "justiça" e a eficiência prática da futura (provável) sentença, e aquelas providências que *antecipam*, integrando-o no patrimônio jurídico do autor (no todo ou em parte), exatamente aquele bem da vida postulado pelo demandante.[392]

Conforme José Roberto dos Santos Bedaque:

Verifica-se, assim, a real diferença entre as cautelares e as tutelas cognitivas sumárias. Embora ambas pressuponham cognição não exauriente e estejam voltadas para o mesmo objetivo, diferem no plano estrutural, pois uma é essencialmente provisória e ligada umbilicalmente ao provimento definitivamente satisfativo. Já a outra é suficiente para, por si mesma, solucionar a questão jurídico-material.[393]

---

sentença de mérito no Direito brasileiro, de forma ampla, não há mais razão para que seja utilizado o expediente das impropriamente denominadas *cautelares satisfativas*, que constitui em si uma *contradictio in terminis*, pois as cautelares não satisfazem: se a medida é satisfativa é porque, *ipso facto*, não é cautelar".

[390] CRUZ, André Luiz Vinhas da. Op. cit., p. 25: "Não se diga, porém, que não existam medidas cautelares tipificadas no Código que não sejam plenamente satisfativas, como, *v. g.*, os alimentos provisionais (arts. 852 a 854, CPC) e as medidas do art. 888 do mesmo Código, a exemplo da entrega de bens de uso pessoal do cônjuge e dos filhos [...] Por lógico que apesar de medidas reputadas pelo Código como cautelares típicas, de cautelaridade nada possuem, posto que, assim que concedidas, satisfazem a pretensão inicialmente deduzida em seus termos práticos e jurídicos, dado que, se conferidas em caráter preparatório, não haverá processo principal a ser ajuizado; e se concedidas *incidenter tantum* o provimento de mérito final será perda do objeto do processo cautelar".

[391] SILVA, Ovídio Araújo Baptista da. O contraditório nas ações sumárias. *Da Sentença Liminar à Nulidade da Sentença*. Rio de Janeiro: Forense, 2002, p. 273-274. O processualista gaúcho refere a possibilidade de uma ação cautelar que não necessite de uma ação principal, como a *cautio damni infecti*, e, mesmo assim, "a tutela obtida com a prestação da caução não vai além da *proteção de segurança*, pois a caução assegura a futura indenização, mas não a realiza. A *cautio damni infecti* será uma ação cautelar antecedente, porém sem caráter de preparatoriedade. Não haverá nada de *satisfativo* na sentença que ordena a prestação da caução, a não ser a satisfação *dessa pretensão cautelar* [...] O que é relevante, em casos como o da *cautio damni infecti*, é termos aí ações sumárias autônomas que se distinguem, no entanto, das anteriores por permanecerem cautelares, embora *principais*. São cautelares por limitarem-se a dar proteção ao direito assegurado, sem satisfazê-lo (realizá-lo); e são *principais* por dispensarem o autor, que obtém a tutela de segurança, do ônus de promover uma demanda satisfativa [...] se o autor dessa ação cautelar (autônoma) não ingressar com a ação satisfativa, nem por isso a demanda cautelar perderá a eficácia".

[392] Op. cit., p. 07.

[393] BEDAQUE, José Roberto dos Santos. *Tutela cautelar e tutela antecipada...* op. cit., p. 148.

4.2. FUNDAMENTO CONSTITUCIONAL

O processo civil brasileiro, como regra, segue o procedimento ordinário, em que se permite um amplo debate entre as partes, com a necessária dilação probatória, com a disponibilidade de um considerável leque de recursos e com a possibilidade de exercício pleno de garantias constitucionais como a ampla defesa e o contraditório. Entretanto, conforme já referido, a prestação da tutela definitiva não é instantânea. Entre o pedido e a entrega efetiva do bem da vida – período no qual é exercido o contraditório e a ampla defesa –, decorrerá necessariamente um razoável espaço de tempo, por mais sumário que seja o rito procedimental e por mais eficientes que sejam os serviços judiciários.[394]

Por essa razão, é que se fez necessária uma tutela mais célere, consagrando as chamadas tutelas de urgência, gênero do qual, para muitos, a tutela antecipada e a tutela cautelar seriam espécies. Nesse contexto, tem-se a antecipação de tutela como uma prestação jurisdicional que permite a satisfação do direito do autor antes da prestação da tutela definitiva, ou seja, antes do exercício pleno da ampla defesa e do contraditório.

Aliás, a tutela antecipada, como se verá adiante, pode ser concedida, inclusive, *inaudita altera parte*, sem que se tenha ouvido a parte contrária, sem que se tenha exercido a ampla defesa e o contraditório, garantias constitucionais positivadas no art. 5º, LV, da Constituição Federal.

A tutela antecipada acaba, pois, gerando um conflito entre garantias constitucionais, visto que acarreta uma limitação do contraditório, da ampla defesa e da própria segurança jurídica, mas garante a efetividade. Dessa forma, somente seria admissível a antecipação da tutela, com a consequente mitigação de um direito constitucional, caso necessário para a salvaguarda de uma outra garantia fundamental, tão ou mais relevante no caso concreto. Haverá, pois, um conflito entre garantias constitucionais quando da análise, pelo julgador, do deferimento ou não do pedido de tutela antecipada. Assim, esse conflito de interesses deve ser resolvido com uma necessária ponderação, a fim de proteger um direito superior no caso concreto.

Via de regra, com a antecipação de tutela, estar-se-á garantindo o direito constitucional à efetividade, que é o direito atribuído ao jurisdicionado, impedido de fazer justiça de mão própria, de que seja garantida a utilidade da sentença, assegurando, em caso de vitória, a efetiva e prática concretização da tutela. Trata-se de um direito à ordem jurídica justa, compreendendo "não apenas o direito de provocar o Estado, mas tam-

---

[394] ZAVASCKI, Teori Albino. Op. cit., p. 25.

bém e principalmente o de obter, em prazo adequado, uma decisão justa e com potencial de atuar eficazmente no plano dos fatos".[395]

De qualquer sorte, a decisão que concede a antecipação de tutela deverá possuir uma fundamentação constitucional, a justificar a violação à ampla defesa, ao contraditório e à segurança jurídica. Por óbvio que a decisão de conceder ou não a tutela antecipada deverá ser sempre motivada, seja por força do dispositivo constitucional positivado no art. 93, IX, da CF, seja em razão do § 1º do art. 273 do CPC. Ocorre que, na antecipação de tutela, não basta a mera motivação da decisão; tal fundamentação deve repousar em elementos constitucionais, tendo em vista o conflito entre garantias fundamentais que deve se estabelecer.

O remédio sugerido para a solução do conflito entre garantias constitucionais é a proporcionalidade,[396] que será analisada no tópico referente à estabilização da tutela antecipada. Para tanto, a decisão deverá sacrificar o mínimo necessário da garantia violada, utilizando-se a antecipação de tutela com observância da necessidade, da adequação e da proporcionalidade *stricto sensu*, procurando-se a menor restrição possível e a salvaguarda do núcleo essencial da garantia mitigada no caso concreto.

Além da motivação constitucional, existem requisitos que deverão estar presentes para que se lance mão da antecipação dos efeitos da tutela.

4.3. REQUISITOS

Para que seja concedida a antecipação da tutela, mister é a configuração de dois requisitos indispensáveis, quais sejam a prova inequívoca e a verossimilhança. Como se não bastasse, necessária é a presença da urgência ou da evidência. A tutela antecipada estribada na urgência tem como fundamentos o perigo de dano e o perigo de ilícito, seja pelo fundado receio de dano irreparável ou de difícil reparação, seja pelo justificado receio de ineficácia do provimento final. A tutela da evidência justifica-se pelo abuso do direito de defesa ou manifesto propósito protelatório do réu, ou pela existência de parte incontroversa da demanda.[397] Além dos requisitos necessários e de um dos requisitos alternativos, existe um re-

---

[395] ZAVASCKI, Teori Albino. Op. cit., p. 65. Refere MARINONI, Luiz Guilherme. *Antecipação da tutela*, op. cit., p. 258, que "o direito de acesso à Justiça, albergado no art. 5º, XXXV, da Constituição Federal, não quer dizer apenas que todos têm direito a recorrer ao Poder Judiciário, mas também quer significar que todos têm direito à tutela jurisdicional efetiva, adequada e tempestiva".

[396] Nesse sentido, THEODORO JÚNIOR, Humberto. Tutela antecipada. Op. cit., p. 190.

[397] Assim também prevê o Projeto de novo Código de Processo Civil, em seu art. 278, I e II.

ESTABILIZAÇÃO DA TUTELA ANTECIPADA 123

quisito negativo, não podendo, como regra, haver antecipação de tutela quando os efeitos práticos antecipados forem irreversíveis.

Como salientado, a antecipação dos efeitos da tutela tem lugar diante da urgência e da evidência. A urgência pode decorrer tanto do perigo de dano (arts. 273, I, e 461, § 3º, do CPC), quanto do perigo de ilícito (art. 461, § 3º, do CPC). Já a tutela da evidência pode decorrer do abuso de direito de defesa ou manifesto propósito protelatório do réu (art. 273, II, do CPC), bem como da existência de parte incontroversa da demanda (art. 273, § 6º, do CPC).

4.3.1. Requisitos indispensáveis

Para a concessão da antecipação dos efeitos da tutela, o *caput* do art. 273 do CPC demanda a presença de dois requisitos cumulativos, exigindo a presença de *prova inequívoca* que convença o julgador da *verossimilhança* da alegação.

Em uma primeira análise, os dois requisitos indispensáveis pareceriam inconciliáveis, tendo em vista que uma prova inequívoca dá ideia de um juízo de certeza, e não, de mera aparência, como a verossimilhança. Assim, enquanto um dos requisitos exigiria uma demonstração de quase certeza do direito, o outro demandaria mera aparência, plausibilidade. Entretanto, os requisitos precisam ser analisados de maneira a se complementarem, entendendo-se a prova inequívoca como uma prova robusta o suficiente para convencer o julgador da verossimilhança do direito alegado.[398]

Dessa forma, nos dizeres de Araken de Assis, "o art. 273, *caput*, emprega a locução como um grau intermediário entre a dúvida e a certeza, motivo por que a aparente *contradictio in adjecto* desaparece, substituída pela noção de verossimilhança".[399]

Nelson Nery Júnior salienta que:

Para conciliar as expressões *prova inequívoca* e *verossimilhança*, aparentemente contraditórias, exigidas como requisitos para a antecipação da tutela de mérito, é preciso encontrar um ponto de equilíbrio entre elas, o que se consegue com o conceito de *probabilidade*, mais forte do que verossimilhança, mas não tão peremptório quanto o de prova inequívoca.[400]

---

[398] BARBOSA MOREIRA, José Carlos. Antecipação de tutela: algumas questões controvertidas. *Revista Síntese – Direito Civil e Processual Civil*, v. 13, 2001, p. 08: "Cada uma delas concerne a um aspecto do problema, e ambas se conjugam em perfeita harmonia na armação do mecanismo legal".

[399] Antecipação de tutela. Op. cit., p. 24.

[400] Procedimentos e tutela antecipatória. Op. cit., p. 386.

4.3.1.1. Prova inequívoca

À primeira vista, prova inequívoca produz um sentimento de certeza em relação ao direito pleiteado, visto que algo inequívoco é algo induvidoso, claro, e não meramente provável ou plausível.

Se levássemos a exigência ao pé da letra,[401] talvez fosse retirada a eficácia prática do instituto da antecipação de tutela, eis por que, para atingir esse grau de clareza, provavelmente haveria de se estar em um estágio mais avançado do *iter* procedimental, com a ocorrência da dilação probatória e com a presença de subsídios suficientes para gerar no julgador a certeza da decisão proferida. Entretanto, toda essa dilação processual não se coadunaria com a exigência de celeridade e urgência, que, no mais das vezes, acompanha a antecipação de tutela.

Nesse contexto, deve-se entender a prova inequívoca como "uma prova robusta, que, embora no âmbito de cognição sumária, aproxime, em segura medida, o juízo de probabilidade do juízo de verdade".[402]

A bem da verdade, "em si mesma, prova alguma será *inequívoca*, no sentido de absolutamente incontestável",[403] devendo a *prova inequívoca* possibilitar "uma fundamentação convincente do magistrado".[404]

Para Kazuo Watanabe:

> Prova inequívoca não é a mesma coisa que "fumus boni iuris" do processo cautelar. O juízo de verossimilhança ou de probabilidade, como é sabido, tem vários graus, que vão desde o mais intenso até o mais tênue. O juízo fundado em prova inequívoca, uma prova que convença bastante, que não apresente dubiedade, é seguramente mais intenso que o juízo assentado em simples "fumaça", que somente permite a visualização de mera silhueta ou contorno sombreado de um direito. Está nesse requisito uma *medida de salvaguarda*, que se contrapõe à ampliação da tutela antecipatória para todo e qualquer processo de conhecimento. Bem se percebe, assim, que não se trata de tutela que possa ser concedida prodigamente, com mero juízo baseado em "fumaça de bom direito", como vinha ocorrendo com a ação cautelar inominada.[405]

Não se está aqui tratando de juízo de certeza, a ensejar prestação jurisdicional *definitiva* a ser, "em princípio, deferida independentemente

---

[401] TEIXEIRA, Sálvio de Figueiredo. *Código de processo civil anotado*, 6. ed. ampl., rev. e atual. São Paulo: Saraiva, 1996, p. 198.

[402] ZAVASCKI, Teori Albino. Op. cit., p. 78.

[403] CARNEIRO, Athos Gusmão. Op. cit., p. 23.

[404] CALMON DE PASSOS, J.J. Da antecipação de tutela. *Reforma do Código de Processo Civil*. São Paulo: Saraiva, 1996, p. 195.

[405] Tutela antecipatória e tutela específica das obrigações de fazer e não fazer. *Reforma do Código de Processo Civil*. São Paulo: Saraiva, 1996, p. 33-34.

de instrução em audiência, através do instituto do *julgamento antecipado* (*rectius*, julgamento 'imediato') *da lide*".[406]

Conforme assevera Humberto Theodoro Júnior, a prova inequívoca "haverá de apoiar-se em prova preexistente, que, todavia, não precisa ser necessariamente documental. Terá, no entanto, de ser clara, evidente, portadora de grau de convencimento tal que a seu respeito não se possa levantar dúvida razoável".[407]

De qualquer sorte, não resta dúvida de que se está no contexto de cognição sumária, devendo-se obtemperar o requisito da prova inequívoca, tratando-se de um juízo de verossimilhança.[408]

4.3.1.2. Verossimilhança

A partir dessa relativa certeza quanto à alegação dos fatos, decorrente do requisito da prova inequívoca, o julgador deverá se convencer da verossimilhança referente ao fundamento de direito, a fim de conceder a antecipação da tutela.[409]

Entende Humberto Theodoro Júnior que a verossimilhança "somente se configurará quando a prova apontar para uma 'probabilidade muito grande' de que sejam verdadeiras as alegações do litigante".[410]

Salienta Athos Gusmão Carneiro que:

"Juízo de verossimilhança" supõe não apenas a constatação pelo juiz relativamente à *matéria de fato* exposta pelo demandante, como igualmente supõe a plausibilidade na subsunção dos fatos à *norma de lei* invocada – "*ex facto oritur ius*" –, conducente, pois, às conseqüências jurídicas postuladas pelo autor. *Em suma*: o juízo de verossimilhança repousa na forte convicção de que tanto as "quaestiones facti" como as "quaestiones iuris" induzem a que o autor, requerente da AT, merecerá prestação jurisdicional em seu favor.[411]

Impõe-se salientar que:

---

[406] CARNEIRO, Athos Gusmão. Op. cit., p. 25-26.

[407] THEODORO JÚNIOR, Humberto. Tutela antecipada. Op. cit., p. 194. Conforme ASSIS, Araken de. Antecipação de tutela, op. cit., p. 24, "a tormentosa 'prova inequívoca', mencionada no art. 273, caput, é qualquer meio de prova, em geral o documental, capaz de influir, positivamente, no convencimento do juiz, tendo por objeto a verossimilhança da alegação de risco (inc. I) ou de abuso do réu (inc. II)".

[408] O Projeto de novo Código de Processo Civil, em seu art. 276, traz, como requisito para a concessão das tutelas de urgência, a plausibilidade.

[409] ZAVASCKI, Teori Albino. Op. cit., p. 77.

[410] Tutela antecipada. Op. cit., p. 196.

[411] Op. cit., p. 28.

A verossimilhança é um conceito *relativo*: aquilo que é verossímil para o juiz A, pode não sê-lo para o juiz B; além disso, a verossimilhança pode se esvair quando da instrução e, ao final, ser a demanda julgada em sentido favorável ao réu.[412]

De qualquer sorte, quando da análise da verossimilhança, estar-se-á diante de cognição sumária, não se exigindo mais do que um "juízo de simples plausibilidade do direito alegado em relação à parte adversa".[413]

Assim, no que tange à verossimilhança da alegação, ela

refere-se ao juízo de convencimento a ser feito em torno de todo o quadro fático invocado pela parte que pretende a antecipação de tutela, não apenas quanto à existência de seu direito subjetivo material, mas também e, principalmente, no relativo ao perigo de dano e sua irreparabilidade, bem como ao abuso dos atos de defesa e de procrastinação praticados pelo réu.[414]

4.3.2. Requisitos alternativos

Além dos dois requisitos indispensáveis – prova inequívoca e verossimilhança –, para que se conceda a tutela antecipada, faz-se mister a urgência ou a evidência. Assim, deve estar presente, também, um dos requisitos alternativos relativos ao perigo, tanto de dano quanto de ilícito, ou à evidência, seja em razão do abuso de direito de defesa ou manifesto propósito protelatório do réu, seja quando presente o fundamento do § 6º do art. 273, introduzido pela Lei 10.444/2002, que trata do pedido incontroverso.

4.3.2.1. *Perigo de dano e perigo de ilícito*

No que tange à urgência, pode-se fazer a distinção entre o perigo de dano e o perigo de ilícito. Em relação ao perigo de dano, a tutela antecipada pode ser postulada tanto com fundamento no art. 273, I, do CPC, quanto no art. 461, § 3º, do CPC. Já o perigo de ilícito fundamenta-se exclusivamente no art. 461, § 3º, do CPC.[415]

Conforme salientam Marinoni e Mitidiero:

Obviamente parte-se do pressuposto de que ato ilícito não se confunde com fato danoso. O ilícito é um ato contrário ao direito. O dano é um prejuízo juridicamente relevante e constitui conseqüência meramente eventual do ato ilícito. É por esta razão que doutrina

---

[412] Op. cit., p. 28.

[413] ASSIS, Araken de. Antecipação de tutela. Op. cit., p. 25.

[414] THEODORO JÚNIOR, Humberto. Tutela antecipada. Op. cit., p. 195.

[415] MARINONI, Luiz Guilherme; MITIDIERO, Daniel. *Código de processo civil comentado artigo por artigo*, 2. ed., rev., atual. e ampl. São Paulo: Revista dos Tribunais, 2010, p. 427.

reserva a hipótese de tutela antecipatória contra o perigo de ilícito tão-somente ao art. 461, § 3º, do CPC.[416]

O art. 273, I, do CPC traz, como hipótese autorizadora da antecipação de tutela, o perigo de dano irreparável ou de difícil reparação, evidenciando a ideia de urgência. Trata-se de uma antecipação assecuratória, devendo o risco de dano irreparável ou de difícil reparação ser concreto, e não, hipotético, além de ser atual e grave.[417]

Para que haja fundado receio, deve-se ter em conta dados concretos, e não, mero temor subjetivo da parte.[418] Nesse sentido, ressalta Humberto Theodoro Júnior que:

> Receio fundado é o que não provém de simples temor subjetivo da parte, mas que nasce de dados concretos, seguros, objeto de prova suficiente para autorizar o juízo de verossimilhança, ou de grande probabilidade em torno do risco de prejuízo grave [...] É indispensável a ocorrência do risco de dano anormal, cuja consumação possa comprometer, substancialmente, a satisfação do direito subjetivo da parte.[419]

Para Marinoni,

> Há "irreparabilidade" quando os efeitos do dano não são reversíveis. Entram aí os casos de direito não patrimonial (direito à imagem, por exemplo) e de direito patrimonial com função não patrimonial (soma em dinheiro necessária para aliviar um estado de necessidade causado por um ilícito, por exemplo). Mas, há irreparabilidade, ainda, no caso de direito patrimonial que não pode ser *efetivamente tutelado* através da reparação em pecúnia. Ou seja, existe irreparabilidade quando o direito não pode ser restaurado na *forma específica*. [...] O dano é de "difícil reparação" se as condições econômicas do réu não autorizam supor que o dano será efetivamente reparado. O dano também é de "difícil reparação" se dificilmente poderá ser individualizado ou quantificado com precisão.[420]

Impõe-se salientar que a expressão "perigo de dano irreparável ou de difícil reparação" do inciso I do art. 273 não se confunde com a expressão "justificado receio de ineficácia do provimento final", percebendo-se, nesta última, uma "linguagem mais aberta e sem qualquer alusão ao dano".[421]

4.3.2.2. Abuso de direito de defesa ou manifesto propósito protelatório do réu

O inciso II do art. 273 do CPC prevê a possibilidade de antecipação da tutela em razão da evidência, em caso de abuso do direito de defesa

---

[416] Idem, ibidem.

[417] ZAVASCKI, Teori Albino. Op. cit., p. 78.

[418] CARNEIRO, Athos Gusmão. Op. cit., p. 32.

[419] Tutela antecipada. Op. cit., p. 196.

[420] *Antecipação da tutela*, op. cit., p. 155-156.

[421] MARINONI, Luiz Guilherme; MITIDIERO, Daniel. *Código de processo civil comentado artigo por artigo*. Op. cit., p. 427.

ou manifesto propósito protelatório do réu. Está-se, aqui, diante de uma regra de conteúdo indeterminado, sujeita ao preenchimento valorativo no caso concreto.[422]

O fundamento da antecipação de tutela é coibir a efetiva prática de retardamento do processo em decorrência de ações ou omissões da parte, tendo em vista o ideal de celeridade.[423]

Não se quer, com a hipótese do inciso II do art. 273 do CPC, obstruir o direito à ampla defesa, mas sim, redistribuir o ônus do tempo do processo, fazendo com que tenha que "suportar a demora a parte que conta com probabilidade mínima de êxito".[424]

A bem da verdade, são necessários instrumentos que desencorajem a prática de atos meramente protelatórios, tendo em vista que "a duração do processo, às vezes, traz vantagens econômicas e, de olho nelas, a resposta do réu poderá se desviar das linhas da lealdade".[425]

Refere Edoardo Ricci que as resistências dilatórias são tanto mais encorajadas e, por isso mesmo, muito frequentes, quanto mais o processo, graças à sua duração, se presta a premiar a resistência como fonte de vantagens econômicas, fazendo parecer mais conveniente cumprir uma decisão desfavorável do que adimplir com pontualidade.[426]

Como traço de distinção entre as duas hipóteses, Zavascki entende que o abuso do direito de defesa teria relação com a prática de atos para se defender, ou seja, atos abusivos praticados no processo, enquanto que o manifesto propósito protelatório teria relação com atos e omissões fora do processo.[427]

---

[422] ZAVASCKI, Teori Albino. Op. cit., p. 78.

[423] Idem, p. 79. Para CARNEIRO, Athos Gusmão, op. cit., p. 35-36, "o *art. 273, II*, criou uma AT "pura", desvinculada dos pressupostos da *urgência* e do *dano*, e ligada tão-somente à idéia central de que a firme aparência do bom direito, exsurgente das alegações do autor, aliada à desvalia evidente, à falta de consistência na defesa apresentada pelo demandado, autorizam a satisfação antecipada *a fim de que o (aparente) titular de um direito possa de imediato vê-lo (provisoriamente) incorporado ao seu patrimônio jurídico*".

[424] BERTOLDI, Marcelo M. Tutela antecipada, abuso do direito e propósito protelatório do réu. *Aspectos polêmicos da antecipação de tutela*. São Paulo: Revista dos Tribunais, 1997, p. 331.

[425] ASSIS, Araken de. Antecipação de tutela. Op. cit., p. 26. Ressalta Araken, entretanto, que, "concretamente, é difícil configurar as hipóteses de "abuso" do direito de defesa, garantido constitucionalmente (art. 5º, LV, da CF), e as intenções protelatórias do réu". Conforme assevera MARINONI, Luiz Guilherme. *Antecipação da tutela*, op. cit., p. 272, "a defesa é direito nos limites em que é exercida de forma racional e justa ou nos limites em que não retarda, indevidamente, a realização do direito do autor".

[426] Il Progetto Rognoni di riforma urgente del processo civile. *Rivista di Diritto Processuale*, anno XLII, nº 3, luglio-settembre 1987, p. 631.

[427] Op. cit., p. 79. Para BERTOLDI, Marcelo M., op. cit., p. 314, "o abuso do direito de defesa se dá na medida em que o réu, no uso dos instrumentos que lhe são postos pelo ordenamento jurídico, extrapola de seu direito e o faz de modo a prejudicar ilicitamente o autor. São expedientes num primeiro

Nesse sentido, salienta Marcelo Bertoldi que:

O propósito protelatório quase sempre engloba o abuso do direito de defesa, já que todo o abuso do direito de defesa praticado pelo réu tem o objetivo de retardar ao máximo o resultado prático do processo. Podemos imaginar, no entanto, casos em que o réu deixa transparecer o seu propósito protelatório sem que, para isso, faça uso de instrumentos processuais de defesa. São expedientes extraprocessuais [...] São todas as manobras praticadas pelo réu, seja por ele mesmo ou seu advogado, que denotem o ânimo de procrastinar o feito com vistas a obtenção de vantagem indevida.[428]

Na prática brasileira, são escassos os casos de antecipação de tutela pelo abuso de direito de defesa ou manifesto propósito protelatório do réu, visto que o juiz dispõe de meios suficientes para evitar o retardo e a morosidade da parte, podendo indeferir providências inúteis ou protelatórias, julgar a lide de forma antecipada, além de definir os pontos controvertidos no despacho saneador.[429] Para Carlos Alberto Alvaro de Oliveira, a antecipação de tutela do inciso II encontra campo propício quando da prolação da sentença ou quando o processo chegar ao juízo de apelação, podendo-se antecipar os efeitos da sentença já prolatada, afastando-se o efeito suspensivo normal do recurso.[430]

Assim, para Marcelo Bertoldi,

O fato de encontrarem-se presentes os pressupostos para o julgamento antecipado da lide não quer significar, necessariamente, que a antecipação não possa ser deferida, pois não podemos esquecer que contra a sentença proferida em julgamento antecipado cabe o recurso de apelação, que, como regra, é dotado de *efeito suspensivo*, o que enseja concluirmos que, mesmo antecipadamente, a prolação de sentença não é suficiente para fazer cessar o *abuso de direito de defesa*, já que tal abuso continuará com a interposição da apelação. Neste caso, se presentes todos os requisitos, deve o juiz, na própria sentença, ou em decisão apartada, deferir a antecipação, de forma, inclusive, a desestimular um possível recurso com nítida feição procrastinatória.[431]

Segundo Marinoni, "a antecipação em caso de 'abuso de direito de defesa' tem certo parentesco com o *référé provision* do direito francês.

---

momento estabelecidos pela legislação processual aptos a conferir ao réu a ampla possibilidade de sua defesa, que, no entanto, se usados com o intuito abusivo, transformam-se em mecanismo espúrio e contrário à administração da Justiça, tendentes a afastar do autor a possibilidade de uma solução justa, rápida e eficaz da lide".

[428] Op. cit., p. 318.

[429] ZAVASCKI, Teori Albino. Op. cit., p. 79-80.

[430] Alcance e natureza da tutela antecipatória. *Ajuris*, n. 66, 1996, p. 204-205. Conforme CARNEIRO, Athos Gusmão, op. cit., p. 36, "o abuso de direito pode revelar-se também no uso protelatório de recursos previstos em lei".

[431] Op. cit., p. 318.

Mediante a *provision*, é possível a antecipação quando *l'obligation ne soit pas sérieusement contestable*".[432]

Trata-se de tutela da evidência, não se perquirindo acerca da urgência, mostrando-se efetiva no direito estrangeiro, mormente no *référé provision* do direito francês (*supra*, 5.5.1.1).

4.3.2.3. Pedido incontroverso

A Lei 10.444/2002 acrescentou mais uma possibilidade de antecipação da tutela, que se encontra disposta no § 6º do art. 273 do CPC, "quando um ou mais dos pedidos cumulados, ou parcela deles, mostrar-se incontroverso". A *mens legis*, de antecipar a tutela quando o pedido for incontroverso, é de evitar o retardo da "prestação jurisdicional de um direito manifestamente evidente que, por circunstâncias meramente processuais, está atrelado a outro direito, controvertido".[433]

Entretanto, não obstante a mera ausência de oposição em relação a determinado ponto, poderá o juiz entender descabido o pedido, razão pela qual, nesses casos, não deverá conceder a antecipação de tutela. Da mesma forma, quando se tratar de direito indisponível, visto que, mesmo não havendo oposição formal, o juiz deverá analisar o fundamento antes de antecipar a tutela, a fim de avaliar a higidez do pedido.[434]

Assim, além da ausência de controvérsia entre as partes, somente poderá ser tido como incontroverso o pedido que, na convicção do juiz, for verossímil. Conforme salienta Teori Albino Zavascki, "incontroverso" não seria o "indiscutido", mas sim, o "indiscutível".[435]

Entende Luiz Guilherme Marinoni que:

> O art. 302 do Código de Processo Civil afirma que os fatos não impugnados de forma precisa devem ser presumidos verdadeiros, dizendo, com isto, que o réu tem o dever de contestar os fatos de maneira especificada. O não-cumprimento desse dever dá origem à não-contestação [...] Contudo, para que um fato possa ser considerado objeto de não-contestação, não pode estar em contradição com a defesa, considerada em seu conjunto

---

[432] *Antecipação da tutela*, op. cit., p. 275. Nos dizeres de Roger Perrot, "grâce au <référé-provision>, ces méthodes détestables n'ont pas totalement disparu, mais du moins ont elles été sérieusement découragées. A cet égard, le référé-provision a constitué un immense progrès et il n'est pas excessif d'y voir l'une des meilleures réformes judiciaires des dernieres années". Les mesures provisoires en Droit Français, in TARZIA, Giuseppe. *Les mesures provisoires en procédure civile* : atti del colloquio internazionale. Milano : Giuffrè, 1985, p. 168-169.

[433] ZAVASCKI, Teori Albino. Op. cit., p. 106.

[434] Idem, p. 108.

[435] Idem, p. 109. Conforme explicita MARINONI, Luiz Guilherme. *Antecipação da tutela*, op. cit., p. 286, "*incontroverso* é o direito que se torna evidente no curso do processo, exigindo, em razão disso, *imediata tutela*. É nesse sentido que se diz que o §6º é a base para a tutela dos *direitos evidentes*".

(art. 302, III). Isso quer dizer que não basta que um fato não tenha sido contestado de forma específica, sendo preciso verificar se esse não foi negado diante da análise do conjunto da defesa [...] Por outro lado, como a não-contestação diz respeito somente ao fato, mas não tem relação com a sua qualificação jurídica, é óbvio que não conduz automaticamente à tutela antecipatória, devendo o juiz analisar se os fatos não contestados levam aos efeitos jurídicos pretendidos [...] A tutela antecipatória, através das técnicas da não-contestação e do reconhecimento jurídico (parcial) do pedido é imprescindível para a concretização do direito à tempestividade da prestação jurisdicional.[436]

Assevera Marinoni que:

Na verdade, é incoerente propor, com base no princípio da economia processual, a cumulação de pedidos, e ao mesmo tempo negar o direito à razoável duração do processo (art. 5°, LXXVIII, CF), não permitindo a imediata tutela do pedido que se tornou incontroverso no curso do processo – ou pronto para definição (ou para julgamento com base em convicção de verdade) antes dos demais.[437]

A incontrovérsia não se confunde com a inconsistência da defesa, visto que esta estaria ligada à ideia de sumariedade de cognição, enquanto que aquela se referiria à cognição exauriente. Assim, Mitidiero expressa que:

Caracterizando-se o direito a um processo com duração razoável como um direito a um processo sem dilações indevidas, resta claro que qualquer ato processual posterior à incontrovérsia fáctico-jurídica constitui uma dilação indevida no curso da causa, sendo, pois, desautorizada pela nossa Constituição. Com efeito, se a incontrovérsia denota um juízo de certeza (e, portanto, tomado sob cognição exauriente), não há como sustentar, na perspectiva da teoria dos direitos fundamentais (que é precisamente a perspectiva do Estado Constitucional), que o art. 273, § 6º, CPC, dá azo a uma simples antecipação (provisória) dos efeitos da sentença. De modo nenhum. Rigorosamente, o art. 273, § 6º, CPC, tem de ser interpretado em conformidade com o direito fundamental a um processo com duração razoável. Daí deflui naturalmente a sua impostação como um julgamento definitivo da parcela incontroversa da demanda [...][438]

No mesmo sentido, pronuncia-se Rogéria Dotti Doria:

Nos casos há pouco analisados, em que a tutela antecipada é concedida com base no desaparecimento da controvérsia (tal como ocorre em relação à não contestação, ao reconhecimento parcial do pedido e ainda ao julgamento de pedidos cumulados) a antecipação não tem por base a cognição sumária. Nestas hipóteses, a tutela antecipatória é concedida com base em uma cognição exauriente, pois a lide é conhecida em toda a sua profundidade.[439]

---

[436] ZAVASCKI, Teori Albino. Op. cit., p. 284-285.

[437] Idem, p. 288.

[438] MITIDIERO, Daniel. *Processo civil e Estado constitucional*. Porto Alegre: Livraria do Advogado, 2007, p. 47. O processualista gaúcho atenta para a complexidade das consequências daí advindas, como, por exemplo, a questão atinente ao recurso cabível. De qualquer sorte, o Projeto do novo Código de Processo Civil também assim estabelece, expressando que a solução será definitiva (art. 278, II).

[439] *A tutela antecipada em relação à parte incontroversa da demanda*, 2. ed. rev. e atual. São Paulo: Revista dos Tribunais, 2003, p. 131.

Nesse contexto, Marinoni evidencia que:

Se um dos pedidos apresentados pelo autor está maduro para julgamento – seja porque diz respeito apenas a matéria de direito, seja porque independe de instrução probatória –, o direito fundamental à duração razoável do processo, ao incidir sobre a estrutura técnica do processo civil, não pode admitir a prevalência do princípio da "unità e unicità della decisione" [...] O § 6º do art. 273 do CPC, ao admitir a tutela antecipatória no caso em que o pedido ou um dos pedidos se tornou incontroverso no curso do processo, viabiliza a cisão do julgamento do mérito, representando a quebra do princípio da unidade e da unicidade do julgamento no direito processual brasileiro.[440]

4.3.3. Requisito negativo: irreversibilidade

Por fim, além da presença dos requisitos da prova inequívoca e da verossimilhança da alegação, agregados a um dos requisitos alternativos dentre o fundado receio de dano irreparável ou de difícil reparação, o abuso de direito de defesa ou manifesto propósito protelatório do réu e o pedido incontroverso, o art. 273, parágrafo 2º, do CPC dispõe que "não se concederá a antecipação da tutela quando houver perigo de irreversibilidade do provimento antecipado".[441]

De imediato, percebe-se a imprecisão terminológica do requisito negativo, visto que o provimento antecipado sempre será reversível, eis por que a tutela antecipada é provisória e precária, podendo ser revogada ou modificada a qualquer tempo. Em verdade, a irreversibilidade que a legislação processual não permite para a concessão da tutela antecipada é a irreversibilidade do efeito prático do provimento antecipatório, e não a irreversibilidade do provimento em si.[442] A irreversibilidade diz com as consequências fáticas decorrentes do cumprimento da decisão, e não, com a decisão em si mesma, pois esta será sempre reversível.[443]

Leciona Teori Albino Zavascki que:

Antecipar irreversivelmente significa antecipar a própria vitória definitiva do autor, sem assegurar ao réu o exercício do seu direito fundamental de se defender, exercício este que,

---

[440] *Abuso de direito de defesa e a parte incontroversa da demanda.* Op. cit., p. 176.

[441] OLIVEIRA, Carlos Alberto Alvaro de. Perfil dogmático da tutela de urgência. Op. cit., p. 220: Requisito negativo, quando da concessão da tutela antecipada, é o "perigo de irreversibilidade do provimento antecipado", ou melhor, o perigo da "irreversibilidade *dos efeitos do provimento* a ser antecipado".

[442] ASSIS, Araken de. Antecipação de tutela. Op. cit., p. 27: "Em que consistirá o tão enfático *perigo de irreversibilidade*? Na latente impossibilidade de retorno à situação anterior".

[443] ZAVASCKI, Teori Albino. Op. cit., p. 100. No mesmo sentido, BEDAQUE, José Roberto. Considerações sobre a antecipação da tutela jurisdicional. *Aspectos polêmicos da antecipação de tutela.* São Paulo: Revista dos Tribunais, 1997, p. 237-238.

ante a irreversibilidade da situação de fato, tornar-se-ia absolutamente inútil, como inútil seria, nestes casos, o prosseguimento do próprio processo.[444]

Conforme salienta Ovídio Baptista da Silva,

O prejuízo, como dano, ainda que irreparável, não configura um prejuízo, enquanto prejulgamento, de modo que o juiz poderá perfeitamente antecipar efeitos que se eternizem, por serem irreversíveis, desde que não prejulgue o mérito da causa.[445]

Assim, a concessão de alimentos provisionais, embora cause prejuízo irreparável, visto que irrepetíveis, não prejudica o juízo de mérito quanto aos alimentos definitivos, pois não prejulga a causa. A sentença do processo "principal" poderá se dar em sentido oposto, sem qualquer problema.

Para Cécile Chainais, uma decisão provisória pode ter efeitos irreversíveis, sem que a decisão deixe de ser provisória, visto que ela permanece destinada a ser suprimida ou substituída por uma decisão definitiva. A ficção do irreversível foi abandonada bem cedo na França. O dogma da irreversibilidade, que implicaria a inadmissibilidade de demandas provisórias tendentes a uma modificação permanente do estado de fato, sofreu, bem cedo, a obstinada resistência do mundo real. Desde o séc. XV, quando um edifício em ruínas ameaçou a segurança de uma passagem e o Parlamento determinou sua demolição, ordenaram-se tutelas provisórias com efeitos irreversíveis.[446]

A vedação à antecipação dos efeitos da tutela irreversíveis deve ser relativizada, sob pena de inviabilizar o próprio instituto. Sempre que houver um confronto entre o risco de dano irreparável ao direito do autor e o risco de irreversibilidade da medida antecipatória, deverá o juiz formular a devida ponderação entre os bens jurídicos em confronto.[447] Nos casos em que o direito do autor for de manifesta verossimilhança e que for igualmente claro o risco de seu dano iminente, não terá sentido algum sacrificá-lo em nome de uma possível, mas improvável, situação de irreversibilidade.[448] Não se pode sacrificar o direito provável do autor em benefício do improvável direito do réu.[449]

---

[444] Op. cit., p. 100.

[445] Decisões interlocutórias e sentenças liminares. *Da Sentença Liminar à Nulidade da Sentença*. Rio de Janeiro: Forense, 2002, p. 22.

[446] Op. cit., p. 331.

[447] ZAVASCKI, Teori Albino. Op. cit., p. 90.

[448] SILVA, Ovídio Baptista da. A "antecipação" da tutela na recente reforma processual. *Reforma do Código de Processo Civil*. São Paulo: Saraiva, 1996, p. 142: "Se o índice de plausibilidade do direito for suficientemente consistente aos olhos do julgador – entre permitir sua irremediável destruição, ou tutelá-lo como simples aparência –, esta última solução torna-se perfeitamente legítima". Aduz MARINONI, Luiz Guilherme. *Antecipação da tutela*, op. cit., p. 197-198, que, *"em determinados casos, não só a concessão, como também a negação de uma liminar podem causar prejuízos irreversíveis. Admitir que o juiz não*

O irreversível, muitas vezes, é a única resposta ao risco do irreparável, e o direito positivo não pode ser privado dos meios necessários para reagir às situações de fato inesperadas.[450]

Conforme sustenta Carlos Alberto Alvaro de Oliveira:

> Tampouco o requisito negativo da irreversibilidade dos efeitos da antecipação, poder-se-á aplicar sempre e indiscriminadamente [...] privilegiar demasiadamente e de forma engessada o ponto de vista da parte demandada em detrimento do autor da providência. Este também pode estar em risco de sofrer prejuízo irreparável, em virtude de irreversibilidade fáctica de alguma situação da vida. Só o órgão judicial está habilitado para apreciar o conflito de valores no caso concreto, sempre presente por sinal em qualquer problema humano, e dar-lhe solução adequada. A resposta, *a priori*, do legislador esbarra com as exigências da própria vida, desconhecendo, além do mais, a riqueza infinita da problemática do viver humano.[451]

Segundo Araken de Assis,

> Impedir o juiz de conceder a antecipação ao direito mais provável, porque tal providência gerará uma situação de fato irreversível – por exemplo, a vítima do ilícito, carente de moeda para minorar seu sofrimento, consumirá tais recursos e não tem como prestar caução (art. 273, par. 3º), nem restituí-los –, causará dano a tal direito, em prol do improvável.[452]

De acordo com Flávio Luiz Yarshell,

> A irreversibilidade, como se tem sustentado com acerto, é fator que pode atuar tanto para a concessão, quanto para a denegação da tutela antecipada. Em casos de conflito de valores, portanto, será preciso confrontar os benefícios e os malefícios da concessão e da denegação, recorrendo ao denominado "princípio da proporcionalidade"; o que, se não resolve inteira e satisfatoriamente essa complexa questão, representa, pelo menos, a busca de um critério atento à *preservação da efetividade dos provimentos jurisdicionais*.[453]

Nesse sentido, tem-se entendido necessária uma ponderação dos valores em conflitos no caso concreto, utilizando-se, também no ponto

---

pode antecipar a tutela, quando a antecipação é imprescindível para evitar um prejuízo irreversível ao direito do autor, é o mesmo que afirmar que o legislador obrigou o juiz a correr o risco de provocar um dano irreversível ao direito que justamente lhe parece mais provável".

[449] TOMMASEO, Feruccio. Intervento. *Les mesures provisoires en procédure civile*: atti del colloquio internazionale. Milano: Giuffrè, 1985, p. 307: "La misura provvsoria è pronunciata per tutelare un diritto il cui buon fondamento appare probabile e a cui si sacrifica un diritto che appare improbavile. In altre parole, se non vi è altro modo per evitare un pregiudizio irreparabile a un diritto soggettivo che appaia probabile, si deve ammettere che il giudice possa provocare un pregiudizio anche irreparabile al diritto che gli paia improbabile".

[450] CHAINAIS, Cécile. Op. cit., p. 435.

[451] Perfil dogmático da tutela de urgência. Op. cit., p. 239.

[452] Antecipação de tutela. Op. cit., p. 27.

[453] Antecipação de tutela específica nas obrigações de declaração de vontade, no sistema do CPC. *Aspectos polêmicos da antecipação de tutela*. São Paulo: Revista dos Tribunais, 1997, p. 178. Trata-se, pois, de irreversibilidade recíproca, consoante expressa CARNEIRO, Athos Gusmão. Op. cit., p. 87: "Com certa freqüência, o pressuposto da irreversibilidade ficará "superado" ante a constatação da *"recíproca irreversibilidade"*. Concedida a AT, e efetivada, cria-se situação irreversível *em favor do autor*; denegada, a situação será irreversível *em prol do demandado"*.

atinente ao requisito negativo da irreversibilidade, o princípio da proporcionalidade.[454]

> Mas, já quanto a esse art. 273, par. 2º, tem-se reiteradamente destacado que a limitação à antecipação da tutela nele contida não tem caráter absoluto. Cede toda vez que o interesse que vier a ser gravemente prejudicado pela falta da medida antecipatória for mais urgente e relevante do que aquele que seria afetado pelos efeitos irreversíveis da antecipação. Aplicar-se-á o princípio da proporcionalidade.[455]

Sabe-se que o provimento antecipatório é precário, podendo ser modificado ou revogado a qualquer tempo, possuindo a decisão que reformou a tutela antecipada eficácia *ex tunc*, devendo-se recompor a situação desde logo e de forma integral.[456] Assim, caberá ao julgador preservar meios eficientes ao retorno ao *status quo ante*, inclusive, se for o caso, exigindo caução idônea, pelo menos para garantir a reparação por eventual indenização.[457] O cumprimento da medida antecipatória corre por conta e risco do requerente.

Deve-se atentar, contudo, para o fato de que a antecipação de tutela que produza efeitos práticos irreversíveis deve ser absolutamente excepcional, quando indispensável para que, no caso concreto, não pereça um direito constitucional considerado de maior relevância.[458]

4.4. MOMENTO DA ANTECIPAÇÃO

O instituto da antecipação de tutela não traz, em si, positivado um momento específico em que se concederá o provimento antecipatório.[459]

---

[454] Idem, p. 88: "Tudo aconselha a que o critério da proporcionalidade continue a guiar, também neste tema, as decisões dos tribunais".

[455] TALAMINI, Eduardo. Nota sobre as recentes limitações legais à antecipação de tutela. *Aspectos polêmicos da antecipação de tutela*. São Paulo: Revista dos Tribunais, 1997, p. 128.

[456] ZAVASCKI, Teori Albino. Op. cit., p. 105.

[457] BEDAQUE, José Roberto. Considerações sobre a antecipação da tutela jurisdicional. Op. cit., p. 240-241: "Nesses casos extremos, em que o único meio para evitar dano irreparável ao direito do autor seja a antecipação de efeitos irreversíveis, deve-se adotar como alternativa sua substituição por perdas e danos. Ou seja, a indenização por perdas e danos preencheria o requisito da reversibilidade. Também a caução constitui alternativa interessante para assegurar o ressarcimento daquele que vier a sofrer os efeitos da antecipação, se indeferida a tutela final". Conforme salienta WAMBIER, Teresa Arruda Alvim. Da liberdade do juiz na concessão de liminares e a tutela antecipatória. *Aspectos polêmicos da antecipação de tutela*. São Paulo: Revista dos Tribunais, 1997, p. 542, "o princípio da proporcionalidade recomenda que, ainda que esteja em jogo um interesse rigorosamente não-indenizável, devam-se ponderar os valores em jogo, e, em função dessa ponderação, eventualmente, chegar-se a conceder a antecipação".

[458] ZAVASCKI, Teori Albino. Op. cit., p. 53.

[459] OLIVEIRA, Carlos Alberto Alvaro de. Perfil dogmático da tutela de urgência. Op. cit., p. 238: "Quanto à tutela antecipatória, esgota-se com a concessão da antecipação, que pode ser deferida *initio litis*, sob a forma de provimento liminar, ou em momento posterior e até quando da prolação da

Deve-se, contudo, ter presente o princípio da menor restrição possível, não se antecipando o momento mais do que se faça necessário.

A concessão da tutela antecipada poderá ser *inaudita altera parte*, sem a ouvida da parte contrária, quando tal providência se fizer necessária para a preservação do direito a ser tutelado.[460] No entanto, a decisão acerca da tutela antecipada após a ouvida da parte contrária, já tendo ocorrido manifestação de ambas as partes, talvez propicie ao julgador melhores condições para formar seu convencimento.[461]

No curso do processo, sem qualquer óbice, poderá ser concedida a antecipação de tutela. Aliás, a tutela antecipada poderá ser concedida, inclusive, quando da sentença, tendo um significado de autorização para execução provisória, em caso de reexame necessário ou recurso de apelação.[462] É legítima a antecipação dos efeitos da futura sentença nas hipóteses em que a própria sentença não tenha executividade imediata decorrente de reexame necessário ou de recurso com efeito suspensivo. Aliás, confirmada pela sentença a procedência do pedido de antecipação de tutela, o eventual recurso não poderá ter efeito suspensivo, porque incompatível com o sistema adotado (art. 520, VII, do CPC).[463]

---

sentença de primeiro grau ou no julgamento de algum recurso em grau superior de jurisdição, nos próprios autos do processo de conhecimento".

[460] NERY JUNIOR, Nelson. Procedimentos e tutela antecipatória. Op. cit., p. 392: "Quando a citação do réu puder tornar ineficaz a medida, ou, também, quando a urgência indicar a necessidade de concessão imediata da tutela, o juiz poderá fazê-lo *inaudita altera pars*, que não constitui ofensa, mas sim *limitação imanente* do contraditório, que fica diferido para momento posterior do procedimento". No mesmo sentido, MARINONI, Luiz Guilherme. *Antecipação da tutela*, op. cit., p. 158.

[461] ASSIS, Araken de. Antecipação de tutela. Op. cit., p. 30: "Tão logo requerida a antecipação, o juiz apreciará, *inaudita altera parte* ou após audiência do réu. Não é obrigatória prévia audiência da parte contrária, nem sua citação". Entende MARINONI, Luiz Guilherme. *Antecipação da tutela*, op. cit., p. 158, que "a tutela antecipatória somente deverá ser prestada – fora, obviamente, casos excepcionais – após apresentada a contestação. Ou seja, *a tutela antecipada antes da ouvida do réu somente tem razão de ser quando a sua audiência puder causar lesão ao direito do autor*".

[462] Nesse sentido, ZAVASCKI, Teori Albino, op. cit., p. 81, FUX, Luiz. *Tutela antecipada e locações: os fundamentos da antecipação da tutela e sua aplicação na relação locatícia.* Rio de Janeiro: Destaque, 1995, p. 116, e DINAMARCO, Cândido Rangel. O regime jurídico das medidas urgentes. *Revista Jurídica*, n. 286, 2001, p. 18. Em sentido contrário, ASSIS, Araken de. Antecipação de tutela. Op. cit., p. 25-29: "Se mostra inaceitável a concessão, a qualquer tempo, do provimento contemplado no art. 273. Após o esgotamento da atividade instrutória, da produção de todas as provas requeridas pelas partes e deferidas pelo juiz, o pronunciamento não se cifrará a juízo de verossimilhança, e, sim, se convolará em juízo de certeza [...] E há termo final, relativamente ao juiz de primeiro grau: após a coleta da prova é-lhe vedado antecipar os efeitos da tutela, ainda que o receio de dano (art. 273, I) ou o abuso do réu (art. 273, II) apareçam nesta oportunidade [...] porque a antecipação se limita a um juízo de verossimilhança. Esgotada a atividade probatória, surgirá a certeza, ultrapassando a singela plausibilidade".

[463] ZAVASCKI, Teori Albino. Op. cit., p. 81. Entende MARINONI, Luiz Guilherme. *Antecipação da tutela*, op. cit., p. 160-161, que, "*na mesma folha de papel, e no mesmo momento, o juiz pode proferir a decisão interlocutória, concedendo a tutela, e a sentença, que então confirmará a tutela já concedida e não poderá ser atacada através de recurso de apelação que deva ser recebido no efeito suspensivo (nesta situação, então, aplicar-se-ia o art. 520, VII, do Código de Processo Civil)*".

Esse é o entendimento de José Roberto Bedaque:

Também nada impede, evidentemente, que tal ocorra na própria sentença, proferida quer em sede de julgamento antecipado, quer após a audiência [...] Aliás, a antecipação concedida na própria sentença tem como conseqüência exatamente retirar o efeito suspensivo da apelação. No que se refere aos efeitos antecipados, o julgamento é imediatamente eficaz, ainda que suscetível de apelação. Por isso mesmo inexiste qualquer incompatibilidade entre a possibilidade de a antecipação acarretar a produção de efeitos antes mesmo do julgamento final e a não produção de efeitos da sentença sujeita à apelação.[464]

Pode a antecipação de tutela ser concedida no Tribunal,[465] quando já houver recurso, devendo o pedido "ser dirigido ao relator, que, após processá-lo, ouvindo a parte contrária e convocando audiência de justificação, se for o caso, o decidirá".[466] Caberá ao relator decidir, e a parte prejudicada poderá agravar para o colegiado.

A antecipação de tutela pode ser requerida perante o Tribunal em três hipóteses: a) pedido direto, por simples petição nos autos, nas ações de competência originária do Tribunal e naquelas em que se verificarem os pressupostos para a concessão da medida quando o processo estiver em sua fase recursal; b) por recurso de agravo de instrumento da decisão que, em primeira instância, apreciou o pedido; c) excepcionalmente por ação direta, quando houver uma situação de perigo de dano grave e inexistir mecanismo ordinário que propicie acesso imediato à instância superior competente para determinar a medida acauteladora.[467]

Aliás, em relação à antecipação de tutela no Tribunal, é possível a concessão da chamada "antecipação de tutela recursal", prevista no art. 527, III, do CPC, em que, caso denegado, em primeiro grau, o pedido de antecipação de tutela, poderia a parte recorrer ao Tribunal, mediante agravo de instrumento, visto que o agravo retido seria inapropriado, requerendo, desde já, que o relator defira liminarmente a pretensão recursal. De maneira equivocada, tem-se falado em efeito ativo, quando se estaria, em verdade, diante da antecipação de tutela recursal.[468]

---

[464] Considerações sobre a antecipação da tutela jurisdicional. Op. cit., p. 234. No mesmo sentido, CARNEIRO, Athos Gusmão. Op. cit., p. 94-97: "Em última análise, conceder total ou parcialmente a AT ao autor equivale atribuir à *sentença de procedência*, total ou parcialmente, executoriedade imediata, e à apelação do réu efeito apenas devolutivo [...] Quando a antecipação é deferida na própria sentença, como um de seus *capítulos*, o recurso único cabível é o de apelação; todavia tal recurso *somente suspende o cumprimento da sentença (art. 520) quanto à matéria excluída da antecipação de tutela*. O capítulo relativo à AT merecerá *cumprimento imediato*, sem o que a própria antecipação perderia sua razão de ser".

[465] MARINONI, Luiz Guilherme. *Antecipação da tutela*. Op. cit., p. 162.

[466] ZAVASCKI, Teori Albino. Op. cit., p. 131. No mesmo sentido, CARNEIRO, Athos Gusmão. Op. cit., p. 98.

[467] ZAVASCKI, Teori Albino. Op. cit., p. 151-152.

[468] CARNEIRO, Athos Gusmão. Op. cit., p. 99-100. No mesmo sentido, THEODORO JUNIOR, Humberto. Tutela antecipada. Op. cit., p. 197: "Mesmo após a sentença e na pendência de recurso será ca-

4.5. EFEITOS ANTECIPÁVEIS

Antecipar os efeitos da tutela significa antecipar as eficácias potencialmente contidas na sentença, antecipando-se não a própria sentença, mas sim, sua eficácia social.[469]

Conforme assevera Eduardo Talamini:

Toda sentença reúne a multiplicidade de eficácias. Em outros termos, cada categoria de sentença não se peculiariza pela aptidão de gerar um único efeito (só declaração, só condenação etc.): o que a identifica é o elemento eficacial que sobressai, que prevalece sobre os outros. Entre as várias eficácias geradas pela mesma sentença, uma é a que tem mais destaque: é a "eficácia preponderante" ou "força" da sentença.[470]

Tema controvertido diz respeito aos efeitos da sentença que seriam passíveis de antecipação. De qualquer sorte, pode-se dizer, conforme expressa Teori Albino Zavascki, que:

A antecipação de efeitos da tutela somente contribuirá para a efetividade do processo quando, pela sua natureza, se tratar de efeitos: a) que *provoquem* mudanças ou b) que *impeçam* mudanças no *plano da realidade fática*, ou seja, quando a tutela comportar, de alguma forma, *execução*.[471]

Isso ocorre, continua Zavascki, porque:

Antecipar efeitos da tutela significa satisfazer, no plano dos fatos, o pedido formulado na inicial [...] antecipam-se, isto sim, os efeitos executivos da futura sentença de procedência, assim entendidos os efeitos que a futura sentença tem aptidão para produzir no plano da realidade [...] antecipa-se a eficácia social" (a transformação no mundo dos fatos) "e não a eficácia jurídico-formal".[472]

Nesse contexto, em relação aos efeitos mandamentais e executivos, não há qualquer dúvida acerca da possibilidade de antecipação de tutela, visto que produzem modificações no mundo dos fatos.[473]

---

bível a antecipação de tutela, caso em que a medida será endereçada ao Tribunal, cabendo ao relator deferi-la, se presentes os seus pressupostos. Da mesma forma, se o juiz de primeiro grau a indeferir, a parte poderá manejar o agravo de instrumento e, de plano, terá condições de obter liminar junto ao relator, se puder demonstrar a urgência da medida e a configuração de todos os seus pressupostos legais".

[469] ZAVASCKI, Teori Albino. Op. cit., p. 50: "Antecipar efeitos da tutela definitiva não é antecipar a sentença, mas, sim, antecipar os efeitos executivos que a futura sentença poderá produzir no plano social".

[470] Op. cit., p. 144.

[471] Op. cit., p. 85.

[472] Idem, ibidem.

[473] CARNEIRO, Athos Gusmão. Op. cit., p. 44: "Nas ações *mandamentais* o juiz, no uso do poder de império inerente à função jurisdicional, *expede ordem dirigida a autoridade* ou *a pessoa particular* (a símile das "injunctions" do direito anglo-saxão), impondo-lhe a observância de determinada conduta, sob cominação de multa e/ou sanção criminal [...] Já nas ações *executivas* (ditas) *lato sensu* (ou simplesmente *execuções reais*, como prefere Ovídio Baptista da Silva), o juiz na sentença de procedência *emite um decreto, ordenando a prática de atos executivos* a serem de imediato executados por agentes do

Para Luiz Guilherme Marinoni, a diferença entre o efeito mandamental e o executivo é que:

> A sentença que ordena sob pena de multa é mandamental, uma vez que atua sobre a vontade do demandado visando ao seu adimplemento. Já a sentença que realiza o direito afirmado independentemente da vontade do réu é executiva, diferenciando-se da condenatória por realizar o direito independentemente da via expropriatória.[474]

Em relação aos efeitos declaratórios e constitutivos, tem se entendido que eles não seriam passíveis de antecipação. Nesse sentido, o olhar de Teori Albino Zavascki:

> Para quem, nos casos em que a tutela somente poderá servir ao demandante quando concedida em forma definitiva, não haverá utilidade alguma em antecipá-la provisoriamente [...] por essa razão é que se entende incabível antecipar simplesmente efeitos declaratórios ou constitutivos.[475]

No mesmo sentido, afirma João Batista Lopes que:

> A antecipação de tutela não se harmoniza com a finalidade da ação declaratória e não se ajusta à natureza da ação constitutiva [...] Possível será, em tese, antecipar alguns efeitos práticos decorrentes da tutela declaratória, mas não a própria *declaração* [...] Por igual, a aplicação da tutela antecipada nas ações constitutivas também parece encontrar sérios obstáculos. É que a constituição ou desconstituição não pode ser provisória (*v.g.*, não posso anular provisoriamente uma escritura ou um casamento).[476]

Em relação ao efeito meramente declaratório, pode-se dizer que há um entendimento doutrinário majoritário no sentido da inviabilidade de sua antecipação, visto que a certeza jurídica somente poderia decorrer de uma sentença declaratória transitada em julgado.[477]

Para Athos Gusmão Carneiro:

> Há um bem da vida que não pode ser antecipado: a certeza jurídica, decorrente da sentença declaratória com trânsito em julgado. E isso porque uma "certeza provisória", sujeita a revogação ou modificação "a qualquer tempo" (art. 273, par. 4º), simplesmente *não é certeza*.[478]

---

próprio Poder Judiciário, *sem que o autor vitorioso necessite propor ação de execução forçada*". Para SILVA, Ovídio Baptista da. O processo civil e sua recente reforma. *Aspectos polêmicos da antecipação de tutela.* São Paulo: Revista dos Tribunais, 1997, p. 417, "as medidas que se podem antecipar, segundo os arts. 273 e 461 do CPC reformado devem ser necessariamente executivas e mandamentais, portanto interditais, portanto não condenatórias".

[474] *Antecipação da tutela*, op. cit., p. 61.

[475] Op. cit., p. 85.

[476] Op. cit., p. 210-211.

[477] Salienta NERY JUNIOR, Nelson. Procedimentos e tutela antecipatória, op. cit., p. 395-396, no entanto, que "pensar-se que a tutela declaratória não possa ser adiantada, pelo fundamento de que 'somente poderá servir ao demandante quando concedida em forma definitiva', razão pela qual 'não haverá utilidade alguma em antecipá-la provisoriamente', não se nos afigura correto".

[478] Op. cit., p. 45.

Da mesma forma, Marinoni afirma que:

É impossível a antecipação da eficácia declaratória, ou mesmo conferir antecipadamente ao autor o bem da *certeza jurídica*, somente capaz de ser a ele atribuído pela sentença declaratória. A cognição inerente ao juízo antecipatório é por sua natureza completamente inidônea para atribuir ao autor a *declaração* – ou a *certeza jurídica* por ele objetivada.[479]

Se a possibilidade de antecipação dos efeitos meramente declaratórios é considerada inviável pela doutrina majoritária, a antecipação dos efeitos constitutivos padece da mesma uniformidade.[480]

Conforme Araken de Assis:

Fitas as distinções, um só efeito, neste espectro, rejeita quaisquer antecipações: o efeito da sentença declarativa, que é a certeza. Admitir-se-á, em linha de princípio e ignorando as travas do art. 273, a antecipação do efeito constitutivo (o estado de divorciado), da condenação (o título executivo), da execução (o intercâmbio patrimonial forçado) e do mandamento (a ordem). O obstáculo deriva da razão singular: *l'accertamento*, percebeu Liebman, *sensa cosa giudicata sembra privo di importanza e non serve a nulla* (a declaração sem a coisa julgada parece privada de importância e a nada serve). Quer dizer – e dando razão a Hellwig –, o efeito da declaração (certeza) nascerá com o trânsito em julgado da sentença.[481]

No mesmo diapasão, Marinoni salienta que:

Controvertido mesmo é se a executoriedade provisória diz respeito às sentenças constitutivas. É preferível – em regra e na falta de regras específicas em contrário – a solução positiva, considerando-se o fato de que a sentença constitutiva cria situações novas, que a executividade pode antecipar em relação à coisa julgada, e é freqüentemente a base de uma sentença conseqüente de condenação.[482]

De qualquer sorte, se o efeito meramente declaratório não é antecipável, bem como se há fundadas dúvidas acerca da possibilidade de antecipação dos efeitos constitutivos, o certo é que a antecipação de tutela pode ser concedida tanto em ações declaratórias como constitutivas.[483]

---

[479] MARINONI, Luiz Guilherme. A tutela antecipatória nas ações declaratória e constitutiva. *Aspectos polêmicos da antecipação de tutela*. São Paulo: Revista dos Tribunais, 1997, p. 273.

[480] MARINONI, Luiz Guilherme. *Antecipação da tutela*. Op. cit., p. 54: "Note-se que ninguém pode pensar em termos de efetividade e não admitir a antecipação dos efeitos concretos da constituição. Quem percebe que a utilidade buscada pelo autor da ação constitutiva está no plano dos efeitos obrigatoriamente conclui que é viável a antecipação dos efeitos concretos da sentença constitutiva".

[481] Antecipação de tutela. Op. cit., p. 22.

[482] A tutela antecipatória nas ações declaratória e constitutiva. Op. cit., p. 270.

[483] BEDAQUE, José Roberto. Considerações sobre a antecipação da tutela jurisdicional. Op. cit., p. 230-231: "O pedido de antecipação não se refere à própria tutela declaratória, condenatória ou constitutiva, mas aos efeitos que possa qualquer delas produzir no plano material e que não possam aguardar o momento oportuno para que tal ocorra, sob pena de não mais terem utilidade para o titular do direito. Assim, na tutela condenatória, a própria satisfação do direito é antecipada, ainda que parcialmente, com o início dos atos materiais de execução, mesmo sem que haja condenação prévia e, portanto, sem o título executivo. Também os provimentos declaratórios e constitutivos não são antecipados, o que ocorre com apenas alguns dos efeitos a ele inerentes". Também MARINONI, Luiz

Sob esse aspecto, afirma Humberto Theodoro Júnior que:

Qualquer sentença, mesmo as declaratórias e constitutivas, contém um preceito básico, que se dirige ao vencido e que se traduz na necessidade de não adotar um comportamento que seja contrário ao direito subjetivo reconhecido e declarado ou constituído em favor do vencedor. É a sujeição do réu a esse comportamento negativo ou omissivo em face do direito do autor que pode ser imposto por antecipação de tutela, não só nas ações condenatórias, como também nas meramente declaratórias e nas constitutivas.[484]

A bem da verdade, "efeitos executivos podem ser identificados não apenas nas sentenças condenatórias, mas igualmente nas constitutivas e mesmo nas puramente declaratórias". A ação declaratória, via de regra, possui alto efeito mandamental. É uma ação de preceito, que traz conteúdo inibitório, propugna um não fazer. Essa eficácia negativa é passível de antecipação. Ordens de abstenção, de sustação, de suspensão de atos ou comportamentos são antecipáveis.[485]

4.6. CUMPRIMENTO DA DECISÃO ANTECIPATÓRIA

Assunto de considerável relevância é o que diz respeito à efetivação da decisão antecipatória, visto que de nada adiantaria o mero provimento jurisdicional se não fosse possível proceder à modificação no mundo dos fatos. "A tutela antecipatória somente é prestada quando o processo produz efeitos no plano do direito material e, portanto, apenas adquire relevância quando é executada".[486]

Conforme Luiz Guilherme Marinoni:

Guilherme. *Antecipação da tutela*, op. cit., p. 56, para quem "é possível postular tutela antecipatória no curso de ação declaratória ou de ação constitutiva".

[484] Tutela antecipada, op. cit., p. 189. Assim, para CARNEIRO, Athos Gusmão, op. cit., p. 49-50, "nas *ações declaratórias*, não pode ser adiantado o elemento nuclear da tutela, ou seja, a *certeza jurídica*, que não se compadece com a 'provisoriedade' da AT; todavia, são eminentemente passíveis de adiantamento os *efeitos* que decorrerão do 'preceito' contido na (provável) futura sentença de procedência [...] Nas *ações constitutivas*, o elemento nuclear do pedido poderá ser adiantado se compatível com a *provisoriedade* ínsita ao AT [...] e certamente são passíveis de adiantamento os *efeitos* de natureza executiva ou mandamental da futura (provável) sentença de procedência da ação constitutiva".

[485] ZAVASCKI, Teori Albino. Op. cit., p. 86-87. Nesse contexto, refere WATANABE, Kazuo. Tutela antecipatória e tutela específica das obrigações de fazer e de não fazer. *Reforma do Código de Processo Civil*. São Paulo: Saraiva, 1996, p. 35, que a utilidade da declaratória "está, precisamente, na certeza jurídica a ser alcançada com a sentença transitada em julgado. Antes do seu julgamento, porém, a parte poderá ter interesse em obter os efeitos práticos que correspondam à certeza jurídica a ser alcançada com o provimento declaratório".

[486] MARINONI, Luiz Guilherme. *Antecipação da tutela*. Op. cit., p. 292-294. "Por isso, é completamente absurdo pensar que a tutela antecipatória somente poderá produzir efeitos a partir da sua confirmação pela sentença. *Se fosse assim, a antecipação não teria qualquer utilidade, já que o ônus do tempo do processo jamais seria distribuído*".

A tutela antecipatória evidentemente não se limita à decisão que a concede, pois a decisão interlocutória é *apenas uma* das técnicas-processuais que devem estar ao seu dispor. O direito à tutela jurisdicional efetiva deve ser compreendido como o direito à preordenação das técnicas processuais necessárias e idôneas à concreta realização da tutela do direito, englobando, entre outros, os provimentos e os meios de execução adequados. De modo que a real concessão da tutela antecipatória depende da sua execução.[487]

Continua Marinoni, afirmando que:

O direito objeto da antecipação da tutela deve ser realizado através de meios executivos adequados à sua natureza e à situação de urgência em que se encontra inserido [...] Justamente porque a atuação da tutela sumária não se subordina às regras próprias da execução da sentença condenatória é que se atribui ao juiz um amplo poder destinado à determinação dos meios executivos.[488]

O cumprimento imediato da medida antecipada, mediante ordens ou mandados expedidos na própria ação de conhecimento, é apropriado quando se tratar de ação que impõe fazer, não fazer ou entregar coisa. Não sendo cumprida, requerem-se as providências dos §§ 4º e 5º do art. 461.[489]

Athos Gusmão Carneiro refere que:

A efetivação da AT dar-se-á, em regra, "*per officium iudicis*", e sempre que necessário com utilização dos meios executivos previstos no art. 461, par. 4º e 5º: multas por tempo de atraso, buscas e apreensões, remoções de pessoas e coisas, desfazimento de obras, impedimento de atividades nocivas, se preciso com requisição de força policial. A efetivação da AT para a *entrega de coisa* é simples: expedirá o juiz mandado de busca e apreensão de coisa móvel, e sua entrega ao requerente a título provisório; ou, cuidando-se de bem imóvel, de mandado de imissão do requerente provisoriamente na posse, para o que poderá, se necessário, socorrer-se o meirinho de força pública.[490]

A efetivação da decisão por ordens e mandados também é perfeitamente aplicável nas antecipações de tutela, eis por que "não há coerência em não admitir que o juiz, também em face do art. 273, detém o poder de determinar a modalidade executiva necessária e adequada".[491]

Assim, quando se tratar de prestação de fazer ou não fazer, bem como de dar coisa certa, o seu cumprimento seguirá o art. 461, §§ 4º e 5º,

---

[487] MARINONI, Luiz Guilherme. *Antecipação da tutela*. Op. cit., p. 293.

[488] Idem, p. 208-209.

[489] ZAVASCKI, Teori Albino. Op. cit., p. 97.

[490] Op. cit., p. 76. Conforme MARINONI, Luiz Guilherme. *Antecipação da tutela*, op. cit., p. 209, "diante disso, é possível, por exemplo, a imposição de multa diária ou a determinação, também para o caso de inadimplemento, de busca e apreensão, imissão na posse, remoção de pessoas e coisas, desfazimento de obras, impedimento de atividade nociva e requisição de força policial". Para ZAVASCKI, Teori Albino, op. cit., p. 89-90, não se pode descartar, mesmo para antecipação de tutela de fazer ou não fazer ou entregar coisa, que seu cumprimento seja condicionado à exigência de caução idônea quando dele possa resultar grave dano ao requerido (art. 475, O, III, CPC).

[491] MARINONI, Luiz Guilherme. *Antecipação da tutela*. Op. cit., p. 65.

com todas as medidas lá previstas para tornar efetiva a decisão antecipatória.[492] Já, para pagamento de quantia, a antecipação seguirá, no que couber, a execução provisória do art. 475, O, do Código de Processo Civil, ou dar-se-á também por ordens e mandados.

Para Teori Zavascki, "excluída a antecipação de tutela em ação condenatória de obrigação de pagar quantia, em todas as demais, o cumprimento ocorrerá na própria ação de conhecimento, mediante ordens ou mandados".[493] Entretanto, mesmo a de pagar quantia pode não ser passível de execução provisória, dando-se seu cumprimento por meio de ordens e mandados em razão da finalidade e da adequação das formas.

Aliás, é o que melhor se aplica ao caso do art. 273, I, do CPC, em que a urgência não admite que se deva socorrer de uma execução provisória, devendo ser expedidas ordens e mandados para ver cumprida com urgência a medida antecipada, como, por exemplo, em caso de antecipação de pensão alimentícia, ou pagamento de seguro-saúde para prevenir dano irreparável à saúde ou mesmo a morte.[494]

Impõe-se fazer a distinção, no que tange à antecipação de tutela, se o deferimento se dá com base no inciso I do art. 273 do CPC, em que, pelo caráter de urgência, se deve procurar a efetividade com base em mandados e ordens que se fizerem necessários, e o deferimento que se dá com base no inciso II ou no § 6º, casos em que a execução provisória do art. 475, O, do CPC se mostra adequada. Importante se atentar que, mesmo no caso do inciso I, pode a efetivação por simples mandado ser incompatível ou restar frustrada, quando, então, se imporá ao demandante a execução provisória.[495]

Nesse sentido, frustrada a ordem judicial para pagamento de quantia, a única alternativa será a execução provisória. É que, em se tratando de obrigação de pagar quantia, a liquidação do valor e a prática dos atos de expropriação, cumulados com os atos normais do processo de conhe-

---

[492] Para MARINONI, Luiz Guilherme. *Antecipação da tutela*, op. cit., p. 216-217, inclusive, "como esse § 5º configura uma cláusula geral executiva, destinada a dar ao juiz poder para a determinação da modalidade executiva adequada ao caso concreto, não há como lhe negar a possibilidade de ordenar sob pena de prisão [...] Lembre-se que a prisão apenas pode ser usada quando a decisão não exigir dispêndio de dinheiro e depender do exclusivo comportamento da parte. Além disso, somente pode ser utilizada quando nenhum outro meio de execução se mostrar capaz de dar efetividade à decisão judicial". Não parece, entretanto, que esta *cláusula geral executiva* tenha o condão de permitir a prisão, pelo menos não na forma de prisão civil, que em muito se diferencia de uma eventual prisão por crime de desobediência.

[493] Op. cit., p. 92.

[494] Idem, p. 96.

[495] Idem, p. 98-99.

cimento, certamente causariam tumulto processual que comprometeria, ainda mais, a desejada celeridade.[496]

Quando a efetivação se der por meio da execução provisória, o art. 475, O, I, do CPC expressa que "a 'execução' da medida corre por conta e responsabilidade do requerente, que fica obrigado, em caso de reforma da decisão, a reparar os prejuízos causados".[497]

Trata-se de responsabilidade objetiva da parte que propuser a execução provisória da antecipação de tutela, *que se obriga, se a sentença for reformada, a reparar os prejuízos que o executado venha a sofrer*.[498] Assim, segundo Araken de Assis, "provocando a execução do provimento dano ao réu, o autor responderá objetivamente".[499]

Para Nelson Nery Júnior:

Deve ser utilizado, por extensão, o sistema do art. 811 do CPC, de modo que a responsabilidade do requerente da medida é *objetiva*, devendo ser caracterizada independentemente de sua conduta: havendo o dano e provado o nexo de causalidade entre a execução da medida e o dano, há o dever de indenizar.[500]

Em sentido contrário, entendendo que ninguém deve ser responsabilizado por ter se valido de uma faculdade legítima, posiciona-se Ovídio Baptista da Silva.[501]

4.7. REGIME PROCEDIMENTAL DA TUTELA ANTECIPADA

A antecipação de tutela não pode ser concedida de ofício pelo juiz, devendo haver requerimento da parte para sua concessão, consoante dispõe o *caput* do art. 273 do Código de Processo Civil. O pedido é feito na própria ação, podendo ser oral em audiência, ou ao relator quando perante Tribunal.[502] O réu poderá formular o pedido nas chamadas ações dúplices.[503]

Como regra, antes de decidir sobre o pedido, o juiz deverá ouvir a parte contrária, em obediência ao princípio do contraditório e da bilateralidade da audiência. Em princípio, a antecipação não deve ser *inaudita*

---

[496] MARINONI, Luiz Guilherme. *Antecipação da tutela*, op. cit., p. 97-98.

[497] Idem, p. 89.

[498] CARNEIRO, Athos Gusmão. Op. cit., p. 80.

[499] Antecipação de tutela, op. cit., p. 32.

[500] Procedimentos e tutela antecipatória, op. cit., p. 394.

[501] Antecipação de tutela e responsabilidade objetiva. *AJURIS*, n. 72, 1998, p. 77.

[502] ZAVASCKI, Teori Albino. Op. cit., p. 115-116.

[503] BEDAQUE, José Roberto. Considerações sobre a antecipação da tutela jurisdicional. Op. cit., p. 230.

altera parte. Tal providência somente poderá ser dispensada quando estiver em jogo uma garantia constitucional maior, em razão da urgência, buscando garantir a efetividade.[504]

O pedido deve estar instruído com prova inequívoca apta a convencer o juiz da verossimilhança da alegação. Esta prova deve estar preconstituída nos autos quando da formulação do pedido de antecipação.[505] Deve ser demonstrada a situação fática em que sustenta sua alegação de receio de dano irreparável ou de difícil reparação, de abuso de direito de defesa ou manifesto propósito protelatório,[506] ou de pedido incontroverso.

O juiz deverá fundamentar sua decisão, mormente por estarem em jogo direitos constitucionais. O recurso cabível da decisão será o agravo, visto se tratar de decisão interlocutória. E, pela própria natureza da antecipação, o mais adequado é o agravo de instrumento, e não o retido. Em caso de agravo retido, teria escassa utilidade a antecipação de tutela, pois o recurso somente seria julgado junto com o da decisão definitiva.[507]

O relator do agravo de instrumento poderá, a requerimento do agravante e desde que relevante a fundamentação, suspender o cumprimento da decisão agravada, especialmente nos casos que possam gerar lesão grave e de difícil reparação. Poderá, outrossim, antecipar a própria "pretensão recursal", verificado o risco do dano e sendo relevantes as alegações do agravante. Não seria admissível a possibilidade de antecipar os efeitos apenas para uma das partes.[508]

A tutela antecipada poderá ser revogada ou modificada a qualquer tempo, especialmente em razão de mudança do estado de fato ou do aprofundamento da cognição (mudança do estado da prova). A revogação pode decorrer da sentença definitiva e terá efeitos *ex tunc*.[509]

No que tange à antecipação de tutela, "não está excluída a hipótese de o magistrado entender conveniente uma *justificação prévia*, expressamente prevista no art. 461, § 3º, para as obrigações de fazer ou não fazer, mas também compatível com os demais casos".[510]

---

[504] ZAVASCKI, Teori Albino. Op. cit., p. 117-118.

[505] Idem, p. 119.

[506] Idem, ibidem.

[507] Idem, p. 119-121.

[508] Idem, p. 121-122.

[509] Idem, p. 126-127.

[510] CARNEIRO, Athos Gusmão. Op. cit., p. 91.

4.8. ANTECIPAÇÃO QUANDO A AÇÃO IMPÕE FAZER, NÃO FAZER OU ENTREGA DE COISA

A prestação da tutela específica ocorre quando se propicia a obtenção de tudo aquilo e exatamente daquilo a que fazia jus a parte requerente.[511] Nesse sentido, a conversão em indenização por perdas e danos somente ocorrerá se o autor o requerer ou se for impossível a tutela específica ou a obtenção do resultado prático correspondente.

Requer-se o resultado prático, o fazer ou o não fazer, a entrega da coisa pretendida. A compensação pecuniária somente se fará presente se o requerente assim o quiser ou quando for impossível a tutela específica.

As ações do art. 461 e 461-A do CPC ou serão mandamentais ou executivas *lato sensu*, tudo dependendo da natureza da providência ordenada. Por intermédio do provimento mandamental, é imposta uma ordem ao demandado, que deve ser cumprida sob pena de crime de desobediência. O provimento executivo *lato sensu* permite que os atos de execução sejam postos em prática no próprio processo de conhecimento. A obrigação de não fazer é uma ordem de abstenção, é um mandamento, podendo vir cominada com multa de valor fixo.

Consoante disposto no § 3º do art. 461 do CPC, os pressupostos para antecipar a tutela são a relevância do fundamento – verossimilhança da alegação – e o risco de ineficácia do provimento final – fundado receio de dano irreparável ou de difícil reparação.

Aplica-se subsidiariamente o art. 273 do CPC, não sendo cabível sem pedido expresso. Aplica-se para abuso do direito de defesa e manifesto propósito protelatório, bem como em caso de pedido incontroverso.[512]

As ordens e mandamentos da tutela específica, "concorrendo a 'relevância do fundamento da demanda' e 'justificado receio de ineficácia do provimento final' (perigo de dano), *podem ser emitidos em antecipação de tutela*. No fundo, identidade de pressupostos com os aludidos no art. 273".[513]

Para que haja efetividade, tornando-se possível o cumprimento da tutela específica, o julgador pode impor multa diária – *astreintes* – independentemente do pedido do autor, fixando-lhe prazo razoável para o cumprimento. As *astreintes* podem sofrer modificação do valor ou da periodicidade, caso o juiz verifique ter se tornado a multa insuficiente ou exagerada. Poderá também determinar as medidas necessárias, tais como

---

[511] ZAVASCKI, Teori Albino. Op. cit., p. 154.

[512] Idem, p. 173.

[513] CARNEIRO, Athos Gusmão. Op. cit., p. 55.

busca e apreensão, desfazimento de obra, podendo requerer força policial. Também pode ser fixada multa por tempo de atraso, diferente das *astreintes*. Conforme refere Teori Zavascki, o juiz tem um poder executório genérico.[514]

4.9. ANTECIPAÇÃO DA TUTELA CONTRA FAZENDA PÚBLICA

Inegavelmente, é cabível a medida antecipatória contra a fazenda pública.[515] Aliás, "a própria edição da Lei 9.494, de 10 de setembro de 1997, revela que as decisões de antecipação dos efeitos da tutela, como outras liminares, podem perfeitamente ser deferidas face entidades de direito público".[516]

Conforme assevera Cássio Scarpinela Bueno:

> Ao *estender* ao instituto da tutela antecipada as mesmas *restrições* constantes do ordenamento jurídico brasileiro a respeito de liminar em mandado de segurança, bem como da tutela cautelar, reconheceu este ato do Executivo, para todos os fins, o cabimento deste novo instituto contra a Fazenda Pública, superando, com tal iniciativa, todos aqueles óbices legais referidos na doutrina e na jurisprudência quando da edição da Lei 9.952/94 [...] fosse descabida a antecipação de tutela contra a Fazenda Pública por alguma razão relacionada à sua própria natureza ou em função do sistema processual e, certamente, não haveria preocupação em disciplinar, regular ou restringir sua *incidência* nas ações movidas em face do Poder Público.[517]

A bem da verdade, não se poderia admitir a ampla e irrestrita vedação do cabimento da antecipação de tutela contra a Fazenda Pública, pois, conforme Luiz Guilherme Marinoni, "dizer que não há direito à tutela antecipatória contra a Fazenda Pública em caso de 'fundado receio de dano' é o mesmo que afirmar que o direito do cidadão pode ser lesado quando a Fazenda é ré".[518]

Por suposto que existem peculiaridades no tocante à antecipação dos efeitos da tutela contra a Fazenda Pública, especialmente diante das peculiaridades do reexame necessário e do pagamento mediante precatório.

---

[514] Op. cit., p. 158. Sobre *astreintes*, AMARAL, Guilherme Rizzo. *As astreintes e o processo civil brasileiro: multa do artigo 461 do CPC e outras*. 2. ed. Porto Alegre: Livraria do Advogado, 2009.

[515] ZAVASCKI, Teori Albino. Op. cit., p. 178.

[516] CARNEIRO, Athos Gusmão. Op. cit., p. 109. Nesse sentido, BUENO, Cássio Scarpinela. Tutela antecipada e ações contra o poder público (reflexão quanto a seu cabimento como conseqüência da necessidade de efetividade do processo). *Aspectos polêmicos da antecipação de tutela*. São Paulo: Revista dos Tribunais, 1997, p. 59: "A nosso ver, adiante-se, são plenamente aplicáveis os institutos dos arts. 273 e 461 do CPC nas ações promovidas contra a Fazenda Pública. O art. 1º da Lei 9.494/97 é a maior prova deste entendimento".

[517] Op. cit., p. 79.

[518] MARINONI, Luiz Guilherme. *Antecipação da tutela*. Op. cit., p. 259.

No tocante ao regime de precatórios, refere Athos Gusmão Carneiro que:

A AT *é aplicável às demandas ajuizadas contra o Poder Público, feitas porém as devidas ressalvas*, tais como as decorrentes da imprescindibilidade do regime de precatório para os pagamentos, salvo os de pequeno valor, devidos pelo erário em virtude de *sentença* judiciária.[519]

Conforme salienta João Batista Lopes:

Conquanto admissível, a antecipação da tutela não poderá fugir às peculiaridades da execução contra a Fazenda Pública, o que, em termos práticos, obsta à plena eficácia da antecipação. De qualquer modo, o autor beneficiado com a antecipação terá, com a expedição do precatório, primazia na ordem cronológica, o que, em certo sentido, também é satisfação do direito. Importa ressaltar que o art. 475 do CPC não constitui óbice à antecipação, porquanto sobredito preceito só sujeita ao duplo grau de jurisdição a *sentença* em que for vencida a Fazenda Pública, e não as decisões que contra ela concedem liminares.[520]

Ademais, não se pode considerar o regime de precatórios do § 1º do art. 100 da Constituição Federal, nem a dispensa em razão de pequeno valor do § 3º, obstáculo para a viabilização da tutela antecipada contra o poder público, já que dizem respeito unicamente ao pagamento de quantia, não trazendo qualquer incompatibilidade com as demais obrigações e deveres da Fazenda Pública, em que esta se sujeita ao regime executivo comum aplicável às pessoas e instituições de direito privado, inclusive no que se refere à execução provisória.[521]

E, mesmo no que pertine ao pagamento de quantia, Luiz Guilherme Marinoni assim se posiciona:

Portanto, para conciliar o art. 100, § 3º, e o art. 5º, XXXV – que estabelece o direito fundamental à tutela jurisdicional efetiva –, ambos da CF, é preciso entender que o precatório deve ser dispensado diante de obrigação – de qualquer natureza – definida na lei como de pequeno valor, mas que, diante da tutela antecipatória, a *sua dispensa deve ocorrer quando o próprio juiz tiver critérios capazes de demonstrar que o exeqüente necessita imediatamente de alimentos, ainda que em valor superior a 60 salários mínimos.*[522]

No que tange ao reexame necessário, impõe-se salientar que ele não impede a execução provisória da sentença de procedência de mandado de segurança, conforme disposto no art. 12 da Lei 1.533/51, razão pela qual também não pode ser empecilho à antecipação de tutela.

---

[519] Op. cit., p. 103-104. O pequeno valor previsto no art. 100, § 3º, da CF é de até 60 salários mínimos, consoante dispõe o art. 17, § 4º, da Lei n. 10.259/2001, Lei dos Juizados Especiais Federais.

[520] Op. cit., p. 214-215.

[521] ZAVASCKI, Teori Albino. Op. cit., p. 178.

[522] *Antecipação da tutela*, op. cit., p. 262.

Nesse sentido, é o posicionamento de Nélson Nery Júnior, ao afirmar que "o fato de a sentença proferida contra a Fazenda Pública estar sujeita ao reexame obrigatório para produzir efeitos não significa *per se* obstáculo para que o juiz possa adiantar a tutela de mérito ou seus efeitos".[523]

Por certo que a concessão de antecipação dos efeitos da tutela possui algumas limitações em relação à Fazenda Pública, conforme expressamente dispõe a Lei 9.494/97, que disciplina a antecipação de tutela contra a Fazenda Pública, fazendo valer as limitações que eram impostas em sede de medida cautelar pela Lei 8.437/92.

Assim, não será cabível antecipação de tutela contra a Fazenda Pública quando não puder ser concedida liminar em ações de mandado de segurança em virtude de vedação legal; no juízo de primeiro grau, quando impugnado ato de autoridade sujeita, na via do mandado de segurança, à competência originária de Tribunal; quando esgote, no todo ou em parte, o objeto da ação; e também não será cabível para deferir compensação de créditos tributários ou previdenciários.

Não poderá ser concedida liminar em ações de mandado de segurança: para liberar bens de procedência estrangeira (Lei 2770); para conceder reclassificação, equiparação, aumento ou extensão de vantagens a servidores públicos (Lei 4348); e para pagamento de vencimentos e vantagens pecuniárias aos mesmos servidores (Lei 5021).[524]

Segundo Athos Gusmão Carneiro:

> O Judiciário, em tema de antecipação de tutela contra o Poder Público, somente *não pode deferi-la* nas hipóteses que importem em a) *reclassificação* ou equiparação de servidores públicos; b) *concessão de aumentos* ou de extensão de vantagens pecuniárias aos servidores públicos; c) *concessão ou acréscimos de vencimentos*; d) pagamento de *vencimentos e vantagens pecuniárias* a servidor público; e) em situações das quais resulte o esgotamento, parcial ou total, *a perda do objeto da ação*, desde que tais ações digam respeito, *exclusivamente*, a quaisquer as matérias acima aludidas.[525]

No que tange à vedação da concessão da tutela antecipada contra a Fazenda Pública quando esgote o objeto da ação, a hipótese refere-se às liminares satisfativas irreversíveis, ou seja, àquelas cuja execução produz resultado prático que inviabiliza o retorno ao *status quo ante* em caso de sua revogação. A situação de fato consumado decorrente da irreversibilidade é que importa o esgotamento do objeto da ação.[526]

---

[523] Procedimentos e tutela antecipatória, op. cit., p. 390.

[524] ZAVASCKI, Teori Albino. Op. cit., p. 183.

[525] Op. cit., p. 110-111.

[526] ZAVASCKI, Teori Albino. Op. cit., p. 190.

Nesse sentido, refere Eduardo Talamini que, "por outro lado, se por 'esgotamento do objeto da ação' quer-se designar a *irreversibilidade dos efeitos* do provimento de urgência, a regra em questão é redundante. Já existe essa previsão no próprio art. 273 do CPC, em seu § 2º."[527]

Entretanto, mesmo nas limitações impostas por lei, Cássio Scarpinela Bueno expressa que:

Todas as restrições ou "regulamentações" de liminares, ações ou cautelares contra o Poder Público não são – e não podem pretender ser –, por si próprias, óbices para que a tutela de afirmações de direito dos particulares seja eficaz no cotidiano forense naquelas ações ou providências jurisdicionais dirigidas contra o Poder Público.[528]

Continua o jurista referindo que:

Desde que se verifique, *in concreto*, o preenchimento dos pressupostos *condutores* da antecipação de tutela a mesma deverá ser concedida, afastada, na mesma proporção, a incidência dos arts. 1º e 2º da Méd.Prov. 1.570/97, convertida na Lei 9.494/97 fazendo prevalecer, pois, o princípio da efetividade da Justiça contido no inc. XXXV do art. 5º da CF/88 [...] Se o caso concreto *exigir* do Magistrado a concessão de providência acautelatória ou antecipatória, a mesma *deverá ser* concedida em atenção ao princípio da inafastabilidade da jurisdição.[529]

Nesse contexto, importante a lição de Eduardo Talamini:

A eliminação do impasse é tarefa que só se pode desempenhar *concretamente*, mediante a exata ponderação das circunstâncias peculiarizadoras de cada caso submetido ao crivo do Judiciário. Para tanto, serão aplicados os princípios da proporcionalidade e da razoabilidade, com o balanceamento dos valores envolvidos, a fim de verificar qual o mais premente *in concreto*. Ainda, aquele princípio que prevalecer haverá de sacrificar o outro apenas na medida estritamente necessária para a consecução de suas finalidades.[530]

Inovação imposta pela Lei 8.437/92, em seu art. 4º, foi a possibilidade de o Presidente do Tribunal suspender, em despacho fundamentado, a execução de liminares em ações contra o poder Público ou seus agentes, a requerimento do MP ou da pessoa jurídica de direito público interessada e desde que em caso de manifesto interesse público ou de flagrante ilegitimidade, bem como para evitar grave lesão à ordem, à saúde, à segurança e à economia públicas.[531] Tal previsão foi tornada explícita às antecipações de tutela por força do art. 1º da Lei n. 9.494/97.

---

[527] Op. cit., p. 128.

[528] Op. cit., p. 85.

[529] Idem, p. 96.

[530] Op. cit., p. 132.

[531] ZAVASCKI, Teori Albino. Op. cit., p. 191.

Trata-se de medida absolutamente excepcional, em defesa de interesses altamente superiores, devendo-se interpretar, conforme entendimento do Supremo Tribunal Federal, com muita parcimônia e com interpretação restrita.[532] Da decisão do Presidente do Tribunal caberá agravo ao colegiado.

---

[532] ZAVASCKI, Teori Albino. Op. cit., p. 192.

5. Estabilização da tutela antecipada

A longa duração dos processos traz consequências prejudiciais ao ordenamento jurídico brasileiro, tendo em vista uma menor efetividade das decisões judiciais. Nesse contexto, a sumariedade dos procedimentos, utilizada ao longo da história, em que se permite uma mitigação do princípio do contraditório, é de extrema relevância para que se atenue o efeito do tempo no processo civil.

A antecipação dos efeitos da tutela é um belo exemplo de cognição sumária, tanto em sentido material, pela não análise de determinadas matérias e provas, quanto no processual, com a aceleração do procedimento.

O provimento provisório, por responder a uma tradicional condição de urgência, é um procedimento sumário, procedendo de forma simplificada em relação ao procedimento ordinário.[533]

Entretanto, a decisão antecipatória, na atual quadra do processo civil brasileiro, sempre fica na dependência de uma decisão final de mérito, razão pela qual, ao fim e ao cabo, se estará diante de um processo plenário e moroso, que trará a solução final do litígio.

Para evitar essa necessária continuidade processual e a sempre provisoriedade das decisões antecipatórias, é que, inicialmente, o Instituto Brasileiro de Direito Processual cunhou o projeto que tratava da estabilização da tutela antecipada, Projeto de Lei 186/2005, do Senado Federal.

Pelo referido projeto, a decisão antecipatória poderia ser estabilizada, na medida em que o sucumbente da decisão é quem teria de dar continuidade ao processo, caso se tratasse de antecipação concedida na pendência do processo, ou teria de propor a ação de conhecimento plenária, caso se tratasse de procedimento antecedente. Para tanto, o projeto estabelecia um prazo, findo o qual a tutela antecipada estaria estabilizada e, de provisória, passaria a ser definitiva, inclusive produzindo coisa julgada material. O referido projeto de Lei acabou arquivado, tendo em vista o término da legislatura e a não reeleição de seu autor no ano de 2006.

---

[533] CHAINAIS, Cécile. Op. cit., p. 245.

De qualquer sorte, em 2010 foi nomeada uma Comissão de Juristas pelo Presidente do Senado Federal, com o intuito de elaborar um projeto de novo Código de Processo Civil. A referida comissão foi presidida pelo Ministro Luiz Fux, do Superior Tribunal de Justiça,[534] cabendo à jurista Teresa Arruda Alvim Wambier sua relatoria.[535]

No projeto elaborado pela comissão de juristas, as tutelas de urgência, cautelares ou satisfativas, restaram unificadas, tendo sido previsto o instituto da estabilização da tutela de urgência,[536] demonstrando-se, mais uma vez, o interesse da comunidade jurídica na viabilização de uma tutela provisória apta a regular, de fato, o litígio, de forma definitiva, sem, contudo, produzir coisa julgada material.

Embora Ovídio Baptista da Silva não tenha sido citado na justificativa do projeto de estabilização da tutela antecipada do Instituto Brasileiro de Direito Processual, tampouco na justificativa do Projeto de novo Código de Processo Civil, o fato é que não há como deixar de ver que o processualista gaúcho, há muito, defendia a ideia central do instituto, com as suas *ações sumárias autônomas*.[537]

Por meio das ações sumárias materiais autônomas, permite-se que o Poder Judiciário transforme a realidade, com maior efetividade, em uma demanda procedimentalmente autônoma. Ocorreria o corte de matérias passíveis de ser objeto da cognição, podendo ocorrer a redução das defesas do réu, seja pela inversão do contraditório, seja pela sua conversão em causa de pedir de uma eventual nova demanda. Assim, estar-se-ia diante de juízos de verossimilhança, diante de procedimentos provisórios aptos a regular, de fato, os litígios submetidos ao Judiciário.

Pela natureza do direito material, seria possível uma decisão materialmente sumária – pelo corte de determinada matéria objeto de discussão – e procedimentalmente sumária, em razão da decisão com base na aparência, com aceleração procedimental. Seria autônoma, porque não

---

[534] Posteriormente, foi nomeado Ministro do Supremo Tribunal Federal.

[535] O Projeto de Lei do Senado n. 166, de 2010, foi aprovado no Senado Federal no dia 15 de dezembro de 2010, com algumas alterações apresentadas no relatório-geral do Senador Valter Pereira.

[536] Em que pese o Projeto tratar da estabilização das tutelas de urgência, congregando tanto as cautelares quanto as antecipações de tutela, o presente estudo dedica-se exclusivamente à estabilização da tutela antecipada, não se atendo às cautelares, mormente em razão de que a relevância da estabilização se dá em relação às decisões satisfativas, visto que um regramento, de fato, definitivo do litígio poderá ocorrer apenas com a autonomia e independência de decisão provisória que tenha conteúdo de plena satisfação do seu beneficiário.

[537] Sobre as ações sumárias autônomas, verdadeira inspiração da estabilização dos efeitos da tutela antecipada, sugere-se a leitura de SILVA, Ovídio Araújo Baptista da. O contraditório nas ações sumárias. *Da Sentença Liminar à Nulidade da Sentença*. Rio de Janeiro: Forense, 2002, p. 254-286; SILVA, Ovídio Araújo Baptista da. *Jurisdição e execução na tradição romano-canônica*. 2. ed. rev. São Paulo: Revista dos Tribunais, 1997; e SILVA, Ovídio Araújo Baptista da. *Processo e ideologia: o paradigma racionalista*. Rio de Janeiro: Forense, 2004.

sujeita a uma ação principal para a decisão de mérito e com uma certa autoridade, ao menos, de fato.

A proteção jurisdicional provisória, para responder ao *periculum in mora*, deve ser dotada de uma certa autonomia, propiciando aos cidadãos uma proteção provisória enquanto se espera o desenrolar de um eventual processo definitivo e o advento de uma proteção plena e integral.[538]

A decisão provisória demanda uma autoridade própria, tanto em relação às partes como em relação ao próprio juiz que a concedeu. Não possui autoridade de coisa julgada do principal, autoridade de coisa julgada material, mas possui uma autoridade em relação à tutela ordenada, que não poderá ser rediscutida, salvo em caso de modificação das circunstâncias.[539] Ela insinua o definitivo na ordem do provisório.[540]

A tutela provisória necessita de alguma estabilidade, devendo sua revogabilidade – consequência de sua provisoriedade – ser condicionada à alteração da situação fática existente quando da prolação da decisão. Nesse contexto, Cécile Chainais refere-se a uma autoridade *rebus sic stantibus* da coisa julgada *au provisoire*, no sentido de que a decisão jurisdicional mantém-se enquanto permanecer o estado de fato que constituiu a base da decisão. Tem-se, assim, uma autoridade de coisa julgada no provisório, agregada à ideia de revogabilidade em razão da mudança das circunstâncias.[541]

A função fundamental da proteção jurisdicional provisória é a de estabelecer uma forma de segurança e, portanto, de estabilidade jurídica em face de uma situação de perigo. A segurança jurídica, tanto quanto o desejo de se evitar o abarrotamento dos tribunais por demandas reiteradas, determina que a decisão provisória tenha uma certa estabilidade, sob pena de tornar-se uma fonte inesgotável de chicana processual. Trata-se de uma decisão provisória, mas não efêmera.[542]

É preciso distinguir os efeitos da decisão provisória e a própria decisão provisória. O fato de a decisão ser provisória não implica que seus efeitos sejam inaptos a se tornarem definitivos. Outrossim, a aptidão de os efeitos de uma decisão tornarem-se definitivos não retira o caráter provisório da decisão que os produz.[543]

---

[538] CHAINAIS, Cécile. Op. cit., p. 223.

[539] Idem, p. 280.

[540] Idem, p. 294-295.

[541] Idem, p. 302.

[542] Idem, p. 297-301.

[543] Idem, p. 328-329.

No Direito Francês, por exemplo, é possível que, graças à inércia das partes, o provisório subsista indefinidamente, mormente quando as tutelas ordenadas tenham um conteúdo de satisfação antecipada.[544] Assim, também o seria na hipótese de estabilização da tutela antecipada.

O fato de a decisão provisória ser concedida em prazos curtos e de forma imediatamente executiva contribui à qualidade da justiça, vista sob o ângulo da efetividade. O caráter sumário do procedimento é compensado pela sua provisoriedade, permitindo às partes a continuidade da lide em um processo de fundo, caso não se satisfaçam com a decisão provisória. A decisão provisória não se tornará definitiva se as partes não quiserem.[545]

Havendo a combinação, em uma eventual estabilização da tutela antecipada, de uma decisão provisória independente com um conteúdo de plena satisfação do seu beneficiário, a proteção jurisdicional provisória poderia se emancipar do seu campo natural, sendo utilizada não apenas na espera de uma decisão definitiva, mas também para a obtenção de um regramento de fato do litígio, que poderá ser definitivo.[546]

O diferencial seria o reconhecimento de uma jurisdição sumária autônoma apta a ser definitiva, desde que preenchidos determinados requisitos. A autonomia procedimental da ação sumária permitiria que a decisão antecipada não ficasse sempre na dependência de uma sentença final, sendo permitido ao juiz decidir com base em juízo de verossimilhança, pondo fim ao litígio.

Negar-se-ia a mera igualdade formal e promover-se-ia uma verdadeira igualdade material, pois, nem sempre, o autor deve responder pela longa duração dos processos. Tal qual no *référé* francês, quem for vitorioso na demanda sumária autônoma não necessitaria provocar a discussão plenária subsequente.

Desestimular-se-ia a cultura do litígio desprovido de fundamento, meramente procrastinatório, bem como se daria maior confiança às decisões dos juízes de primeiro grau, com base em juízos de verossimilhança.

Edoardo Ricci ressalta que:

> De fato, de um lado pode facilmente acontecer que a parte que obteve o provimento antecipado fique satisfeita com o resultado obtido (que consiste na efetiva atuação prática de seu direito) e não sinta necessidade de obter, também, uma sentença passada em julgado; de outro lado, é possível que a parte contrária, depois de ter sido obrigada ao cumprimento,

---

[544] Idem, p. 402 : "Mais il se peut aussi qu'à la faveur d'une inaction des parties, le provisoire subsiste indéfiniment, en particulier lorsque les mesures ordonnées ont un contenu de satisfaction anticipée".

[545] Idem, p. 554.

[546] Idem, p. 767.

se resigne a este resultado e não tome iniciativa no intento de fazer decair o provimento antecipado e obter uma restituição.[547]

Um exemplo da relevância de tal hipótese ocorreria nos casos de enfermidades terminais, em que um transplante de órgão poderia ser concedido em uma ação sumária irreversível, não havendo lógica na continuidade de uma demanda plenária posterior. Trata-se de decisão com base em juízo de verossimilhança, mas que decide a lide de forma definitiva.

José Maria Rosa Tesheiner declara:

Aponto para uma nova tendência, que é a de acabar com a idéia de regulação provisória da lide. No sistema preconizado por Ada Pellegrini Grinover, José Roberto dos Santos Bedaque, Kazuo Watanabe e Luiz Guilherme Marinoni (esboço de anteprojeto de estabilização da tutela antecipada), não haverá decisão provisória, no sentido de que destinada a ser substituída por outra, definitiva. A tutela, dita antecipada, será definitiva, em princípio. Se a parte prejudicada não requerer a continuação do processo, ou não propuser ação para desconstituí-la, não haverá outra decisão. Afastada a idéia de provisoriedade, não haverá diferença de qualidade entre as decisões antecipadas e finais. Haverá diferença apenas quanto ao seu grau de estabilidade.[548]

Para Ovídio Baptista da Silva,

O exemplo das ações possessórias serve para mostrar que a ordem jurídica pode cortar em duas uma determinada ação, para atender à necessidade de tutela imediata de algum interesse capaz de ser sacrificado pelo *periculum in mora* de modo que, através dessa técnica de *sumarização*, é possível partir em duas ações, igualmente autônomas (terminais) a ação originária [...] À medida que reduzimos o número de pretensões de direito material, agrupando numa única lide as *questões* litigiosas que poderiam compor duas ou mais demandas diferentes, aumentamo-lhe a complexidade, com as naturais conseqüências disso decorrentes, ao passo que, se as pulverizarmos em *lides parciais*, distribuindo por muitas ações aquelas questões formadoras da imaginada *lide total*, criaríamos ações de pequena complexidade, capazes de permitir soluções rápidas e seguras [...] Se, ao contrário, o sistema puder desdobrar as demandas *plenárias* numa pequena multidão de demandas sumárias, o inconveniente que tal opção poderia provocar seria apenas a *inversão do contraditório*, liberando o autor vitorioso no *sumário* de ter de ajuizar o *plenário*, sob pena de ver desfeito o resultado por ele conseguido.[549]

José Roberto dos Santos Bedaque, ao estabelecer as semelhanças e diferenças entre a tutela antecipada e os interditos romanos, demonstra que a estabilização da tutela antecipada resgataria a possibilidade de a decisão sumária satisfazer definitivamente a pretensão material:

---

[547] Possíveis novidades sobre a tutela antecipada na Itália. Trad. Mariulza Franco. *Genesis – Revista de Direito Processual Civil*, 1998, p. 90.

[548] TESHEINER, José Maria Rosa. Antecipação de tutela – estudo de um texto de Guilherme Tanger Jardim. Extraído do site www.tex.pro.br. Acesso em 10 de fevereiro de 2006.

[549] O contraditório nas ações sumárias. *Da Sentença Liminar à Nulidade da Sentença*. Rio de Janeiro: Forense, 2002, p. 268-269.

A tutela antecipada regulada pelo art. 273 [...] guarda certa semelhança com os interditos romanos, pois torna possível a satisfação do direito do autor logo no início do processo. Também a verossimilhança e o perigo de dano constituem elementos comuns a ambas. Mas as técnicas são substancialmente diversas, pois, enquanto o interdito podia implicar a satisfação definitiva da pretensão material, o que ocorria principalmente nos interditos incondicionados, a tutela antecipada tem evidente caráter cautelar, pois pode ser revogada ou modificada a qualquer tempo e depende sempre da sentença final, que representa a solução definitiva da controvérsia.[550]

Percebe-se, por conseguinte, que a estabilização da tutela antecipada possui origem remota e precedentes históricos, como os interditos do direito romano clássico, em que se permitia que uma decisão com base em juízo de verossimilhança se tornasse definitiva.

A possibilidade de estabilização da tutela antecipada brasileira foi analisada por Edoardo Ricci, logo após a reforma do Código de Processo Civil brasileiro de 1994:

Consolidar os próprios fundamentos significa, todavia, estabelecer as premissas para passos seguintes; e, a essa altura, não pode ser olvidado o problema de saber se não vale a pena tornar a tutela antecipatória de tipo satisfativa mais estável, prevendo que esta sobreviva em certos casos de extinção do processo sem julgamento de mérito. Isto se obteria, por exemplo, se se impusesse à parte demandada (contra a qual a tutela antecipatória foi concedida) o ônus de propor uma contestação ou oposição dentro de um certo lapso, e se previsse que em caso de falta de contestação ou oposição no prazo o processo seria encerrado por uma sentença de indeferimento, com conservação da força executiva (ou mais genericamente satisfativa) do provimento antecipatório.[551]

Pode-se concluir, em razão do exposto, que a tutela antecipada brasileira está madura o suficiente para dar um passo à frente, rumo a sua estabilização, podendo produzir uma eficácia potencialmente definitiva. Para Edoardo Ricci, "o direito brasileiro dá a impressão de um gato prestes a pular num muro: antes do pulo fica claro a todos que o gato pode subir ao muro com extrema facilidade, tão logo decida saltar".[552]

---

[550] *Tutela cautelar e tutela antecipada...* op. cit., p. 30.

[551] A tutela antecipatória brasileira vista por um italiano, op. cit., p. 702. Para o jurista italiano, "o provimento antecipatório, extamente porque visa a provocar a satisfação do direito, pode reduzir a aspiração das partes à pronúncia da sentença de mérito, assumindo uma função deflacionária da litigiosidade [...] Na prática, a pura e simples satisfação do direito pode parecer mais importante do que o julgado sobre a relação controvertida".

[552] Idem, p. 706. O doutrinador italiano, às p. 707-708, refere que "ficaria decepcionado se a tutela antecipatória do direito brasileiro, a despeito do modo correto pelo qual foi dado o primero passo, não pudesse levar a cabo toda a sua possível potencialidade; e creio que, se os juristas brasileiros souberem lastrear o legislador com uma iluminada obra de estímulo proposta, contribuirão para a construção de um edifício não apenas muito útil para o seu próprio país, mas ainda capaz de impor-se à apreciação positiva do mundo inteiro".

5.1. PROJETO DE LEI N. 186/2005, DO SENADO FEDERAL

O projeto de estabilização da tutela antecipada desenvolvido pelos juristas Ada Pellegrini Grinover, Kazuo Watanabe, José Roberto dos Santos Bedaque e Luiz Guilherme Marinoni foi protocolado no Senado Federal pelo senador Antero Paes de Andrade.

O Projeto de Lei n. 186/2005, no entanto, acabou arquivado, em razão de o senador proponente ter concorrido ao governo de seu Estado, não tendo sido reeleito senador. Assim, conforme Regimento Interno do Senado Federal, os projetos apresentados por senadores não reeleitos são arquivados, sem que tenha sido analisado o mérito do referido projeto.

De qualquer sorte, não se pretende aqui discutir o projeto de lei em si, mas sim, sua ideia principal, a possibilidade de uma decisão antecipatória, sumária, tornar-se definitiva, estabilizando-se, caso o vencido não dê seguimento a uma ação plenária.

Nesse sentido, o projeto apresentado previa a alteração do Código de Processo Civil brasileiro, acrescentando o art. 273-A, 273-B, 273-C e 273-D, dispondo que a antecipação de tutela poderia ser requerida em procedimento antecedente ou na pendência do processo, podendo-se estabilizar a decisão que concedesse a antecipação de tutela, caso, preclusa, o réu não intentasse a demanda visando à sentença de mérito, no prazo de 60 (sessenta) dias, em se tratando de procedimento antecedente, ou não requeresse o prosseguimento, no prazo de 30 (trinta) dias, na hipótese de tutela antecipada concedida na pendência do processo.

Em qualquer das hipóteses, pelo projeto apresentado, passado o prazo estipulado, a tutela antecipada adquiriria força de coisa julgada,[553] diferentemente do *référé* francês, em que ocorre a chamada coisa julgada de fato, coisa julgada *au provisoire*, mas não uma verdadeira coisa julgada material.[554]

O sucumbente é quem deveria provocar o juízo exauriente, caso entendesse conveniente. Assim, a ação sumária material autônoma teria, em sua fase liminar, uma autonomia procedimental, passando a ser uma demanda terminal. A grande diferença é que a faculdade de promover a demanda plenária seria do sucumbente, em prazo estabelecido em lei, sendo que a sua omissão transformaria a provisoriedade em definitivida-

---

[553] BEDAQUE, José Roberto dos Santos. Estabilização da tutela antecipada. *Linhas mestras do processo civil: comemoração dos 30 anos de vigência do CPC*. São Paulo: Atlas, 2004, p. 375-376.

[554] O Projeto do novo Código de Processo Civil expressa que "a decisão que concede a tutela não fará coisa julgada, mas a estabilidade dos respectivos efeitos só será afastada por decisão que a revogar, proferida em ação ajuizada por uma das partes" (art. 284, § 2º).

de. Não sendo proposta a ação plenária, ou continuada, a decisão proferida em juízo sumário poderia se estabilizar.

Repisa-se que tal projeto foi arquivado, mas serviu como um primeiro passo rumo à estabilização da tutela antecipada, agora reforçado com o projeto de novo Código de Processo Civil.

5.2. PROJETO DE NOVO CÓDIGO DE PROCESSO CIVIL

Por meio do ato n. 379/2009, do Presidente do Senado Federal, foi constituída uma Comissão de Juristas, encarregada da elaboração de Projeto do novo Código de Processo Civil.

A referida Comissão foi presidida pelo Ministro Luiz Fux, e composta por Teresa Arruda Alvim Wambier (relatora), Adroaldo Furtado Fabrício, Humberto Theodoro Junior, Paulo Cezar Pinheiro Carneiro, José Roberto dos Santos Bedaque, José Miguel Garcia Medina, Bruno Dantas, Jansen Fialho de Almeida, Benedito Cerezzo Pereira Filho, Marcus Vinícius Furtado Coelho e Elpídio Donizetti Nunes.

Em junho de 2010, foi concluído o Projeto de novo Código de Processo Civil e apresentado ao Senado da República. O Projeto de Lei n. 166, de 2010, foi aprovado no Senado Federal no dia 15 de dezembro de 2010, com algumas alterações apresentadas no relatório geral do Senador Valter Pereira.

Impõe-se destacar, todavia, que não se centra o presente estudo no referido projeto legislativo, aprovado pelo Senado da República e encaminhado à Câmara dos Deputados, visto que poderá sofrer toda uma sorte de influxos e de alterações, bem como poderá, ao fim, restar arquivado, sem que se substitua o Código de Processo Civil de 1973.

Ademais, não é objetivo da presente abordagem a análise da íntegra do Projeto, tampouco de suas qualidades e defeitos. Interessam, para o presente estudo, as alterações atinentes às tutelas de urgência, em especial à possibilidade da estabilização da tutela antecipada.

Conforme Luiz Guilherme Marinoni e Daniel Mitidiero,

O Projeto prevê a possibilidade de estabilização dos efeitos da tutela de urgência obtida em processo antecedente (arts. 287, § 1º, 288, § 2º, e 293). Trata-se de tentativa de sumarizar formal e materialmente o processo, privilegiando-se a cognição sumária como meio para prestação da tutela dos direitos.[555]

De imediato, percebe-se que o Projeto, sob o título de "tutela de urgência e tutela da evidência", abrange tanto as tutelas cautelares quanto

---

[555] *O Projeto do CPC: críticas e propostas*. São Paulo: Revista dos Tribunais, 2010, p. 111.

as tutelas satisfativas. Assim, as referidas espécies, cautelar e satisfativa, são previstas dentro do gênero tutelas de urgência.

A matéria é disciplinada nos artigos 269 a 286 do Projeto de novo Código de Processo Civil, com as alterações apresentadas no relatório geral.[556]

As tutelas de urgência, em conformidade com o art. 269 do Projeto, poderiam ser requeridas de forma antecedente ou incidental, sendo que, em se tratando de medida antecedente, do mandado de citação, constaria a advertência de que, "não impugnada a decisão ou a medida liminar eventualmente concedida, esta continuará a produzir efeitos independentemente da formulação de um pedido principal pelo autor" (art. 280, § 1º).

Resta prevista, portanto, a possibilidade de definitividade dos efeitos de uma tutela antecipada, caso esta não seja impugnada, não se exigindo do autor a formulação de um pedido principal.

Ademais, "concedida a medida em caráter liminar e não havendo impugnação, após sua efetivação integral, o juiz extinguirá o processo, conservando sua eficácia" (art. 281, § 2º). Percebe-se, nesse contexto, a autonomia da tutela de urgência, que pode manter sua eficácia sem a necessidade de uma decisão final de mérito.

Não sendo impugnada eventual medida liminar, o Projeto prevê a possibilidade de qualquer das partes propor ação com o intuito de discutir o direito que tenha sido acautelado ou cujos efeitos tenham sido antecipados (art. 282, § 4º), sendo que, "na pendência do processo em que esteja veiculado o pedido principal", as medidas conservam a sua eficácia, podendo, "a qualquer tempo, ser revogadas ou modificadas, em decisão fundamentada, exceto quando um ou mais dos pedidos cumulados ou parcela deles mostrar-se incontroverso, caso em que a solução será definitiva" (art. 283).

Consoante previsão do § 2º do art. 283, "as medidas de urgência conservarão seus efeitos enquanto não revogadas por decisão de mérito proferida em ação ajuizada por qualquer das partes".

A decisão que concede a tutela de urgência não fará coisa julgada, "mas a estabilidade dos respectivos efeitos só será afastada por decisão que a revogar, proferida em ação ajuizada por uma das partes", conforme previsão do art. 284, § 2º.

---

[556] GUEDES, Jefferson Carús; DALL'ALBA, Felipe Camilo; NASSIF AZEM, Guilherme Beux; BATISTA, Liliane Maria Busato (organizadores). *Novo Código de Processo Civil: comparativo entre o projeto do novo CPC e o CPC de 1973*. Belo Horizonte: Fórum, 2010.

Após essa breve análise de alguns dos principais dispositivos do Projeto de novo Código de Processo Civil, no que tange à possibilidade de estabilização da urgência, percebe-se um certo acanhamento do instituto.

A bem da verdade, basta uma simples contestação, no prazo de cinco dias (art. 280), para que não se estabilize a tutela, visto que, se o autor não deduzir o pedido principal, tendo sido impugnada a medida liminar, "cessa a eficácia da medida concedida em caráter antecedente" (art. 284, I).

Nesse contexto, haveria a inversão do contraditório apenas em caso de não impugnação pelo demandado, eis por que, caso impugnada a tutela, deveria o autor deduzir o pedido principal, ordinarizando-se o feito.

De qualquer sorte, o Projeto prevê a possibilidade de estabilização de uma tutela liminar, provisória, que poderá se converter em definitiva, caso o demandado não a impugne e não proponha posterior ação para discutir o direito acautelado ou cujos efeitos tenham sido antecipados.

Assim, repisa-se, combinando-se a independência e autonomia da decisão antecipatória com o conteúdo de plena satisfação de seu beneficiário, permitir-se-ia que uma decisão, em que pese provisória, viabilizasse um regramento de fato do litígio que poderá, inclusive, se tornar definitivo.[557]

5.3. SUMARIEDADE E CONTRADITÓRIO NA ESTABILIZAÇÃO DA TUTELA ANTECIPADA

Após a análise do instituto da estabilização da tutela antecipada, pode-se perceber sua sumariedade, decorrente da própria sumariedade das decisões liminares, que são proferidas sem que haja uma análise de toda a matéria e de todas as provas passíveis de serem produzidas, bem como ocorre de forma antecipada no tempo, com o encurtamento e a aceleração procedimental.

A grande novidade é a possibilidade de essa decisão antecipada, de natureza sumária, tanto do ponto de vista material como formal, se estabilizar e passar de provisória à definitiva, ao menos de fato. Trata-se, de certa forma, de um resgate dos interditos do direito romano clássico.

De qualquer sorte, a possibilidade de uma decisão concedida em cognição sumária se tornar definitiva não é nenhuma inovação para o di-

---

[557] CHAINAIS, Cécile. Op. cit., p. 767.

reito brasileiro, como se pode perceber, especialmente, nas ações de procedimentos especiais.

A sumarização de uma ação também pode importar numa perspectiva diferente do princípio do contraditório, o que igualmente está longe de ser novidade no direito pátrio, tomando-se, como exemplo, as ações monitórias.

O contraditório sempre prévio acaba por propiciar ao demandado toda sorte de possibilidades, deixando, muitas vezes, de servir ao propósito de contribuir com a formação do convencimento do julgador para dilatar e tumultuar o processo, com discussões eventualmente desnecessárias e, inclusive, em razão do princípio da eventualidade, com defesas contraditórias.

Na estabilização da tutela antecipada, não haveria supressão do contraditório, que apenas se tornaria eventual, sendo que a defesa do demandado poderia se tornar causa de pedir de uma ação plenária. Em vez de a demanda dividir-se em duas fases, sendo a primeira interina, com contraditório diferido, dividir-se-ia em duas ações, conferindo-se autonomia a esta primeira fase, e invertendo-se o contraditório em relação à propositura da segunda.[558]

Mesmo que, na hipótese do Projeto, não ocorra a impugnação, o contraditório fica garantido para a ação posterior, tal qual no *référé* francês, desestimulando-se o perdedor a persistir na demanda em casos meramente procrastinatórios. Entretanto, caso entenda pertinente, poderá o sucumbente discutir a causa em uma demanda plenária, com pleno respeito à garantia do contraditório. Ademais, a referida decisão poderá ser impugnada consoante o sistema recursal existente.

Na concepção da estabilização da tutela antecipada, não há violação ao princípio do contraditório, apenas podendo sua provocação ficar a cargo do sucumbente na decisão liminar. Nesse sentido, refere Ovídio Baptista da Silva:

> *Ação sumária autônoma* – cautelar ou satisfativa, pouco importa – em que o contraditório também seria assegurado ao réu, porém com a diferença de que, neste caso, o autor que fora vitorioso no sumário ficaria dispensado de iniciar o *plenário* subseqüente, cabendo ao sucumbente no sumário a iniciativa do conflito. Esta *inversão de contraditório* reproduz a estrutura da cláusula *solve et repete*, mas o contraditório, com, plenitude de defesa, seria igualmente assegurado, porém a critério do demandado, através das duas demandas conjugadas.[559]

---

[558] Impõe-se salientar que, no que tange ao Projeto de novo Código de Processo Civil, caso o demandado impugne a decisão antecipatória, deverá o autor deduzir o pedido principal, não ocorrendo qualquer inversão do contraditório.

[559] O contraditório nas ações sumárias. *Da Sentença Liminar à Nulidade da Sentença*. Rio de Janeiro: Forense, 2002, p. 283.

A aliança entre a satisfação do autor provisoriamente e o modelo do provisório independente importa em uma inversão do contraditório, sendo que a iniciativa processual incumbiria ao demandado, e não mais, ao demandante. Trata-se de fenômeno em que o demandado em um procedimento provisório se encontraria forçado, no processo principal, a ocupar a posição de demandante e a suportar todos os seus consequentes incômodos, enquanto o demandante no procedimento provisório estaria plenamente satisfeito.[560]

Reitera-se que, pelo Projeto do novo Código de Processo Civil, tal inversão do contraditório somente ocorrerá na hipótese de o demandado não impugnar a decisão liminar no prazo legal.

Sobre a efetividade da técnica da inversão do contraditório, passível de justificar a pertinência e relevância da estabilização da tutela antecipada, Enrico Tullio Liebman, ao tratar da oposição de mérito no processo de execução, assevera que:

> Com êsse sistema contornam-se todos os processos nos quais o próprio devedor não encontraria questões a suscitar; e o ônus, que se lhe irroga, de propor o processo de cognição, suprime numerosas contestações infundadas, que se o citassem em juízo, teria formulado com ânimo exclusivamente dilatório.[561]

5.4. ESTABILIZAÇÃO DA TUTELA ANTECIPADA, O PRINCÍPIO DA PROPORCIONALIDADE E A INEXISTÊNCIA DE UMA ÚNICA RESPOSTA CORRETA

A aplicação da lei coloca o intérprete diante de uma necessária ponderação, impondo-se a análise de um caso concreto. Para a solução do conflito, deve-se aplicar a razão humana, não sendo os problemas jurídicos meramente matemáticos. A dialética aristotélica está presente nas decisões judiciais, não se podendo cair no eterno dualismo entre o justo e o injusto, o certo e o errado. Aplica-se a lógica do razoável, com base no que Aristóteles chama de meio-termo:

> Em tudo que é contínuo e divisível pode-se tirar uma parte maior, menor ou igual, e isso tanto em termos da própria coisa, quanto em relação a nós; e o igual é um meio-termo entre o excesso e a falta. Por "meio-termo no objeto" quero significar aquilo que é eqüidistante em relação aos extremos, e que é o único e o mesmo para todos os homens; e por "meio-termo em relação a nós" quero dizer aquilo que não é nem demasiado nem muito pouco, e isto não é o único e o mesmo para todos.[562]

---

[560] CHAINAIS, Cécile. Op. cit., p. 555.

[561] Op. cit., p. 150.

[562] *Ética a Nicômaco*. Trad. Pietro Nassetti. São Paulo: Martin Claret, 2005, p. 47.

E esse meio-termo, fruto da ponderação, do equilíbrio, é que seria o justo para Aristóteles:

> Existe também um ponto intermediário entre as duas iniqüidades existentes em cada caso. E esse ponto é a eqüidade, pois em cada espécie de ação em que há o mais e o menos, há também o igual. Se, então, o injusto é iníquo, o justo é eqüitativo, como, aliás, concordam todos. E como o igual é o ponto intermediário, o justo será o meio-termo.[563]

Deve-se analisar a conveniência de se tomar uma decisão dentre várias possibilidades, não havendo uma única resposta correta.[564] Nesse sentido, por meio da hermenêutica, percebe-se que a complexidade das relações humanas não admite um rito único e uniforme, que desconsidere a particularidade do caso concreto.

Não se pode crer que, com um rito plenário, seja possível obter uma única e definitiva resposta correta, verdadeira, havendo necessidade de decisões efetivas, que protejam direitos prementes e concedam o bem da vida de maneira antecipada no tempo. Não se pode preconizar a necessidade iluminista de obtenção da verdade absoluta, através do uso de fórmulas e ritos plenários e morosos, não sendo possível que se desvele uma única verdade. O homem vive em sociedade, não havendo verdades, mas versões.[565]

Para Ovídio Baptista da Silva,

> Uma lide, ou se quisermos o processo que a contém, oferece ao julgador – e nos juízos colegiados isto se torna ainda mais evidente – inúmeras "verdades" ou incontáveis alternativas de solução do conflito, todas elas plausíveis e verossímeis, postas à disposição do magistrado, que acabará formando seu convencimento, escolhendo, dentre a multidão de fatos, circunstâncias e indícios existentes nos autos, aqueles que o tenham impressionado mais fortemente, que mais se harmonizem com a compreensão do direito e das funções que o ordenamento jurídico haverá de desempenhar, que mais se aproximem de sua particular visão de justiça, a ser feita *naquele caso particular*.[566]

Essa busca pela única resposta foi responsável, segundo Ovídio Baptista, pelo divórcio entre o processo civil e a realidade fática, repudiando as decisões baseadas em juízo de verossimilhança:

---

[563] Idem, p. 108.

[564] Sobre a única resposta correta, DWORKIN, Ronald. *O império do direito*. Trad. Jefferson Luiz Camargo. São Paulo: Martins Fontes, 2003, e DWORKIN, Ronald. *Levando os direitos a sério*. Trad. Nelson Boeira. São Paulo:Martins Fontes, 2002.

[565] SILVA, Ovídio Baptista. *Jurisdição e execução na tradição romano-canônica*. Op. cit., p. 212. Nesse sentido, conforme salienta MARINONI, Luiz Guilherme. O custo e o tempo do processo civil brasileiro, op. cit., p. 48, "se o sistema realmente acreditasse na idéia de que o juiz encontra a "verdade", ele não teria se apressado em admitir a ação rescisória em razão de ter a decisão, já transitada em julgado, baseado-se em prova falsa (art. 485, VI, CPC)".

[566] A "plenitude de defesa" no processo civil. *Da Sentença Liminar à Nulidade da Sentença*. Rio de Janeiro: Forense, 2002, p. 124.

A suposição de que a ciência do direito pudesse criar, através da razão, como pretendera Leibniz, "verdades eternas" é a responsável pelo extraordinário divórcio entre o Processo Civil e a vida que se observa na experiência contemporânea [...] Enquanto o direito inglês conservou os princípios do processo interdital romano, sobrava para o direito continental o procedimento do *ordo judiciorum privatorum*, com a indefectível sentença condenatória, instrumentos capazes de permitir a realização do sonho de Leibniz, da busca desinteressada da verdade, feita por um juiz neutro; e que, ao mesmo tempo, repudiasse como falsos os juízos de verossimilhança, incapazes de gerar certeza "clara e distinta".[567]

Continua o processualista gaúcho:

A ideologia da ordinariedade, consagrada através do Processo de Conhecimento, assenta-se no falso pressuposto – que constituíra o sonho de Leibniz – de que a moral e o direito sejam tão demonstráveis como qualquer teorema matemático; e que a norma jurídica, fruto de um legislador iluminado, sendo por isso tão compreensivelmente clara, haveria de ter, invariavelmente, sentido unívoco, e a sentença, sendo produto de um juízo de certeza, teria de representar a única solução correta.[568]

Entretanto, sabe-se que o processo não pode apresentar essa fictícia "verdade".[569] Conforme Aristóteles,

O eqüitativo, embora seja superior a uma simples espécie de justiça, é justo em si mesmo, e não é como coisa de classe diferente que é melhor do que o justo. Portanto, a mesma coisa é justa e eqüitativa, embora, a eqüidade seja superior. O que origina o problema é o fato de o eqüitativo ser justo, porém não o legalmente justo, e sim uma correção da justiça legal. A razão disto é que toda lei é universal, mas não é possível fazer uma afirmação universal que seja correta em relação a certos casos particulares. Nos casos, portanto, em que é necessário falar de modo universal, mas não é possível fazê-lo corretamente, a lei leva em consideração o caso mais freqüente, embora não ignore a possibilidade de erro em conseqüência dessa circunstância.[570]

Segundo Hans Kelsen,

O acto jurídico que efectiva ou executa a norma pode ser conformado por maneira a corresponder a uma ou outra das várias significações verbais da mesma norma, por maneira a corresponder à vontade do legislador – a determinar por qualquer forma que seja – ou, então, à expressão por ele escolhida, por forma a corresponder a uma ou a outra das duas normas que se contradizem ou por forma a decidir como se as duas normas em contradição se anulassem mutuamente. O Direito a aplicar forma, em todas estas hipóteses, uma moldura dentro da qual existem várias possibilidades de aplicação, pelo que é conforme ao Direito todo o acto que se mantenha dentro deste quadro ou moldura, que preencha esta moldura em qualquer sentido possível. Se por "interpretação" se entende a fixação por via

---

[567] *Jurisdição e execução na tradição romano-canônica*, op. cit., p. 128-129.

[568] Idem, p. 197.

[569] Idem, p. 212: "Em última análise, é chegado o momento de restaurar a dimensão dialógica do debate judiciário, para convencermo-nos, definitivamente, de que o processo civil não promete a descoberta de verdades 'claras e distintas', como supuseram os iluminados juristas e filósofos do racionalismo europeu dos séculos que nos antecederam. O processo oferece *versões*, não verdades ou, reproduzindo, em nosso contexto, a conclusão de Hannah Arendt, oferece-nos *significados*".

[570] Op. cit., p. 124-125.

cognoscitiva do sentido do objetcto a interpretar, o resultado de uma interpretação jurídica somente pode ser a fixação da moldura que representa o Direito a interpretar e, consequentemente, o conhecimento das várias possibilidades que dentro desta moldura existem. Sendo assim, a interpretação de uma lei não deve necessariamente conduzir a uma única solução como sendo a única correcta, mas possivelmente a várias soluções [...].[571]

Percebe-se, por conseguinte, a importância de se analisar o caso concreto, tendo em vista a possibilidade de conflito entre garantias constitucionais. Frequentemente, em um mesmo processo, contrapõem-se garantias constitucionais de igual relevância, como a segurança e a efetividade.

Al producir-se una decisión que resuelve en definitiva el conflicto, cabe la posibilidad de que, como siempre ocurrirá en los casos en los que se prefiere la rapidez a la certeza, se produzca una afectación severa al derecho del afectado, quien inclusive es probable que sólo haya conocido del proceso cuando ejecutó la decisión. Toda esta situación, que podría cuestionarse en tanto parece cobijar una estructura de injusticia y de afectación de los derechos fundamentales del ejecutado, debe comprenderse en el contexto de una situación grave e irreparable que dio sustento a la pretensión de urgencia satisfactiva.[572]

Para Monroy Gálvez e Monroy Palacios, deve-se analisar o caso concreto nas hipóteses de tutela de urgência:

Cuando un juez recibe una demanda que contiene una tutela de urgencia satisfactiva, enfrenta una delicada disyuntiva. Por un lado, debe proteger el derecho a un debido proceso del demandado, como bien sabemos, hasta el límite de su inafectabilidad pero, por el otro, debe optar por una actuación inmediata e irreversible de la jurisdicción. La situación es, sin duda, muy compleja, sin embargo, la alternativa nos parece debe dilucidarse a partir del análisis serio y meticuloso de la probabilidad y del grado de irreparabilidad que contiene la demora en el amparo de la pretensión propuesta como urgente y satisfactiva.[573]

Nesse sentido, o julgador deve fazer uma necessária ponderação, um juízo axiológico, para dar prevalência a uma garantia em relação à outra.

Para que o juiz possa concluir se é justificável, ou não, o risco, ele necessariamente deverá estabelecer uma prevalência axiológica de um dos bens em vista do outro, de acordo com os valores do seu momento histórico [...] É por isso que *podem colidir*, quando a única saída será a aplicação do método da ponderação judicial dos bens conflitantes, mediante a análise dos seus pesos *no caso concreto* [...] os direitos fundamentais contêm uma espécie de reserva geral de compatibilização com outros direitos fundamentais, e que essa compatibilização somente pode ser feita pelo juiz mediante a análise dos pesos dos bens conflitantes *conforme as circunstâncias do caso concreto*.[574]

---

[571] *Teoria pura do direito*, 4. ed. Trad. Dr. João Baptista Machado. Coimbra: Armênio Amado, 1976, p. 466-467.

[572] MONROY GÁLVEZ, Juan; MONROY PALACIOS, Juan. Op. cit., p. 217.

[573] Idem, ibidem.

[574] MARINONI, Luiz Guilherme. *A antecipação da tutela*. 8. ed., rev. e ampl. São Paulo: Malheiros, 2004, p. 243.

Sob esse viés, utiliza-se o princípio da proporcionalidade para solucionar o conflito entre as garantias constitucionais conflitantes.[575]

> A proporcionalidade constitui um método para a solução de conflitos entre direitos, ou para a ponderação de direitos que contêm uma limitação imanente diante de direitos de igual porte, e dessa forma também pode auxiliar na solução de conflitos de bens diante da tutela antecipatória.[576]

O caso concreto deve ser analisado em respeito à riqueza de possibilidades da vida humana, não se podendo examinar sob a mera ótica do verdadeiro ou falso, cabendo ao magistrado analisar, com razoabilidade e proporcionalidade, as alegações a ele apresentadas, decidindo-se em favor do mais provável.

Destarte, é por meio do princípio da proporcionalidade que se deve aferir a possibilidade de, em um caso concreto, dar prevalência à efetividade, à tutela de urgência, determinando a inversão do contraditório e permitindo a estabilização da tutela antecipada.

> Ações sumárias satisfativas autônomas, terminais, independentes, que não impõem ao requerente que obtém o provimento correspondente, o ônus de iniciar uma demanda subseqüente. [...] Para tais situações excepcionais que seriam realmente irremediáveis através das formas de tutela jurisdicional comuns, a doutrina tem sugerido que o magistrado se valha do critério do interesse prevalente, fazendo o que a doutrina anglo-americana denomina ponderação dos interesses em conflito (*balance of convenience*).[577]

5.5. DIREITO COMPARADO

O direito comparado apresenta exemplos de ações sumárias autônomas, trazendo semelhanças e servindo de inspiração para a estabilização da tutela antecipada. O exemplo mais sólido é o do direito francês, cuja tutela provisória por excelência é o *référé*. Contudo, na quadra mais recente, o direito italiano tem se demonstrado aberto às influências francesas, podendo-se destacar a recente lei de competitividade.

Para Ada Pellegrini Grinover:

> Apesar do caráter de provisoriedade, que não dispensa o processo de conhecimento, comum a muitos ordenamentos em tema de tutela antecipada, em alguns países pode-se

---

[575] Sobre o princípio da proporcionalidade, sugere-se a leitura de SCHOLLER, Heinrich. O princípio da proporcionalidade no direito constitucional e administrativo da Alemanha. Trad. Ingo Wolfgang Sarlet. *Revista Interesse Público*, n. 02, 1999, p. 93-107. Conforme PORTO, Sérgio Gilberto. As liminares *inaudita altera parte* e a garantia constitucional-processual do contraditório. *Tutelas de urgência e cautelares*. São Paulo: Saraiva, 2010, a fundamentação da decisão deve "apontar o suporte constitucional da iniciativa, pena de insuficiência, em face das exigências da ordem jurídica".

[576] Idem, p. 244.

[577] SILVA, Ovídio Araújo Baptista da. Decisões interlocutórias e sentenças liminares. *Da Sentença Liminar à Nulidade da Sentença*. Rio de Janeiro: Forense, 2002, p. 74.

chegar à ESTABILIZAÇÃO DA ANTECIPAÇÃO DE TUTELA, quando a ela não se opuser qualquer das partes, de forma a dispensar o processo de conhecimento e a sentença de mérito: é o caso do "*référé*" francês e belga e de algumas hipóteses específicas na Itália. Nesses casos, reconhece-se ao provimento antecipatório, não impugnado, o caráter de título executivo ou até mesmo a natureza de sentença coberta pela coisa julgada.[578]

Outrossim, a ideia do projeto de estabilização da tutela antecipada, com a inversão do contraditório, possui certa semelhança com as ações monitórias, de natureza injuncional, havendo exemplo tanto no direito brasileiro, como em inúmeros ordenamentos, podendo-se citar a *ingiunzione* italiana e a *injonction de payer* francesa.

Sobre essa última, demonstrando a possibilidade de uma decisão se tornar estável em razão da omissão do demandado, explicita Roger Perrot que:

> Sua originalidade essencial reside em atribuir efeitos jurídicos ao mutismo do devedor, no sentido de que, se este não se opõe ao decreto de injunção no prazo fixado, seu silêncio valerá como reconhecimento implícito da dívida. Inverte-se o contraditório. Enquanto, segundo a regra geral, o debate precede a decisão, aqui, com a *injonction de payer*, o juiz começa por decidir, e só haverá debate na hipótese de oposição do devedor: se este não reage (deixando de formular oposição), forma-se a seu favor um título executivo. Com a *injonction de payer*, faz-se "falar" o seu silêncio.[579]

A semelhança dos provimentos monitórios com a ideia central do projeto de estabilização da tutela antecipada é referida por Edoardo Ricci, em estudo sobre a antecipação de tutela brasileira:

> Como no direito italiano, o provimento monitório torna-se executivo seja quando a parte intimada não contesta, seja se sucessivamente a oposição é rejeitada. Pois bem, não se pode esquecer que as decisões antecipadas são, em substância, provimentos monitórios pronunciados no curso do processo. Diferentes podem ser os pressupostos, mas análoga pode ser a eficácia. Não é então incongruente pensar que, uma vez pronunciado o provimento antecipatório, a parte intimada possa tomar uma atitude semelhante àquela de quem, tendo sofrido uma injunção, renuncia a opor-se. Pode-se aqui refletir que o provimento antecipatório, pelo fato de ser proferido no âmbito do processo ordinário, mediante contraditório prévio com a parte demandada, é mais fidedigno do que o provimento monitório.[580]

De qualquer sorte, pode-se identificar, no direito francês e no direito italiano, proteções jurisdicionais provisórias autônomas, aptas a regular

---

[578] Tutela jurisdicional diferenciada: a antecipação e sua estabilização. *Revista de Processo*, n. 121, ano 30, 2005, p. 14. Salienta a processualista, à p. 22, inclusive, que, "na Alemanha, ao contrário, se o demandado não inicia o procedimento ordinário, a medida, de provisória, torna-se definitiva, sem necessidade de julgamento de mérito".

[579] PERROT, Roger. O processo civil francês na véspera do século XXI. Trad. José Carlos Barbosa Moreira. *Revista de Processo*, n. 91, 1998, p. 208-209.

[580] A tutela antecipatória brasileira vista por um italiano, op. cit., p. 702-703.

o litígio de forma definitiva, tal qual poderia ocorrer com a estabilização da tutela antecipada.

Não se trata de simples mimetismo, mas de imperiosa necessidade de se estudar institutos do direito alienígena, a fim de compreender e, se possível, adaptar às peculiaridades e à cultura jurídica brasileira.[581]

5.5.1. *Référé* do Direito francês

A origem do *référé* remonta ao século XVII, sendo normalmente identificada no caso do "Châtelet de Paris", em razão da necessidade de sanar a lentidão da justiça parisiense. Salienta Alessandro Jommi, que o *Editto* de 22 de janeiro de 1685 conferiu poderes para que as partes comparecessem no mesmo dia perante o juiz. Posteriormente, o Código de Processo Civil de 1806 institucionalizou o *référé*, estendendo-o para toda a França. Contudo, foi Debelleyme, presidente do Tribunal Civil da Seine, Paris, de 1829 a 1846, quem deu prestígio a esse procedimento, iniciando uma construção teórica estruturada e consistente.[582]

Desde 1806, quando o *Conseiller Real* apresentou o procedimento de *référé*, constou que os casos em que a menor demora, mesmo que de poucas horas, pudesse trazer um prejuízo irreparável deveriam ser decididos imediatamente.[583]

As tutelas provisórias difundiram-se durante todo o Século XX na França. Todavia, a reforma dos procedimentos civis de execução, em 1991 e 1992, trouxe uma unidade jurisdicional do provisório. Sob o império do CPC, generalizou-se o acesso a um *juge des référés*, em resposta à urgência, fundamento da competência do juízo presidencial. Inicialmente admitidas exclusivamente perante o Tribunal Civil, precursor do Tribunal de Grande Instance, as tutelas provisórias passaram a ser progressivamente instituídas perante as diferentes jurisdições.[584] Assim, passou-se a difundir um poder geral do *juge des référés* extensivo às diversas jurisdições.

---

[581] Embora não tenha sido objeto de estudo do presente trabalho, pode-se salientar também a existência das medidas autosatisfactivas do direito argentino. Sobre o tema, PEYRANO, Jorge W. (director). *Medidas autosatisfactivas*. Buenos Aires: Rubinzal-Culzoni, 2004; PEYRANO, Jorge W. Régimen de las medidas autosatisfactivas, nuevas propuestas. *Gênesis – Revista de Direito Processual Civil*, n. 7, Curitiba, 1998, p. 96-102; PEYRANO, Jorge W. Reformulación de la teoría de las medidas cautelares: tutela de urgencia – medidas autosatisfactorias. *Gênesis – Revista de Direito Pocessual Civil*, n. 9, Curitiba, 1998, p. 528-549.

[582] JOMMI, Alessandro. *Il référé provision: ordinamento francese ed evoluzione della tutela sommaria anticipatoria in Itália*. Torino: G. Giappichelli, 2005, p. 05.

[583] CHAINAIS, Cécile. Op. cit., p. 71.

[584] Idem, p. 58.

O *référé* francês possui característica de jurisdição sumária material, permitindo juízos de aparência. Com base na *juridiction des référés*, a Justiça francesa dá maior efetividade ao direito material, admitindo ações sumárias decididas com base na aparência, na verossimilhança, quebrando a tradição francesa dos juízos colegiados. Na prática, é o juiz que impõe o procedimento ao legislador, servindo como exemplo do existencialismo judiciário.[585]

Conforme dispõe o art. 484 do novo CPC francês,[586] o *référé* é uma decisão provisória tomada a pedido de uma parte, na presença da outra ou sendo esta chamada, no caso em que a lei confere a um juiz, que não é o responsável pelo processo principal, o poder de ordenar imediatamente as tutelas necessárias. O *référé* recai a um órgão próprio, uma jurisdição específica, a jurisdição provisória, que não entra no julgamento do principal, do mérito. O objeto do juízo provisório e o do principal de mérito são diversos.[587]

As tutelas tomadas em *référé*, em sua concepção tradicional pelo menos, visam a assegurar uma proteção provisória na espera de uma proteção final. No entanto, também podem ser utilizadas de fato como um substituto eficaz de uma decisão definitiva, já que não há obrigação legal de dar início a um processo de fundo. Na França, o provisório aspira a ser definitivo, sendo que os franceses costumam referir que "nada dura como o provisório".[588]

O novo Código de Processo Civil francês consagrou a eclosão do *référé* em todos os "ramos da árvore judiciária". O poderes do presidente do "tribunal de grande instance" estenderam-se a todas as matérias em que não existia um procedimento particular de *référé*. Trata-se de um verdadeiro poder jurisdicional provisório geral, sendo que o novo CPC definiu o *référé* como um poder, figurando as normas relativas a ele sob o título "poderes do presidente".[589]

---

[585] BURGELIN, Jean-François; COULON, Jean-Marie; FRISON-ROCHE, Marie-Anne. Le juge des référés au regard des principes procéduraux. *Recueil Dalloz Sirey*, 10. Cahier-Chronique, 1995, p. 67: "C'est le juge qui a imposé la procédure au législateur et non l'inverse. Bel exemple d'existentialisme judiciaire". Conforme JOMMI, Alessandro, op. cit., p. 05, em um país como a França, em que está impregnado o primado da lei como fonte de direito, a singularidade do *référé* é notável, porque o juiz é que impôs o procedimento ao legislador, e não o inverso.

[586] Art. 484: "L'ordonnance de référé est une décision provisoire rendue à la demande d'une partie, l'autre présente ou appelée, dans les cas où la loi confère à un juge qui n'est pas saisi du principal le pouvoir d'ordonner immédiatement les mesures nécessaires".

[587] CHAINAIS, Cécile. Op. cit., p. 224.

[588] Idem, p. 17-19. Conforme, Honoré de Balzac, em Les Paysans, na França "o provisório é eterno".

[589] Idem, p. 59.

O presidente da jurisdição é quem é investido diretamente da jurisdição do provisório, sendo que os amplos poderes discricionários do juiz do *référé* francês decorrem da qualidade de presidente daquele a quem são conferidos tais poderes, tratando-se de uma garantia de boa justiça para os jurisdicionados. Todavia, o presidente pode igualmente delegar seus poderes a outros juízes.[590]

Para evitar tanto os malefícios de soluções prematuras, como de soluções tardias, a lei confere aos juízes o poder de impor "soluções de espera", conservatórias ou provisórias em sentido estrito. O *juge des référés* é o procedimento que deve, em primeiro lugar, assegurar tal função. Tradicionalmente, o objetivo do *référé* era permitir a obtenção rápida de uma tutela provisória durante a espera de solução definitiva do litígio. A resposta à urgência é a função clássica, a função histórica e primeira da jurisdição do *référé*.[591]

O art. 808 do novo Código de Processo Civil francês[592] traz o chamado *référé* geral, explicitando que, em todos os casos de urgência, o presidente do tribunal de grande instance poderá ordenar, em *référé*, todas as medidas que não enfrentem uma contestação séria ou que justifiquem a existência de um *différend*. A urgência aparece como condição comum para as tutelas provisórias previstas nesse artigo.[593]

Assim, em razão da ausência de contestação séria, seria *provável* que o autor do procedimento provisório estivesse em seu bom e legítimo direito, permitindo-se ao juiz, em razão da urgência, conceder-lhe imediatamente, ao menos a título provisório, a tutela requerida. Ademais, em razão da segunda hipótese do art. 808, o juiz pode simplesmente constatar, em caso de urgência, a existência de um *différend*, justificando a concessão da tutela. Assim, para Cécile Chainais, na primeira hipótese, o *fumus boni iuris* justificar-se-ia como aparência de bom direito; contudo, na segunda, seria a tutela, ela mesma, que pareceria justificada, em um caso em que o direito não deve ser visto *a priori* como "bom", mas simplesmente litigioso.[594]

---

[590] CHAINAIS, Cécile. Op. cit., p. 249.

[591] Idem, p. 70.

[592] Art. 808: "Dans tous les cas d'urgence, le président du tribunal de grande instance peut ordonner en référé toutes les mesures qui ne se heurtent à aucune contestation sérieuse ou que justifie l'existence d'un différend".

[593] CHAINAIS, Cécile. Op. cit., p. 70.

[594] Idem, p. 78.

Já o art. 809,[595] que traz o chamado *référé* especial, expressa que o presidente pode, mesmo em presença de uma contestação séria, prescrever em *référé* as medidas conservatórias ou de reabilitação que se imponham, seja para prevenir um dano iminente, seja para fazer cessar um transtorno manifestamente ilícito.[596]

Destarte, o *référé* especial do art. 809, primeira alínea, permite a concessão de tutelas conservatórias ou preventivas que se imponham, mesmo diante de uma contestação séria, quando se busca a prevenção de um dano iminente ou quando se quer fazer cessar um *trouble* manifestamente ilícito. Assim, essa hipótese, acrescentada por um Decreto de 17 de junho de 1987, alargou o domínio do *référé*, não permitindo que o julgador se escude atrás de uma contestação séria para não tomar uma decisão de justiça.[597]

A hipótese de prevenção de um dano iminente, diante de uma contestação séria, é extremamente delicada, não se justificando a intervenção do juiz do provisório se não houver, ao menos, uma possibilidade de que o autor esteja estabelecido em seu "bom direito", sob pena de se atribuir ao procedimento provisório uma sorte de justiça alternativa. É a possibilidade de reconhecer a ilicitude de tais danos no julgamento sobre o mérito que, juntamente com o perigo iminente, impõem a concessão da tutela do *référé*. Como o julgador do provisório não pode resolver o litígio ele mesmo, mas tendo em vista uma situação conflitante cuja gravidade é séria e constatando a iminência e a intensidade do risco, ele pode conceder uma tutela provisória para salvaguarda do direito, enquanto se aguarda uma decisão eventual sobre o mérito. Aqui há necessidade, ao menos, da eventualidade de um processo paralelo ou ulterior sobre o "fundo" da ação.[598]

Inúmeros eram os obstáculos iniciais à concessão de tutela de satisfação antecipada, como a vedação ao *référé* de "faire préjudice au principal",[599] existente no antigo CPC, em que se vedava que a ordem do *référé*

---

[595] Art. 809 : "Le président peut toujours, même en présence d'une contestation sérieuse, prescrire en référé les mesures conservatoires ou de remise en état qui s'imposent, soit pour prévenir un dommage imminent, soit pour faire cesser un trouble manifestement illicite.

Dans les cas où l'existence de l'obligation n'est pas sérieusement contestable, il peut accorder une provision au créancier, ou ordonner l'exécution de l'obligation même s'il s'agit d'une obligation de faire".

[596] CHAINAIS, Cécile. Op. cit., p. 70.

[597] Idem, p. 78-79.

[598] Idem, p. 79-80.

[599] O requisito da vedação do préjudice au principal foi substituído, em 1971, pela falta de contestação séria, mas ainda é um critério levado em conta para caracterizar a provisoriedade conforme afirmaram CEZAR-BRU, HEBRAUD. P. SEIGNOLLE, J. *La juridiction du president du Tribunal*, t. 1 : Des référés. Paris: Librairies Techniques, 1978, p. 24. Conforme SILVA, Ovídio Araújo Baptista da.

deixasse vislumbrar a decisão de mérito que o Tribunal tomaria no processo de fundo. Tal proibição restou suprimida no novo CPC, permanecendo apenas a ausência de coisa julgada "au principal", deixando o campo livre para as tutelas provisórias irreversíveis.[600]

O *juge des référés* é dotado de um poder de ordenar imediatamente as tutelas necessárias. Trata-se de um poder próprio da jurisdição do provisório, que é caracterizado, no entanto, por uma falta, pois é definido negativamente pela sua inaptidão fundamental de produzir uma decisão que seja dotada da autoridade de coisa julgada material, diferença fundamental em relação às decisões do juízo de mérito.[601]

Salienta Alessandro Jommi que:

> O *référé* é um procedimento sumário (extremamente simples e rápido), em contraditório, perante um juízo monocrático (em princípio o presidente do tribunal competente ou o juiz delegado por ele), que pode ser instaurado *ante causam* ou no curso de um processo, e que resulta em um provimento emitido sob a forma de ordem, cujas características são: 1) uma eficácia executiva particularmente incisiva, de pleno direito, que não pode ser suspensa em nenhum caso, mesmo que em princípio sejam admitidos contra a ordem os meios normais de impugnação; 2) a provisoriedade (ou seja, a não autoridade de coisa julgada); e 3) a ausência de (rígida) instrumentalidade em relação ao processo de cognição plena (ou seja, a efetividade da ordem não é subordinada à instauração, dentro de um prazo fixado pelo juiz ou pela lei, do processo à cognição plena, nem ocorre sua extinção, uma vez instaurado).[602]

O procedimento do *référé* é extremamente rápido e simplificado, desprovido de qualquer formalismo supérfluo, encontrando limite no essencial respeito ao princípio do contraditório e na possibilidade de o juiz do *référé*, diante de uma controvérsia complexa, enviá-la para uma formação colegial da jurisdição competente. Não é mais necessária a constituição de advogado. Cita-se o demandado para comparecer a uma audiência, com data e hora precisas, devendo-se assegurar que, entre a citação e a audiência, haja tempo suficiente para que o réu prepare sua defesa. É

Decisões interlocutórias e sentenças liminares. *Da Sentença Liminar à Nulidade da Sentença*. Rio de Janeiro: Forense, 2002, p. 16, "prejudicar a decisão de mérito seria, pois, prejulgar a causa, através de uma sentença prévia com força de coisa julgada".

[600] CHAINAIS, Cécile. Op. cit., p. 91.

[601] Idem, p. 224.

[602] JOMMI, Alessandro. Op. cit., p. 71-72: "La 'procedura di *référé*' non è altro che un procedimento sommario (estremamente semplice e rapido) in contraddittorio a giudice unico (in principio il presidente dell'organo giudiziario competente o il giudice da questi delegato), che può essere instaurato *ante causam* o in corso di causa, e che sfocia in un provvedimento avente la forma dell'ordinanza le cui caratteristiche sono: 1) un'efficacia esecutiva particolarmente incisiva ('de plein droit'), che non può essere sospesa in nessun caso, ancorché in principio siano ammessi contro l'ordinanza i normali mezzi di impugnazione; 2) la provvisorietà (ossia la non attitudine al giudicato); 3) l'assenza di (rigida) strumentalità rispetto al processo a cognizione piena (ossia l'efficacia dell'ordinanza non è subordinata all'instaurazione entro un termine fissato dal giudice o dalla legge del processo a cognizione piena e alla sua non estinzione una volta instaurato)".

possível que a citação seja para comparecer a qualquer momento, inclusive na hora seguinte, seja dia útil ou feriado, dia ou noite, na sala de audiência, no gabinete do magistrado ou, até mesmo, em sua residência. O procedimento será concluído com uma decisão provisória, que não tem autoridade de coisa julgada.[603]

A ordem de *référé* é uma decisão judicial que deve ser pronunciada em audiência pública e deve ser motivada. Constitui-se em um título executivo, podendo-se iniciar a sua execução forçada, que não poderá ser suspensa. O devedor é obrigado a pagar imediatamente, podendo o juiz subordinar a execução provisória à constituição de uma garantia.[604]

Há sempre a possibilidade de instaurar um processo de cognição plena, com todas suas garantias, não havendo qualquer eficácia preclusiva na ordem do *référé*, o que representa um contrapeso e a garantia essencial para o direito de defesa da parte. Contudo, a ordem do *référé* não pode ser modificada ou revogada, em *référé*, salvo em caso de circunstâncias novas. Trata-se de uma ordem excepcional, visto que concedida apenas diante de um direito manifestamente incontestável. Sua eficácia não é subordinada a um eventual processo à cognição plena.[605]

A parte sucumbente poderá impugnar a decisão, sendo que os meios de impugnação não se confundem com o juízo de mérito, impondo-se salientar que as duas jurisdições não se dão em um mesmo plano. Assim, a impugnação da decisão não prejudica a instauração do processo à cognição plena e vice-versa.[606]

No direito francês, em que existe a possibilidade de a tutela ser concedida *ex parte*, nas *ordonnances sur requête*, o restabelecimento posterior do contraditório dá-se, preferencialmente, com a possibilidade de retratação, no chamado *référé rétractation*, sendo que o procedimento de *référé* intervém como um prolongamento natural do procedimento sob *requête*.[607]

A decisão provisória se sujeita a uma possível decisão final, visto que sua função precípua é responder ao perigo da demora, em razão do tempo necessário para o desenrolar processual de uma decisão final de mérito. Sendo uma decisão provisória, é uma decisão dependente. Na

---

[603] Idem, p. 86-89. Conforme CHAINAIS, Cécile, op. cit., p. 264-276, a celeridade e a simplicidade do *référé* permitem que se dispense a representação processual por advogado, bem como se trata de um procedimento principalmente oral. O procedimento provisório do *référé* é caracterizado pela celeridade, com duração breve, não havendo prazos fixos, devendo-se apenas respeitar o contraditório e os direitos de defesa.

[604] JOMMI, Alessandro. Op. cit., p. 94-96.

[605] Idem, p. 98-100.

[606] Idem, p. 101.

[607] CHAINAIS, Cécile. Op. cit., p. 252-258.

França, contudo, em que pese a possibilidade de controle por uma decisão final de mérito, a decisão do *référé* ocorre após um procedimento que é organizado de forma independente em relação ao feito principal.[608]

A característica principal do *référé* é a sua independência em relação ao processo de fundo. O *référé* visa a responder ao perigo que representa o decurso de tempo necessário para o bom desenrolar do processo de mérito. Contudo, ao contrário da cautelar italiana, ele não materializa esse vínculo entre procedimento provisório e de mérito. Apenas o perigo resultante da demora necessária para a realização do processo de fundo deve ser real ou provável, pouco importando se ele será ou não efetivamente instaurado.[609]

O *référé* é marcado por sua independência procedimental no seu nascimento – a existência de um processo de mérito em curso ou porvir não é condição para sua concessão –, no seu desenvolvimento – os eventos de eventual processo de fundo não o afetam – e no seu termo – a extinção de um eventual processo de mérito não leva, em princípio, à extinção da tutela provisória.[610]

Após a concessão de tutela em *référé*, não há qualquer previsão de que deva ser intentado um processo de mérito em algum prazo breve. O *référé* nasce, desenvolve-se e tem fim de forma independente. Claro que o autor pode não se contentar com o que lhe foi concedido em *référé*, ou o demandado pode se insurgir com a tutela concedida, de sorte que um ou outro poderá, em consequência, instaurar um processo de mérito. Contudo, trata-se de uma possibilidade, e não, de uma exigência legal. Considerando a possibilidade de jamais ser iniciado posteriormente um processo de mérito, não é de se excluir a hipótese de que a decisão provisória possa ser levada a perdurar indefinidamente.[611]

O *référé* abre a possibilidade de um provisório com duração indeterminada. A decisão, como toda decisão provisória, é suscetível de ser substituída por uma decisão final de mérito, sendo, pois, dependente. Contudo, o traço processual específico, que é a independência do procedimento do *référé*, abre a via para uma independência *de fato* da decisão provisória. Como nada obriga que o beneficiário do *référé* instaure um processo de mérito, é possível que a decisão definitiva não intervenha jamais e que o provisório se torne, de fato, definitivo.[612]

---

[608] CHAINAIS, Cécile. Op. cit., p. 323.

[609] Idem, p. 375.

[610] Idem, ibidem.

[611] Idem, p. 376.

[612] Idem, p. 402 : « Comme tout décision provisoire, la décision de référé est toujours susceptible, *de jure*, d'être remplacée par une décision au fond susceptible d'y mettre un terme, dont elle est par

Trata-se de um instrumento de regramento antecipado do direito. A função de evitar o processo de mérito nasceu da conjunção de duas realidades: a função de satisfação antecipada que reveste um certo número de tutelas de *référé* e a estrutura do processo do *référé*, marcado pela sua independência em relação ao processo de mérito, que torna possível uma decisão provisória com duração indeterminada.[613]

O procedimento do *référé* possui aptidão para provocar a extinção total e definitiva de uma imensa quantidade de contendas que, aos olhos da lei, não são julgadas, a não ser provisoriamente.[614]

A função de desafogar a carga processual tem conhecido um interesse renovado, à medida que o congestionamento dos tribunais torna-se uma realidade mais premente. A função subsidiária do *référé*, de evitar o processo de mérito, é percebido como um instrumento processual capaz de substituir, se necessário, o procedimento e a decisão definitivos.[615]

O *référé* tem também uma função de polícia das situações manifestamente ilícitas, sendo utilizado como um instrumento eficaz de moralização da vida jurídica. O fato de o juiz reconhecer como manifestamente ilícito o dano invocado constitui uma vigorosa incitação para que a parte perdedora do *référé* não engaje o processo sobre o mérito posteriormente.[616]

O recurso ao *référé* insere-se numa lógica econômica de satisfação dos litigantes, poupando-os de uma despesa suplementar de tempo e de dinheiro.[617]

O *référé* tem aptidão para conciliar os interesses em jogo, sendo o tempo do provisório propício à reconciliação, visto que o diálogo ainda é possível entre as partes. Ademais, o caráter oral permite esse diálogo e a simplicidade do procedimento é favorável a esse espírito de negociação.[618]

---

conséquent dépendante. Mais le trait procédural spécifique qu'est l'indépendance de l'*instance* en référé ouvre la voie à une indépendance *de facto* de la *décision* provisoire. En effet, dès lors que rien n'oblige le bénéficiaire de la mesure de référé à engager uns instance au fond, il se peut que la décision définitive n'intervienne jamais et que le provisoire devienne définitif dans les faits ».

[613] Idem, p. 421.

[614] Idem, p. 423.

[615] Idem, ibidem.

[616] Idem, p. 428-429. A doutrinadora francesa, às fls. 472-472, vê, na decisão provisória, também uma função de sinal, sendo interpretada pelas partes como um indicativo de suas chances reais de sucesso quando de um eventual processo de mérito. Assim, o juiz do provisório dá sinais às partes para orientar seu comportamento ou para lhes deixar prever o provável resultado do processo, de sorte que, muitas vezes, as partes preferem renunciar ao processo de mérito do que iniciar uma causa perdida por antecipação.

[617] Idem, p. 450.

[618] Idem, p. 474-476.

Há uma mudança de função da proteção jurisdicional provisória, que sofre uma evolução em profundidade com a desocupação gradual da condição de urgência. Ocorre uma certa proliferação de *référés* especiais,[619] destacando-se o *référé* especial do art. 809, primeira alínea, do novo CPC francês, em que se evidencia uma ocultação da urgência. Assim, quando trata da possibilidade de fazer cessar um *trouble* manifestamente ilícito, a dimensão da urgência desaparece mais nitidamente.[620]

A instrumentalização da proteção jurisdicional provisória tem efeitos positivos. O *référé*, em sua visão tradicional, permite evitar muitos processos e aliviar o Judiciário. O efeito da proteção jurisdicional provisória é agora multiplicado, pois afeta, por ricochete, um conjunto de processos civis que, em benefício do descongestionamento do Judiciário pelo uso do *référé*, podem ser julgados com maior celeridade. Impõe-se salientar que o empobrecimento conceitual da proteção "provisória" é o preço de sua eficácia, sendo que o direito não é constituído simplesmente por suas belas construções teóricas, mas visa, em primeiro lugar, a sua eficácia prática.[621]

Trata-se do pragmatismo francês, em que há maior preocupação com a efetividade do que com as regras formais. A principal característica do *référé* é a sumariedade material e cognitiva da decisão, sendo os atos processuais caracterizados pela informalidade e pela oralidade. Dá-se maior participação e poder de criação ao juiz, em verdadeiro ativismo judicial, sendo que o percentual de recurso das decisões do *référé* é ínfimo, assim como a discussão de fundo em uma nova ação. As decisões não fazem coisa julgada, porque as partes podem discutir a matéria de fundo em uma ação plenária, mas, na prática, isso pouco ocorre e, quando ocorre, os juízes normalmente utilizam o *référé passarelle*,[622] reenviando o *référé* ao juízo colegiado, competente para a discussão do mérito.[623]

A sumariedade cognitiva se dá em razão de os provimentos serem proferidos com base na aparência dos fatos alegados. Trata-se de um

---

[619] Segundo FUX, Luiz. *Tutela de segurança e tutela de evidência*. São Paulo: Saraiva, 1996, p. 172-173, a origem do *référé* decorreu da urgência, mas hoje existem numerosos tipos, pautando-se pela atipicidade.

[620] CHAINAIS, Cécile. Op. cit., p. 510-511.

[621] Idem, p. 768.

[622] De acordo com CHAINAIS, Cécile, op. cit., p. 388-389, *référé* e mérito são vistos como duas retas paralelas, uma e outra se desenvolvendo de maneira independente. O mecanismo da passarela pode fazer a ligação entre o procedimento de *référé* e o do mérito, permitindo que o presidente da jurisdição – quando constatar que não pode pronunciar-se sobre a ação que lhe é apresentada em *référé*, porque excede seus poderes – a pedido da parte, e se a urgência justificar, remeta o feito a uma audiência sobre o mérito da causa.

[623] BURGELIN, Jean-François. COULON, Jean-Marie. FRISON-ROCHE, Marie-Anne. Le juge des référés au regard des príncipes fundamentaux. *Recueil Dalloz Sirey*, n. 10, Paris, 1995, p. 67-74.

direito provável oriundo da confiança na tarefa hermenêutica do julgador.[624]

O *référé* é a jurisdição do caso concreto, permitindo juízos com base na aparência, na verossimilhança, preenchendo os vazios teóricos da lei. E a provisoriedade da decisão acaba não se confirmando na prática francesa, pois, poucas vezes, se recorre à possibilidade de se rediscutir a matéria em outro órgão jurisdicional, colegiado, que não estaria vinculado ao julgamento do *référé*. Assim, o *référé* acaba por adquirir uma autoridade de fato sobre o julgamento de mérito.

Mesmo que mantida provisória a decisão, com a não continuidade da discussão de mérito no juízo colegiado, o autor beneficia-se, e a justiça economiza pela ausência de um processo moroso, em razão do desencorajamento a uma resistência infundada.[625]

Embora não tenha o poder de impedir a posterior discussão do mérito, os juízos de verossimilhança são respeitados e acabam por ter autoridade de coisa julgada de fato, em um processo sumário material autônomo.

Da mesma forma, ocorre no *référé* belga, não dependendo do procedimento ordinário, sendo comum que ele encerre a questão, conforme salienta Ada Pellegrini Grinover:

> Na Bélgica, embora o *référé* seja tipicamente temporário, a instauração de uma "ação plena" não é essencial, nem o instituto depende do procedimento ordinário. É possível, e mesmo comum, que o *référé* encerre a questão. Cada vez mais "*de facto*" senão "*de iure*", o *référé* tem efeitos de uma decisão final (o relatório refere-se, como *leading case*, ao processo De Benedetti versus Société Générale de Belgique).[626]

Pode-se dizer que o *référé* não possui mais a urgência como fundamento único, tratando-se de um procedimento cuja rapidez da decisão, concedida com base na verossimilhança, é seu traço essencial, sendo o processo sumário autônomo, mesmo que a natureza da decisão seja provisória. O *référé* resolve provisoriamente o litígio, com base na aparência, por meio de uma decisão antecipatória. Trata-se de uma exigência de celeridade dos julgamentos.

O *référé* é a justiça do caso concreto, e essa é sua riqueza, reforçando o caráter público do direito processual. Os litígios não são mais apenas possessórios, de direito de família e sucessões; são cada vez mais complexos, como nas relações de consumo e direitos fundamentais. A suma-

---

[624] Sobre o tema consulte-se: MARTIN, Raymond. Le référé, théatre d'apparence. *Recueil Dalloz Sirey – Chronique*, 24. cahier, 1979, p. 158-160.

[625] Consulte-se TARZIA, Giuseppe (Org.). *Les mesures provisoires em procédure civile*. Milão: Giuffrè, 1985.

[626] Op. cit., p. 22-23.

riedade material e a autonomia do *référé* permitem maior efetividade na proteção do direito material. Por ser atípico, aberto, o procedimento se molda ao direito material.

Trata-se da versão moderna dos interditos pretorianos do direito romano clássico, com a atipicidade que permite, em cada caso concreto, uma roupagem mais apropriada.[627]

Para Ovídio Baptista da Silva:

> O exemplo francês da criação da moderna jurisdição de urgência (*juridiction des référés*) é ilustrativo, ao demonstrar como as pressões da experiência jurídica podem instituir novos modelos e abrir caminhos inovadores, mesmo que a doutrina tente preservar seus castelos conceituais e resista em admitir que os velhos princípios que sustentam os códigos do século XIX já não mais atendem às exigências da civilização contemporânea.[628]

A efetividade do *référé* é demonstrada por Ada Pellegrini Grinover, ao afirmar que, "assim também, no *référé* francês, as partes costumam conformar-se com o provimento, sendo que parece que mais de 90% (noventa por cento) dos casos acabam resolvidos sem necessidade do processo ordinário".[629]

5.5.1.1. *Référé provision*

Forma especial de *référé* é o chamado *référé provision*, em que se admite ao credor de uma obrigação "não seriamente contestada" obter, *ante causam* ou no curso do processo, mediante um procedimento sumário de *référé*, um provimento antecipatório de condenação.[630]

O *référé provision* é uma construção puramente legislativa, sendo a grande inovação do Decreto n. 73-1122, de 17 de dezembro de 1973, enquanto que o *référé* se origina e se desenvolve historicamente pela jurisprudência.[631]

Segundo Alessandro Jommi, originariamente, o *référé provision* foi instituído para melhor tutelar as vítimas do tráfego rodoviário em relação à reparação dos danos. Em muitos casos, o contencioso era simples, mas

---

[627] Sobre essa liberdade e esse poder, consulte-se: NORMAND, Jacques. *Revue Trimestrielle de Droit Civil*, années 1982, p. 192.

[628] *Jurisdição e execução na tradição romano-canônica*, op. cit., p. 194.

[629] Op. cit., p. 23.

[630] JOMMI, Alessandro. Op. cit., p. 02: "L'esperienza francese del *référé provision*, sulla base della quale si ammette che un creditore la cui obbligazione non sia 'seriamente contestabile' possa ottenere *ante causam* o in corso di causa, tramite la procedura sommaria di *référé*, un provvedimento anticipatorio (anche totalmente anticipatorio) di condanna, diventa allora in questo senso esemplare e il suo successo pratico dovrebbe far riflettere gli spiriti più garantisti".

[631] Idem, p. 05-06

se prolongava indefinidamente na via ordinária tão somente em razão da resistência do responsável ou de sua companhia de seguro, em pagar, multiplicando suas defesas a fim de impor à vítima desesperada um acordo conveniente.[632]

Em seu nascedouro, o poder de conceder uma provisão foi atribuído apenas ao presidente do "tribunal de grande instance", podendo-se afirmar que, atualmente, pode ser exercido perante todos os *juges des referes*" de primeiro grau de qualquer jurisdição civil a que pertençam.[633]

O *référé provision* foi concebido, inicialmente, somente para as obrigações cujo objeto era uma soma de dinheiro, sendo que essa limitação parcialmente desapareceu com o Decreto n. 85-1130, de 17 de dezembro de 1985, que reconheceu ao juiz do *référé* o poder de ordenar a execução até mesmo de uma obrigação de fazer, desde que, claro, não tenha sido seriamente contestada.[634]

Classicamente, o *référé* surge como um juízo de urgência, sendo que a incerteza acerca da emancipação do *référé provision* da condição de urgência terminou com o aresto da Corte de Cassação, de 04 de novembro de 1976, que afirmou que o *référé provision* exige tão somente a constatação de uma obrigação não seriamente contestada, não se perquirindo acerca da urgência. Posteriormente, doutrina e jurisprudência seguiram esse entendimento, pacificando a questão.[635]

O *référé provision* oferece um exemplo próximo da mutação da função da proteção jurisdicional provisória, em favor da destituição da condição da urgência. O *référé provision* é, sem dúvida, o exemplo mais notável de um *référé* cuja execução não é submetida à urgência, permitindo ao juiz do *référé* conceder imediatamente uma provisão creditada sobre o montante da condenação que será, eventualmente, proposta pelo tribunal, desde que a obrigação não seja seriamente contestada. Não há qualquer vinculação à urgência.[636]

De acordo com o novo Código de Processo Civil francês, art. 809, segundo *comma*, o único pressuposto do *référé provision* é a existência de uma obrigação não seriamente contestada, ou seja, a ausência de uma

---

[632] JOMMI, Alessandro. Op. cit., p. 16.

[633] Idem, p. 07-08.

[634] Idem, p. 15.

[635] Idem, p. 56. Conforme salienta CHAINAIS, Cécile, op. cit., p. 513, os dispositivos no novo CPC francês relativos às tutelas de instrução *in futurum* e o *référé-provision* simplesmente suprimem a condição da urgência, que se torna indiferente para a implementação desses *référés*.

[636] Idem, p. 514-515.

contestação séria. Assim, não se exige urgência, o que representa um certo afastamento do modelo clássico e da função tradicional do *référé*.[637]

A noção de contestação séria deve ser analisada no caso concreto, sendo, em grande parte, fruto das circunstâncias e da valoração do juiz.[638]

Para Jacques Normand, a contestação é séria quando um dos meios de defesa opostos à pretensão do autor não é manifestamente vão, quando existe uma incerteza, por menor que possa ser, sobre como resolveria a questão, de fato e de direito, o juízo de mérito, caso a ele fosse submetida a controvérsia.[639]

Não é suficiente que a contestação se atenha ao mérito da controvérsia para que seja caracterizada como séria, não devendo parecer, ao menos, em um juízo de evidência, infundada.[640]

A contestação deve ser tida como não séria quando não haja qualquer dúvida razoável acerca da solução (no sentido da existência do crédito) que daria o juízo de mérito à questão, de fato e de direito, caso investido da controvérsia.[641]

O *référé provision* decorre do *fumus boni juris* e repousa na não contestação da obrigação. Trata-se de um prejulgamento do mérito, sob a aparência do direito, que não é seriamente contestado.[642]

Assegura-se a proteção imediata dos direitos não contestados e desencorajam-se os devedores renitentes a praticar o abuso do procedimento para se esquivar da própria obrigação. É, na ótica da economia processual e da prevenção contra o abuso do direito de defesa, que se enquadra o *référé provision*.[643]

Em um primeiro momento, por se tratar de uma decisão provisória, não se admitia a concessão da totalidade do crédito e, por não se tratar de urgência, não deveria o *référé* tornar-se definitivo, não se evitando o

---

[637] JOMMI, Alessandro. Op. cit., p. 18-19.

[638] Idem, p. 22-23.

[639] Action en justice; juridiction; organisation judiciaire et compétence. *Revue Trimestrielle de Droit Civil*, année 1979. Paris : Sirey, p. 654: « Il y a une contestation sérieuse, admet-on de nos jours, dès lors que l'un des moyens de défense opposés à la prétention de celui qui s'appuie sur un droit n'est pas manifestement vain, dès lors autrement dit qu'il existe une incertitude, si faible soit-elle, sur le sens dans lequel trancherait le juge du fond, s'il venait à être saisi ».

[640] JOMMI, Alessandro. Op. cit., p. 24.

[641] Idem, p. 36: "La contestazione si deve ritenere non seria tutte le volte che non c'è alcun dubbio ragionevole sulla soluzione (nel senso dell'esistenza del credito) che darebbe il giudice di merito alla questione (di fatto o di diritto), se investito della controversia".

[642] CHAINAIS, Cécile. Op. cit., p. 515.

[643] JOMMI, Alessandro. Op. cit., p. 60-61.

processo de mérito, não aspirando à definitividade. Contudo, em 1981, a Corte de Cassação eliminou esse obstáculo, ao considerar que o limite da provisão era o limite do crédito alegado, e não seriamente contestado. Assim, consagrou-se a combinação do "evitamento" do processo de mérito e o desaparecimento da urgência. Aliás, as reformas do processo de execução forçada de 1991 e 1992 fez do *référé* um verdadeiro título executivo suscetível de execução forçada. Assim, o perdedor do provisório que não cumprir espontaneamente a obrigação que resulta da ordem do *référé-provision* poderá ser constrangido a pagar imediatamente a provisão ordenada.[644]

Permite-se, assim, a antecipação total – chamada provisão a 100% –, conforme a práxis jurisprudencial, de uma obrigação que tenha por objeto uma soma em dinheiro e, a partir de 1985, que tenha por objeto um dar ou fazer, não sendo requisito para sua concessão a urgência, não havendo necessidade de análise de *periculum in mora*, com a consequência de que normalmente o litígio estancará na fase sumária.[645]

Se a obrigação não é seriamente contestada, nem na sua existência, nem em seu montante, nada se opõe a que o juiz do *référé* condene, a título de provisão, ao pagamento integral do crédito.[646]

Fala-se em um efeito dissuasivo do *référé provision*, em razão da prática do *référé* a 100%, que dissuade a parte a provocar o juízo de mérito para obter uma pronúncia definitiva. O credor que obteve a integralidade de seu crédito não terá qualquer motivo para levar a causa ao juízo de mérito, enquanto que o devedor sucumbente somente se dirigirá ao juízo de mérito caso esteja seguro de não dever aquilo a que foi condenado.[647]

Assim, a ordem do *référé*, provisória em direito, muitas vezes, se tornará definitiva de fato, sem que haja intervenção do juízo de mérito e, por meio da inversão dos papéis, em que restará ao devedor, e não, ao credor a instauração do processo à cognição plena, arcando com os custos e a duração, realiza-se o objetivo de fazer economia de um contencioso simples.[648]

A ordem do *référé* tem força executiva, constituindo um título executivo, pouco importando sua provisoriedade e a ausência da autoridade da coisa julgada, permitindo-se a execução, mesmo diante do risco de

---

[644] CHAINAIS, Cécile. Op. cit., p. 516-517.

[645] JOMMI, Alessandro. Op. cit., p. 35.

[646] Idem, p. 58: "Se l'obbligazione non è seriamente contestabile né nella sua esistenza, né nel suo ammontare, niente si oppone a che il giudice dei *référés* condanni, a titolo di *provision*, al pagamento dell'intero credito, capitale e interessi, ossia conceda *'le plein de la demande'*".

[647] Idem, p. 60.

[648] Idem, ibidem.

revisão da decisão. O *référé provision* é o arquétipo do *référé* francês, uma via autônoma de regramento judiciário, combinando a possibilidade de evitar o processo de mérito e o afastamento da urgência, de modo a fazer estender esse procedimento em direção ao definitivo, embora permaneça fundamentalmente provisório, visto que desprovido de coisa julgada material.[649]

O controle pela Corte de Cassação representa um importante momento de garantia à tutela da objetividade e uniformidade das decisões e contra o perigo de arbitrariedade ou extravasamento das funções pelo magistrado.[650]

Também se pode atribuir ao *référé provision* um efeito moralizante, visto que desestimula os abusos de devedores que apenas especulam sobre a duração patológica dos processos e sobre eventual hesitação do credor em submeter sua pugna à via jurisdicional, perpetuando os processos, com o único propósito de retardar o adimplemento ou para barganhar com o credor um acordo conveniente.[651]

Nesse sentido, salienta Cécile Chainais que o *référé provision* cumpre uma função de moralização das relações jurídicas entre credor e devedor, não servindo apenas como um desafogo do congestionamento da via judicial, mas, também e principalmente, como forma de assegurar a proteção imediata do credor, moralizando as relações jurídicas e frustrando os cálculos dos devedores que, malgrado a prova de suas dívidas, contam com a relutância do adversário em iniciar um processo e com a lentidão inerente aos processos para retardar o inevitável adimplemento.[652]

E tais características permitem ao *référé provision*, exemplo de um provisório independente, um inegável sucesso prático, sendo cristalina a sua eficácia, bem como a economia de tempo e de dinheiro.[653]

Conforme Roger Perrot,

Particularmente interessante é a verificação de que, em muitos casos, o processo se detém no patamar do provisório, pois o réu, consciente de que sua causa é indefensável, nem sequer tenta dar continuação ao feito no tribunal. Em tal hipótese, lucram todos: o autor, que terá obtido rapidamente o que lhe era devido, e a Justiça, que terá economizado um longo processo, ao desencorajar uma resistência sem esperança. Não é exagero dizer que

---

[649] CHAINAIS, Cécile. Op. cit., p. 519.

[650] JOMMI, Alessandro. Op. cit., p. 39.

[651] Idem, p. 147: "Corrispondentemente si è riconosciuto al *référé provision* anche un effetto moralizzatore, tale da scoraggiare gli abusi dei debitori che speculano su tale durata patologica dei processi e sulle esitazioni del creditore ad adire le vie giudiziare o che prolungano indefinitamente i processi, al solo scopo di ritardare l'adempimento o di strappare al creditore una transazione conveniente".

[652] Op. cit., p. 516.

[653] Idem, p. 665.

o *référé-provision* constitui uma das inovações mais marcantes deste fim de século e tem sem dúvida o mais belo futuro diante de si.[654]

Para Cécile Chainais, se o *référé provision* é disforme em relação à sua concepção clássica do provisório, porque se emancipa de sua condição de urgência e permite uma solução antecipada e definitiva do litígio, ele é também pródigo pelo seu sucesso prático, tratando-se de um *providentiel miracle pragmatique.*[655]

5.5.2. Direito italiano

Na Itália, há mais de 30 anos fala-se em uma reforma geral do Código de Processo Civil, tendo em vista que, em 1978, foi instituída uma comissão presidida por Enrico Tullio Liebman, que teve o projeto de lei aprovado no Conselho de Ministros em 1981, mas não teve uma vida parlamentar fácil no Senado. Posteriormente, em dezembro de 1994, foi instituída uma nova comissão, presidida por Tarzia. Já, em 23 de novembro de 2001, foi instituída a Comissão Vacarella, que produziu um concreto projeto de lei, aprovado no Conselho dos Ministros em 2003, e que previa um procedimento sumário inspirado no *référé* francês.[656]

Assim, o direito italiano, há muito tempo, vem estudando a possibilidade de tutelas provisórias autônomas, capazes de regular, de fato, de forma definitiva, o litígio, inspirado no *référé* francês, distinguindo-se da tradicional dependência das ações cautelares.

Em 1978, manifestaram-se, pela primeira vez, as tentativas de adotar um modelo de tutela provisória inspirada no *référé*, com a elaboração de um projeto por uma comissão presidida por Liebman. O projeto previa que certas tutelas provisórias fossem aptas a satisfazer plenamente o interesse do autor, a ponto de provocar o desaparecimento do interesse do demandado de resistir à pretensão. O projeto propunha deixar à livre apreciação do juiz, notadamente a pedido das partes, o recurso ao tradicional prazo de caducidade próprio do procedimento cautelar clássico. Na ausência de determinação pelo juiz, a obrigação de engajar um processo de mérito em um determinado prazo não existiria.[657]

---

[654] O processo civil francês na véspera do século XXI, op. cit., p. 208.

[655] Op. cit., p. 768.

[656] JOMMI, Alessandro. Op. cit., p. 199-200. Conforme salienta MANDRIOLI, Crisanto. *Diritto processuale civile*, vol. IV, 20. ed. Torino : Giappichelli, 2009, p. 243, a figura do *référé*, que ingressou no ordenamento italiano primeiramente com o processo societário e após no procedimento ordinário com o sexto *comma* do art. 669-*octies* do CPC italiano era uma das mais relevantes linhas diretivas do "superato disegno di legge delega elaborato dalla Commissione Vacarella".

[657] CHAINAIS, Cécile. Op. cit., p. 440-442.

Não tendo vingado a proposta da comissão liderada por Liebman, Giuseppe Tarzia, em 1996, propôs um projeto em que se permitia a concessão de uma tutela de urgência que poderia se tornar definitiva, caso a parte contra quem fosse concedida a referida tutela não tomasse a iniciativa de intentar um posterior processo de mérito. O projeto de Tarzia evidenciava o interesse de permitir que a proteção provisória pudesse ser chamada a completar não apenas a função de garantir a eficácia da proteção jurisdicional, mas também a função de economia dos julgamentos. Isso evitaria que a pronúncia da tutela cautelar fosse sempre e necessariamente seguida – sob pena de ineficácia da decisão cautelar – de um processo à cognição plena. Permitiria que a tutela provisória conservasse sua eficácia por um tempo indeterminado.[658]

Edoardo Ricci, ao analisar a chamada Comissão Tarzia, já demonstrava a tendência italiana de estabilização da tutela antecipada, referindo que:

> O Direito italiano manifesta, por este modo, tendência a acolher, como princípio verdadeiramente geral, a regra segundo a qual o provimento de antecipação da tutela (limitadamente à hipótese da atuação forçada dos direitos) tenha uma eficácia potencialmente eterna.[659]

O projeto de Giuseppe Tarzia também não prosperou, tendo em vista a tradição italiana de a proteção jurisdicional provisória ser essencialmente dependente, conforme se verifica na clássica tutela cautelar.[660]

Posteriormente, a reforma do direito societário foi concebida na Itália como um ensaio para uma reforma mais geral do processo civil. Assim, o decreto legislativo de 17 de janeiro de 2003 alterou o direito societário, tornando facultativa a instauração do processo de mérito após a concessão de uma tutela cautelar, permitindo um caráter definitivo aos efeitos produzidos por essas tutelas, sem, contudo, adquirir a eficácia de coisa julgada. Assim, as tutelas provisórias, quando fossem aptas a antecipar os efeitos da eventual decisão de mérito, seriam retiradas do regime clássico do provisório dependente, não perdendo sua eficácia em caso de não propositura do processo de mérito.[661]

Nesse contexto, a instauração de um processo de mérito depois de emanado um provimento em um procedimento sumário cautelar seria meramente facultativo, com a possibilidade de consequente definitividade dos efeitos produzidos, mas sem eficácia de coisa julgada.[662]

---

[658] CHAINAIS, Cécile. Op. cit., p. 442-443.

[659] Possíveis novidades sobre a tutela antecipada na Itália, op. cit., p. 90.

[660] CHAINAIS, Cécile. Op. cit., p. 443-444.

[661] Idem, p. 444-445 .

[662] Idem, p. 445.

O processo societário italiano também teria inspirado o ideal de estabilização da tutela antecipada brasileira. Tal fato se percebe em artigo de Ada Pellegrini Grinover, que demonstra que a não obrigatoriedade de uma ação principal permitiria que a eficácia da decisão antecipatória fosse independente do juízo de mérito, que poderia, inclusive, ser evitado, permitindo uma estabilidade maior do provimento antecipatório.[663]

A afirmação de independência e autonomia plena do procedimento provisório – ao menos em relação às tutelas antecipadas – procedia a uma verdadeira revolução na Itália, pois marcava o abandono do princípio da subordinação da cautela em relação ao mérito.[664]

Contudo, em 2009, houve uma alteração legislativa, Lei 69/2009, e o processo societário acabou revogado.[665]

De qualquer sorte, as resistências foram vencidas com a Lei de Competitividade, Lei n. 80, de 14 de maio de 2005, que generalizou o recurso ao modelo do provisório independente no processo civil italiano, acrescentando ao art. 669 *octies* do CPC um sexto parágrafo que estabeleceu que a disposição que subordina a mantença dos efeitos da decisão cautelar à propositura do processo de mérito não se aplica aos provimentos de urgência do art. 700 do CPC e aos outros provimentos cautelares idôneos a antecipar os efeitos da sentença de mérito.[666] A previsão legislativa ita-

---

[663] Op. cit., p. 32.

[664] CHAINAIS, Cécile. Op. cit., p. 447.

[665] LUISO, Francesco. P. *Diritto processuale civile*, volume IV, 5. edizione. Milano: Giuffrè, 2009, p. 116: "Il procedimento sommario societario era l'unica ipotese, nel nostro sistema, di un procedimento speciale che aveva la specifica ed esclusiva funzione di formare un titolo esecutivo e che non costituiva esercizio di funzione giurisdizionale dichiarativa. Con la sua abrogazione, nel nostro sistema è venuta meno l'unica fattispecie di processo sommario non dichiarativo né cautelare".

[666] Art. 669-*octies*: L'ordinanza di accoglimento, ove la domanda sia stata proposta prima dell'inizio della causa di merito, deve fissare un termine perentorio non superiore a sessanta giorni per l'inizio del giudizio di merito, salva l'applicazione dell'ultimo comma dell'articolo 669-novies. In mancanza di fissazione del termine da parte del giudice, la causa di merito deve essere iniziata entro il termine perentorio di sessanta giorni. Il termine decorre dalla pronuncia dell'ordinanza se avvenuta in udienza o altrimenti dalla sua comunicazione. Per le controversie individuali relative ai rapporti di lavoro alle dipendenze delle pubbliche amministrazioni, escluse quelle devolute alla giurisdizione del giudice amministrativo, il termine decorre dal momento in cui la domanda giudiziale è divenuta procedibile o, in caso di mancata presentazione della richiesta di espletamento del tentativo di conciliazione, decorsi trenta giorni. Nel caso in cui la controversia sia oggetto di compromesso o di clausola compromissoria, la parte, nei termini di cui ai commi precedenti, deve notificare all'altra un atto nel quale dichiara la propria intenzione di promuovere il procedimento arbitrale, propone la domanda e procede, per quanto le spetta, alla nomina degli arbitri. *Le disposizioni di cui al presente articolo e al primo comma dell'articolo 669-novies non si applicano ai provvedimenti di urgenza emessi ai sensi dell'articolo 700 e agli altri provvedimenti cautelari idonei ad anticipare gli effetti della sentenza di merito, previsti dal codice civile o da leggi speciali, nonché ai provvedimenti emessi a seguito di denunzia di nuova opera o di danno temuto ai sensi dell'articolo 688, ma ciascuna parte può iniziare il giudizio di merito.* Il giudice, quando emette uno dei provvedimenti di cui al sesto comma prima dell'inizio della causa di merito, provvede sulle spese del procedimento cautelare. L'estinzione del giudizio di merito non determina l'inefficacia dei

liana é a de que qualquer parte *pode* iniciar o juízo de mérito, evidenciando-se, outrossim, a possibilidade de não se iniciar referido processo.[667]

Nesse contexto, as tutelas provisórias suscetíveis de ter os efeitos de satisfação antecipada passam a se sujeitar ao regime do provisório independente. Independente na sua origem, porque não é necessária a propositura de um processo de mérito para continuar a se beneficiar dos efeitos da decisão provisória, e independente em seu fim, visto que a decisão provisória pode conservar seus efeitos mesmo diante da extinção do processo de mérito.[668]

Conforme salienta Francesco Luiso, a lei relativa ao processo societário, posteriormente revogada, e o art. *669-octies* do CPC, alterado em 2006, dividiram em dois grupos os procedimentos cautelares. No primeiro grupo, estariam os procedimentos cautelares conservativos, mantendo as características tradicionais das tutelas cautelares italianas. Já, ao segundo grupo, pertenceriam os provimentos cautelares antecipatórios, para os quais a instauração de um juízo de mérito seria apenas eventual, e a sua não instauração faria com que os provimentos mantivessem sua eficácia.[669]

No mesmo sentido, Nicola Picardi salienta que, com a nova disposição legal, o nexo de instrumentalidade entre a tutela provisória e o mérito restou atenuado, devendo-se fazer a distinção entre as tutelas cautelares dos provimentos conservativos e os provimentos que possuem função de antecipar o conteúdo e os efeitos da sentença de mérito. Em relação às tutelas conservativas, mantém-se a regra da instrumentalidade estrutural. Contudo, no que tange aos provimentos antecipatórios, não há mais o ônus de o beneficiário da tutela iniciar o juízo de mérito, que deverá ser intentado pelo sucumbente. De qualquer sorte, permanece uma instrumentalidade funcional, pela possibilidade de o provimento antecipatório ser modificado no juízo de mérito.[670]

---

provvedimenti di cui al sesto comma, anche quando la relativa domanda è stata proposta in corso di causa. L'autorità del provvedimento cautelare non è invocabile in un diverso processo.

[667] CHAINAIS, Cécile. Op. cit., p. 448. Salienta a jurista francesa, à p. 451, que o sistema jurídico italiano já previa, há muito tempo, uma proteção jurisdicional provisória na esperança de evitar a decisão definitiva nos processos de divórcio.

[668] Idem, p. 448-449.

[669] *Diritto processuale civile*, volume IV, 5. ed. Milano: Giuffrè, 2009, p. 200.

[670] *Manuale del processo civile*. Milano: Giuffrè, 2006, p. 563. Para o jurista italiano, p. 564, mesmo o provimento antecipatório não possuindo a autoridade da coisa julgada, que somente ocorreria caso o juízo de mérito fosse iniciado por qualquer das partes, "ciò non esclude che, con il decorso del tempo, il provvedimento cautelare anticipatorio possa anche stabilizzarsi".

Para Feruccio Tommaseo, a norma inserida no sexto *comma* do art. 669-*octies* do CPC italiano poderá ferir o princípio constitucional da paridade das partes, caso imponha ao sucumbente da tutela *cautelar* o difícil ônus probatório do juízo de mérito sobre a inexistência do direito *acautelado*, visto que a mesma parte agravada pela decisão cautelar teria de iniciar o juízo de mérito com o objetivo de obter uma decisão que declarasse a inexistência do direito antecipado, em um *accertamento* negativo, tratando-se de uma situação difícil e incômoda. Assim, para Tommaseo, a fim de que não seja violado o princípio constitucional da paridade, seria necessário que o sucumbente da tutela *cautelar*, ao instaurar o juízo de mérito, pudesse limitar-se a afirmar a inexistência do direito *acautelado*, incumbindo ao beneficiário da tutela concedida, em sua defesa no juízo de mérito, o ônus probatório e os ônus processuais relativos à existência do direito alegado no juízo *cautelar*.[671]

5.6. CONSTITUCIONALIDADE DA ESTABILIZAÇÃO DA TUTELA ANTECIPADA

Percebe-se, inclusive pelos exemplos do direito francês e italiano, que a possibilidade de estabilização dos efeitos da decisão antecipatória já é uma realidade, podendo ser estabelecida no direito pátrio.[672]

A bem da verdade, tanto as tutelas antecipadas como a mitigação do princípio do contraditório são previstos no direito brasileiro, admitindo-se sua constitucionalidade.

Nesse contexto, uma decisão antecipatória que possua maior estabilidade e que preveja a inversão do contraditório, facultando ao sucumbente da referida decisão a propositura ou a continuidade de uma ação plenária, não atentaria às garantias constitucionais, tratando-se, por conseguinte, de matéria passível de ser analisada em conformidade com a conveniência de sua aplicação.

---

[671] TOMMASEO, Feruccio. Il fondamento costituzionale della tutela cautelare. *Stato di diritto e garanzie processuali: atti delle II giornate internazionali di diritto processuale civile*. Napoli: Edizioni Scientifiche Italiane, 2008, p. 176-179. O autor refere-se à *tutela cautelar* e ao *direito acautelado*, embora a norma trate do que nós conhecemos como tutela antecipada. Para FLACH, Daisson. Estabilidade e controle das decisões fundadas em verossimilhança: elementos para uma oportuna reescrita. *Tutelas de urgência e cautelares*. São Paulo: Saraiva, 2010, p. 308, "a estabilização de um juízo fundado em cognição sumária implicaria frontal violação ao *devido processo legal* pela não observância do contraditório e da ampla defesa, historicamente considerados *garantias* para o jurisdicionado contra os avanços do poder jurisdicional".

[672] Para CAMPOS, Gledson Marques de; DESTEFENNI, Marcos. Tutela de urgência satisfativa autônoma. *Tutelas de urgência e cautelares*. São Paulo: Saraiva, 2010, p. 613-625, "a possibilidade de o Judiciário prestar uma tutela de urgência satisfativa autônoma está consagrada na jurisprudência", tratando-se de um "provimento de urgência que não depende de ratificação na mesma ou em outra relação jurídica processual".

Aliás, trata-se de verdadeira homenagem ao devido processo legal, tendo em vista o cumprimento da garantia constitucional da duração razoável do processo, garantindo um processo justo e uma tutela efetiva, adequada e tempestiva.

Não há inconstitucionalidade, razão pela qual sua previsão legislativa e aplicação, ou não, dependem exclusivamente de uma análise discricionária de sua conveniência, sendo passível de ser introduzida em nosso ordenamento jurídico.

Trata-se de previsão constitucional, até mesmo pelo respeito à efetividade, erradicando as desigualdades materiais, permitindo um processo de resultados, com uma duração razoável, repartindo o ônus do tempo no processo.

Conforme salienta Ovídio Baptista da Silva:

> Ou todas as ações sumárias terão de ser consideradas inconstitucionais, frente à norma do art. 5º, LV da Constituição Federal; ou, se toda essa multidão de ações sumárias deva ser considerada legítima, perante o direito brasileiro, então devemos considerar que o *princípio do contraditório* será igualmente preservado nos casos do chamado *contraditório eventual*, em que a defesa transforme-se, de contestação, em *causa petendi* de uma ação inversa a ser facultativamente ajuizada pelos sucumbente no juízo sumário.[673]

Inegável, por conseguinte, que a estabilização da tutela antecipada é constitucional, devendo-se analisar apenas a conveniência de sua adoção e aplicação.[674]

E, nesse contexto, seguindo-se o exemplo francês e italiano, percebe-se a existência de fortes indícios de que sua aplicação no direito brasileiro possa desencorajar defesas meramente procrastinatórias, dando ênfase para a efetividade e trazendo benefícios à Justiça e aos jurisdicionados com a diminuição da duração processual.

---

[673] O contraditório nas ações sumárias. *Da Sentença Liminar à Nulidade da Sentença*. Rio de Janeiro: Forense, 2002, p. 281.

[674] Para TESHEINER, José Maria Rosa; BAGGIO, Lucas Pereira. Tutela jurisdicional de urgência e irreversível. *Tutelas de urgência e cautelares*. São Paulo: Saraiva, 2010, p. 801-802, "na generalidade dos casos, o autor que obteve a medida urgente e irreversível não terá interesse no prosseguimento do processo, podendo-se cogitar mesmo de ação com pedido a isso limitado. Nem deve bastar requerimento do autor, do qual se deve exigir que demonstre a necessidade ou utilidade de novo provimento judicial. Já a possibilidade, outorgada ao réu, de requerer a continuação do feito, quando mais não seja para obter a declaração de injuridicidade da medida concedida e consumada, resguarda não apenas o princípio do contraditório, mas também a natureza judicial do provimento de urgência".

Conclusão

Um dos grandes dilemas enfrentados pelos estudiosos do Direito é a exacerbada duração dos processos, capaz de impor severas dúvidas acerca da efetividade do Poder Judiciário.

Por meio de processos eivados de uma sumariedade maior, seja ela procedimental ou material, possibilita-se aos jurisdicionados a obtenção do bem da vida de maneira mais célere.

Para tanto, é comum que haja uma certa mitigação no que tange às garantias dos jurisdicionados, especialmente do princípio do contraditório, permitindo-se que, em determinados procedimentos, tal garantia seja postergada no tempo, podendo se tornar eventual e, até mesmo, invertida.

Essa sumariedade, com a consequente limitação do princípio do contraditório, ocorre nas tutelas antecipadas, permitindo-se que seja proferida uma decisão antes do pleno exercício do direito do contraditório, com base em uma cognição sumária. A antecipação de tutela tem sido cada vez mais frequente em nosso ordenamento jurídico, sendo inegável a sua constitucionalidade e a sua relevância.

A grande novidade é a discussão acerca da possibilidade, ou não, de se estabilizar a tutela antecipada deferida, caso o demandado se mantenha inerte e não proponha uma ação plenária, em se tratando de procedimento antecedente, ou não dê prosseguimento à ação, caso a decisão tenha sido concedida no curso do processo de conhecimento.

Dessa maneira, estar-se-ia diante de uma demanda nitidamente sumária, em que ocorreria uma inversão do contraditório, semelhante ao que já ocorre nas ações monitórias, respaldada nos exemplos alienígenas, especialmente do direito francês e do direito italiano.

Conforme anteriormente analisado, não há como negar a constitucionalidade das demandas sumárias e da inversão do princípio do contraditório, percebendo-se a constitucionalidade, em tese, do projeto de lei que viabiliza a estabilização da tutela antecipada, que deve ser analisada e aplicada no caso concreto.

Nesse contexto, a aprovação e a incorporação ao nosso ordenamento jurídico da estabilização da tutela antecipada devem ser analisadas com base na sua conveniência, havendo fortes indicativos, no entanto, de que sua aprovação desestimulará o prolongamento estéril de discussões temerárias, permitindo-se a abreviação de eventuais contendas jurisdicionais, propiciando ao autor a obtenção do bem da vida de maneira antecipada no tempo, tornando nossa Justiça mais célere e efetiva.

Bibliografia

AGOSTINHO. *Confissões*. Lisboa: Imprensa Nacional – Casa da Moeda, 2001.

ALBERTARIO, Emilio. *Corso di diritto romano*: possesso e quase possesso. Milano: Giuffrè, 1946.

——. In tema di classificazione delle azioni. *Rivista di Diritto Processuale Civile*, v. 5, n. 1, Padova, 1928, p. 185-206.

ALEXY, Robert. *Teoria dos direitos fundamentais*. Trad. Virgílio Afonso da Silva. São Paulo: Malheiros, 2008.

ALVES, José Carlos Moreira. *Direito Romano*, v. 1, 13. ed. rev. Rio de Janeiro: Forense, 2002.

AMARAL, Guilherme Rizzo. *As astreintes e o processo civil brasileiro*: multa do artigo 461 do CPC e outras. 2. ed. rev., atual. e ampl. Porto Alegre: Livraria dos Advogados, 2009.

ANDOLINA, Italo Augusto. New perspectives for provisional measures. *Revista de Processo*, n. 117, São Paulo, 2004, p. 203-209.

ARISTÓTELES. *Ética a Nicômaco*. Trad. Pietro Nassetti. São Paulo: Martin Claret, 2005.

ARMELIN, Donaldo. *Tutelas de urgência e cautelares*. São Paulo: Saraiva, 2010.

ASSIS, Araken de. *Procedimento sumário*. São Paulo: Malheiros, 1996.

——. Antecipação de tutela. *Aspectos polêmicos da antecipação de tutela*. São Paulo: Revista dos Tribunais, 1997.

ÁVILA, Humberto. O que é "devido processo legal"? Revista de Processo, n. 163, 2008, p. 51-59.

BARBOSA, Rui. Oração aos moços. *Escritos e discursos seletos*. Rio de Janeiro: José Aguilar, 1960.

BARBOSA MOREIRA, José Carlos. Antecipação de tutela: algumas questões controvertidas. *Revista Síntese – Direito Civil e Processual Civil*, v. 13, 2001, p. 05-13.

——. Tutela de urgência e efetividade do direito. *Gênesis – Revista de Direito Processual Civil*, v. 28, 2003.

BEDAQUE, José Roberto dos Santos. *Tutela cautelar e tutela antecipada*: tutelas sumárias e de urgência (tentativa de sistematização). São Paulo: Malheiros, 1998.

——. Estabilização da tutela antecipada. *Linhas mestras do processo civil*: comemoração dos trinta anos de vigência do CPC. São Paulo: Atlas, 2004, p. 367-396.

——. Considerações sobre a antecipação da tutela jurisdicional. *Aspectos polêmicos da antecipação de tutela*. São Paulo: Revista dos Tribunais, 1997.

BERTOLDI, Marcelo M. Tutela antecipada, abuso do direito e propósito protelatório do réu. *Aspectos polêmicos da antecipação de tutela*. São Paulo: Revista dos Tribunais, 1997.

BIDART, Adolfo Gelsi. El tiempo y el proceso. *Revista de Processo*, n. 23, São Paulo, 1981, p. 100-121.

BIONDI, Biondo. *Il diritto romano cristiano*, I. Milano: Giuffrè, 1952.

——. *Il diritto romano cristiano*, II. Milano: Giuffrè, 1952.

BISCARDI, Arnaldo. *Lezioni sul processo romano ântico e clássico*. Torino: Giappichelli, 1968.

BONNIER, Édouard. *Éléments de procédure civile*. Paris: Plon Frères, 1852.

BRETONE, Mario. *História do direito romano*. Trad. Isabel Teresa Santos e Hossein Seddighzadeh Shooja. Lisboa: Editorial Estampa, 1998.

BUENO, Cássio Scarpinela. Tutela antecipada e ações contra o poder público (reflexão quanto a seu cabimento como conseqüência da necessidade de efetividade do processo). *Aspectos polêmicos da antecipação de tutela*. São Paulo: Revista dos Tribunais, 1997.

BURGELIN, Jean-François; COULON, Jean-Marie; FRISON-ROCHE, Marie-Anne. Le juge des référés au regard des principes procéduraux. *Recueil Dalloz Sirey*, n. 10, Paris, 1995, p. 67-74.

CALAMANDREI, Piero. Introduzione allo studio sistematico dei provvedimenti cautelari. Padova: CEDAM, 1936.

——. *El procedimiento monitório*. Buenos Aires: Bibliográfica Argentina, 1946.

——. Verità e verosimiglianza nel proceso civile. *Opere giuridiche*, volume quinto. Napoli: Morano, 1972, p. 615-640.

CALMON DE PASSOS, J.J. Da antecipação de tutela. *Reforma do Código de Processo Civil*. São Paulo: Saraiva, 1996.

CÂMARA, Alexandre Freitas. Tutela jurisdicional de urgência nos Juizados Especiais Federais. *Revista Dialética de Direito Processual*, n. 2, São Paulo, 2003, p. 7-14.

CAMPOS, Gledson Marques de; DESTEFENNI, Marcos. Tutela de urgência satisfativa autônoma. *Tutelas de urgência e cautelares*. São Paulo: Saraiva, 2010.

CAPPELLETTI, Mauro. *Proceso, ideologias, sociedad*. Trad. Santiago Sentís Melendo y Tomás Banzhaf. Buenos Aires: Ediciones Jurídicas Europa-America, 1974.

——. *Juízes legisladores?* Trad. Carlos Alberto Alvaro de Oliveira. Porto Alegre: Safe, 1999.

CARNEIRO, Athos Gusmão. *Da antecipação de tutela*, 6. ed. Rio de Janeiro: Forense, 2005.

CARNELUTTI, Francesco. Claosola "solve et repete". *Rivista di Diritto Processual Civile*, v. 13, n. 1, Padova, 1936, p. 81-89.

CARPENA, Márcio Louzada. *Do processo cautelar moderno*, 2. ed. Rio de Janeiro: Forense, 2005.

CARPI, Federico. La tutela d'urgenza fra cautela, "sentenza anticipata" e giudizio di merito. *Rivista di Diritto Processuale*, v. 40, n. 4, Padova, 1985, p. 680 724.

CEZAR-BRU, HEBRAUD. P. SEIGNOLLE, J. *La juridiction du president du Tribunal*, t. 1 : Des référés. Paris: Librairies Techniques, 1978.

CIPRIANI, Franco (a cura di). *Stato di diritto e garanzie processuali*: atti delle II giornate internazionali di diritto processuale civile. Napoli: Edizioni Scientifiche Italiane, 2008.

CHAINAIS, Cécile. La protection juridictionnelle provisoire dans le procès civil en droits français et italien. Paris: Dalloz, 2007

COLESANTI, Vittorio. Principio del contraddittorio e procedimenti speciali. *Rivista di Diritto Processuale*, v. 30, n. 4, Padova, 1975, p. 577-619.

COMOGLIO, Luigi Paolo. I modelli di garanzia costituzionale del processo. *Rivista Trimestrale di Diritto e Procedura Civile*, anno XLV, 1991, p. 673-741.

——. Valori etici e ideologie del "giusto processo" (modelli a confronto). *Rivista Trimestrale di Diritto e Procedura Civile*, anno LII, n. 3, 1998, p. 887-938.

——. Principi constituzionali e processo di esecuzione. *Rivista di Diritto Processuale*, anno XLIX, n. 2, 1994.

——; FERRI, Corrado. La tutela cautelare in Italia: profili sistematici e riscontri comparative. *Rivista di Diritto Processuale*, v. 45, n. 4, Padova, 1990, p. 963-981.

CONTE, Riccardo. La prova nel procedimento per decreto ingiuntivo e nell'istanza de ingiunzione *ex* art. 186 *ter*. *Rivista di Diritto Processuale*, v. 59, n. 2, Padova, 1999, p. 468-530.

COSTA, Hélio Rubens Batista Ribeiro; RIBEIRO, José Horácio Halfeld Rezende; DINAMARCO, Pedro da Silva (coord.). *Linhas mestras do processo civil*: comemoração dos trinta anos de vigência do CPC. São Paulo: Atlas, 2004.

CRUZ, André Luiz Vinhas da. As tutelas de urgência na reforma do CPC: a sobrevivência do processo cautelar. *Revista Dialética de Direito Processual*, n. 22, São Paulo, 2005, p. 19-33.

CRUZ E TUCCI, José Rogério. *Tempo e processo*. São Paulo: Revista dos Tribunais, 1997.

——. *Ação monitória*. 3. ed. rev., atual. e ampl. São Paulo: Revista dos Tribunais, 2001.

——. Garantia da prestação jurisdicional sem dilações indevidas como corolário do devido processo legal. *Revista de Processo*, n. 66, São Paulo, 1992, p. 72-78.

——; AZEVEDO, Luiz Carlos de. *Lições de história do processo civil romano*, 1. ed., 2. tiragem. São Paulo: Revista dos Tribunais, 2001.

DENTI, Vittorio. Il processo di cognizione nella storia delle riforme. *Rivista Trimestrale di Diritto e Procedura Civile*, v. 47, Milano, 1993, p. 805-816.

DESCARTES, René. *Discurso do Método*, 3. ed. Trad. Pinharanda Gomes. Lisboa: Guimarães Editores, 1997.

DINAMARCO, Cândido Rangel. *Instituições de direito processual civil*, v. 1, 5. ed. rev. e atual. São Paulo: Malheiros, 2005.

——. *A reforma da reforma*, 3. ed. rev. e atual. São Paulo: Malheiros, 2002.

——. O regime jurídico das medidas urgentes. *Revista Jurídica*, n. 286, 2001, p. 05-28.

DITTRICH, Lotario. Dalla tutela cautelare anticipatoria alla tutela sommaria definitiva. *Rivista di Diritto Processuale*, v. 43, n. 2, Padova, 1988, p. 672-705.

DORIA, Rogéria Dotti. *A tutela antecipada em relação à parte incontroversa da demanda*, 2. ed. rev. e atual. São Paulo: Revista dos Tribunais, 2003.

DWORKIN, Ronald. *O império do direito*. Trad. Jefferson Luiz Camargo. São Paulo: Martins Fontes, 2003.

——. *Levando os direitos a sério*. Trad. Nelson Boeira. São Paulo: Martins Fontes, 2002.

FAVOREU, Louis. La notion de liberte fondamentale devant le juge administratif des référés. *Recueil Le Dalloz*, n. 22, 1. cahier, Paris, 2001, p. 1739-1744.

FAZZALARI, Elio. *Istituzioni di Diritto Processuale*, 8. ed. Padova: Cedam, 1996.

FLACH, Daisson. *A verossimilhança no processo civil*. São Paulo: RT, 2009.

——. Estabilidade e controle das decisões fundadas em verossimilhança: elementos para uma oportuna reescrita. *Tutelas de urgência e cautelares*. São Paulo: Saraiva, 2010.

FUX, Luiz. *Tutela antecipada e locações*: os fundamentos da antecipação da tutela e sua aplicação na relação locatícia. Rio de Janeiro: Destaque, 1995.

——. Tutela de segurança e tutela de evidência. São Paulo: Saraiva, 1996.

GALGANO, Salvatore. Ai margini della riforma processuale civile. *Rivista di Diritto Processuale Civile*, v. 2, n. 1, Padova, 1925, p. 27-67.

GAJARDONI, Fernando da Fonseca. *Técnicas de aceleração do processo*. São Paulo: Lemos & Cruz, 2003.

GARBAGNATI, Edoardo. *I procedimenti di ingiunzione e sfratto*. Milano: Giuffrè, 1949.

GHEVONTIAN, Richard. Le référé-liberté: une procédure prometteuse. *Recueil Le Dalloz*, n. 22, 1. cahier, Paris, 2001, p.1748-1751.

GHIRGA, Maria Francesca. Principi generali del processo e misure provvisorie. *Rivista di Diritto Processuale*, anno LII, n. 2, aprile-giugno 1997.

GIOFFREDI, Carlo. Diritto e processo nelle antiche forme giuridiche romane. Roma: Romae Apollinaris, 1955.

GRECO, Leonardo. O princípio do contraditório. *Revista Dialética de Direito Processual*, n. 24, São Paulo, 2005, p. 71-79.

GRINOVER, Ada Pellegrini. Tutela jurisdicional diferenciada: a antecipação e sua estabilização. *Revista de Processo*, n. 121, São Paulo, 2005, p. 11-37.

GUEDES, Jefferson Carús; DALL'ALBA, Felipe Camilo; NASSIF AZEM, Guilherme Beux; batista, Liliane Maria Busato (organizadores). *Novo Código de Processo Civil*: comparativo entre o projeto do novo CPC e o CPC de 1973. Belo Horizonte: Editora Fórum, 2010.

GUILLÉN, Victor Fairen. *El juicio ordinario y los plenarios rápidos*. Barcelona: Bosch, 1953.

HEERDT, Paulo. Sumarização do processo e do procedimento. *Ajuris*, n. 48, Porto Alegre, 1990, p. 80-109.

HOFFMAN, Paulo. Monitória efetiva ou cobrança especial: uma proposta para que o processo monitório atinja seus objetivos. *Revista de Processo*, n. 117, São Paulo, 2004, p. 176-192.

HORSMANS, Guy. *La procedure d'injonction*. Bruxelles: Bruylant, 1964.

JOMMI, Alessandro. *Il référé provision*: ordinamento francese ed evoluzione della tutela sommaria anticipatoria in Itália. Torino: Giappichelli, 2005.

KASER, Max. *Direito privado romano*. Trad. Samuel Rodrigues Ferdinand Hämmerle. Lisboa: Fundação Calouste Gulbenkian, 1999.

KELSEN, Hans. *Teoria pura do direito*, 4. ed. Trad. Dr. João Baptista Machado. Coimbra: Armênio Amado, 1976.

ESTABILIZAÇÃO DA TUTELA ANTECIPADA

KUHN, João Lacê. *O princípio do contraditório no processo de execução*. Porto Alegre: Livraria do Advogado, 1998.

LIEBMAN, Enrico Tullio. Embargos do executado: oposições de mérito no processo de execução. São Paulo: Saraiva, 1968.

LOPES, João Batista. Fundamento constitucional da tutela de urgência. *Revista Dialética de Direito Processual*, n. 8, São Paulo, 2003, p. 67-71.

LUISO, Francesco. P. *Diritto processuale civile*, v. 4, 5. ed. Milano: Giuffrè, 2009.

LUZZATO, G. I. Il problema d'origine del processo extra ordinem. Bologna: Pàtron, 1965.

MACEDO, Elaine Harzheim. *Do procedimento monitório*. São Paulo: Revista dos Tribunais, 1999.

MACHADO, Fábio Cardoso, e AMARAL, Guilherme Rizzo. *Polêmica sobre a ação*: a tutela jurisdicional na perspectiva das relações entre direito e processo. Porto Alegre: Livraria do Advogado, 2006.

MANDRIOLI, Crisanto. *Diritto processuale civile*, v. 4, 20. ed. Torino: Giappichelli, 2009.

——. I provvedimenti d'urgenza: deviazioni e proposte. *Rivista di Diritto Processuale*, v. 40, n. 4, Padova, 1985, p. 657-679.

——. Le nuove ordinanze "di pagamento" e "ingiunzionale" nel processo ordinario di cognizione. *Rivista di Diritto Processuale*, v. 46, n. 3, Padova, 1991, p. 644-656.

MARELLI, Fabio. La stabilità dei provvedimenti cautelare. *Rivista di Diritto Processuale*, v. 54, n. 3, Padova, 1999, p. 761-795.

MARINONI, Luiz Guilherme. *Técnica processual e tutela dos direitos*. São Paulo: Revista dos Tribunais, 2004.

——. *A antecipação da tutela*. 8. ed. rev. e ampl. São Paulo: Malheiros, 2004.

——. *Antecipação da tutela*. 11. ed. rev. e ampl. São Paulo: Revista dos Tribunais, 2010.

——. *Abuso de defesa e parte incontroversa da demanda*. São Paulo: Revista dos Tribunais, 2007.

——. O custo e o tempo do processo civil brasileiro. *Revista da Faculdade de Direito da Universidade Federal do Paraná*, v. 37, Curitiba, 2002, p. 37-64.

——. A tutela antecipatória nas ações declaratória e constitutiva. *Aspectos polêmicos da antecipação de tutela*. São Paulo: Revista dos Tribunais, 1997.

MARINONI, Luiz Guilherme ; MITIDIERO, Daniel. *O projeto do CPC*: críticas e propostas. São Paulo: Revista dos Tribunais, 2010.

——. *Código de processo civil comentado artigo por artigo*, 2. ed., rev., atual. e ampl. São Paulo: Revista dos Tribunais, 2010

MARTIN, Raymond. Le référé, théâtre d'apparence. *Recueil Dalloz Sirey*, 24. cahier, Paris, 1979, p. 158-160.

MASSIS, Thierry. Lê secret du président et le juge des référés. *Recueil Dalloz*, n. 34, Paris, 1997, p. 291-296.

MENCHINI, Sergio. I provvedimenti sommari della tutela cautelare. *Stato di diritto e garanzie processuali*: atti delle II giornate internazionali di diritto processuale civile. Napoli: Edizioni Scientifiche Italiane, 2008.

MERLIN, Elena. Le misure provvisorie e cautelari nello spazio giudiziario europeo. *Rivista di Diritto Processuale*, v. 57, n. 3, Padova, 2002, p. 759-804.

MERRYMAN, John Henry. *The civil law tradition*. Stanford: Stanford University Press, 1969.

——. Lo "stile italiano": la dottrina. *Rivista Trimestrale di Diritto e Procedura Civile*, v. 20, Milano, 1966, p. 1169-1208.

MIRANDA FILHO, Juventino Gomes de. *O caráter interdital da tutela antecipada*. Belo Horizonte: Del Rey, 2003.

MITIDIERO, Daniel. *Colaboração no processo civil*: pressupostos sociais, lógicos e éticos. São Paulo: Revista dos Tribunais, 2009.

——. *Processo civil e Estado Constitucional*. Porto Alegre: Livraria do Advogado, 2007.

MONROY GÁLVEZ, Juan; MONROY PALACIOS, Juan. Del mito del proceso ordinario a la tutela diferenciada. Apuntes iniciales. *Revista de Processo*, n. 109, São Paulo, 2003, p. 187-220.

MONTESANO, Luigi. Problemi attuali e riforme opportune dei provvedimenti cautelari, e in specie d'urgenza, nel processo civile italiano. *Rivista di Diritto Processuale*, v. 40, n. 2, Padova, 1985, p. 217-239.

——. Strumentalità e superficialità della cognizione cautelare. *Rivista di Diritto Processuale*, v. 54, n. 1, Padova, 1999, p. 309-316.

MONTESQUIEU, Charles de. *O espírito das leis*, 7. ed. Trad. Pedro Vieira Mota. São Paulo: Saraiva, 2000.

NERY JUNIOR, Nelson. Procedimentos e tutela antecipatória. *Aspectos polêmicos da antecipação de tutela*. São Paulo: Revista dos Tribunais, 1997.

——. *Princípios do processo civil na Constituição Federal*, 8. ed., rev., ampl. e atual. São Paulo: Revista dos Tribunais, 2004.

NORMAND, Jacques. Les procédures d'urgence em droit du travail. *Droit Social*, n. 5, 1980, p. 45-58.

——. Action en justice ; juridiction ; organisation judiciaire et compétence. *Revue Trimestrielle de Droit Civil*, Paris, années 1979, p. 650-661.

——. *Revue Trimestrielle de Droit Civile*, Paris, années 1982.

OLIVEIRA, Carlos Alberto Alvaro de. *Do formalismo no processo civil*. 2. ed. rev. São Paulo: Saraiva, 2003.

——. Perfil dogmático da tutela de urgência. *Ajuris*, n. 70, Porto Alegre, 1997, p. 214-239.

——. A garantia do contraditório. *Revista da Faculdade de Direito Ritter dos Reis*, v. 1, Porto Alegre, 1998, p. 07-27.

——. Efetividade e processo cautelar. *Revista de Processo*, n. 76, São Paulo, 1994, p. 88-93.

——. Procedimento e ideologia no direito brasileiro atual. *Ajuris*, n. 33, Porto Alegre, 1985, p. 79-85.

——. Alcance e natureza da tutela antecipatória. *Ajuris*, n 66, Porto Alegre, 1996.

OLIVIERI, Giuseppe. I provvedimenti cautelari nel nuovo processo civile. *Rivista di Diritto Processuale*, v. 46, n. 3, Padova, 1991, p. 688-738.

OST, François. *O tempo do direito*. Trad. Maria Fernanda Oliveira. Lisboa: Instituto Piaget, 1999.

OTHON SIDOU, José Maria. *Processo civil comparado*. Rio de Janeiro: Forense Universitária, 1997.

PERROT, Roger. Il procedimento per ingiunzione. Trad. Achille Saletti. *Rivista di Diritto Processuale*, v. 41, n. 4, Padova, 1986, p. 715-739.

——. O processo civil francês na véspera do Século XXI. Trad. José Carlos Barbosa Moreira. *Revista de Processo*, n. 91, São Paulo, 1998, p. 203-212.

——. Les mesures provisoires en Droit Français. *Les mesures provisoires en procédure civile* : atti del colloquio internazionale. Milano : Giuffrè, 1985.

PEYRANO, Jorge W. (director). *Medidas autosatisfactivas*. Buenos Aires: Rubinzal-Culzoni, 2004.

——. Régimen de las medidas autosatisfactivas, nuevas propuestas. *Gênesis – Revista de Direito Processual Civil*, n. 7, Curitiba, 1998, p. 96-102.

——. Reformulación de la teoría de las medidas cautelares: tutela de urgencia – medidas autosatisfactorias. *Gênesis – Revista de Direito Pocessual Civil*, n. 9, Curitiba, 1998, p. 528-549.

——. El derecho procesal postmoderno. *Revista de Processo*, n. 81, São Paulo, 1996, p. 141-145

PICARDI, Nicola. Il giudice ordinario. *Rivista di Diritto Processuale*, v. 40, n. 4, Padova, 1985, p. 758-810.

——. Il principio del contraddittorio. *Rivista di Diritto Processuale*, v. 53, n. 3, Padova, 1998, p. 673-681.

——. I processi speciali. *Rivista di Diritto Processuale*, v. 37, n. 1, Padova, 1982, p. 700-764.

——. *Manuale del processo civile*. Milano: Giuffrè, 2006.

PONTES DE MIRANDA, Francisco Cavalcanti. *Comentários ao Código de Processo Civil*, tomo VIII, 2. ed. Rio de Janeiro: Forense, 1959.

——. *Comentários à Constituição de 1967: com a Emenda n. 1 de 1969*, 2. ed., t. 5. São Paulo: Revista dos Tribunais, 1971.

PORTANOVA, Rui. *Princípios do processo civil*, 7. ed. Porto Alegre: Livraria do Advogado, 2008.

PORTO, Sérgio Gilberto. *As garantias do cidadão no processo civil*: relações entre Constituição e processo. Porto Alegre: Livraria do Advogado, 2003.

PRIGOGINE, Ilya. *O fim das certezas*: tempo, caos e as leis da natureza. Trad. Roberto Leal Ferreira. São Paulo: Unesp, 1996.

PROTO PISANI, Andrea. Sulla tutela giurisdizionale diferenziata. *Rivista di Diritto Processuale*, v. 34, Padova, 1979, p. 536-591.

——. La tutela sommaria in generale e il procedimento per ingiunzione nell'ordinamento italiano. *Revista de Processo*, n. 90, São Paulo, 1998, p. 22-35.

——. Giusto processo e valore della cognizione piena. *Rivista di Diritto Civile*, v. 48, n. 2, Padova, 2002, p. 265-280.

RAGONE, Álvaro Perez. Introducción al estudio de la tutela anticipatoria. *Revista de Processo*, n. 81, São Paulo, 1996, p. 135-145.

RICCI, Edoardo F. Possíveis novidades sobre a tutela antecipada na Itália. Trad. Mariulza Franco. *Gênesis – Revista de Direito Procesual Civil*, n. 7, Curitiba, 1998, p. 87-95.

——. A tutela antecipatória brasileira vista por um italiano. Trad. José Rogério Cruz e Tucci. *Gênesis – Revista de Direito Processual Civil*, n. 6, Curitiba, 1997, p. 691-720.

——. Il Progetto Rognoni di riforma urgente del processo civile. *Rivista di Diritto Processuale*, anno XLII, n 3, Padova, 1987.

ROSAS, Roberto. Processo civil de resultados. *Revista Dialética de Direito Processual*, n. 2, São Paulo, 2003, p. 108-112.

SAINT-PAU, Jean-Christophe. Les pouvoirs du juge des référés sur le fondement de l'article 9, alinéa 2, du code civil. *Recueil Le Dalloz*, n. 30, 1. cahier, Paris, 2001, p. 2434-2439.

SCHOLLER, Heinrich. O princípio da proporcionalidade no direito constitucional e administrativo da Alemanha. Trad. Ingo Wolfgang Sarlet. *Revista Interesse Público*, n. 02, 1999, p. 93-107.

SCHULZ, Fritz. *Derecho romano clásico*. Trad. José Santa Cruz Teigeiro. Barcelona: Bosch, 1960.

SCIALOJA, Vittorio. *Procedimiento civil romano*: ejercicio y defensa de los derechos. Trad. Santiago Sentís Melendo y Marino Ayerra Redin. Buenos Aires: Ediciones Jurídicas Europa-América, 1954.

SÈROUSSI, Roland. *Introdução ao direito inglês e norte-americano*. Trad. Renata Maria Parreira Cordeiro. São Paulo: Landy, 2001.

SILVA, Ovídio Araújo Baptista da. *Jurisdição e execução na tradição romano-canônica*. 2. ed. rev. São Paulo: Revista dos Tribunais, 1997.

——. *Processo e ideologia*: o paradigma racionalista. Rio de Janeiro: Forense, 2004.

——. Da sentença liminar à nulidade da sentença. Rio de Janeiro: Forense, 2002.

——. *Do processo cautelar*. 3. ed. Rio de Janeiro: Forense, 2001.

——. Antecipação de tutela: duas perspectivas de análise. *Ajuris*, n. 70, Porto Alegre, 1997, p. 84-101.

——. Per uma teoria dell'azione cautelare. Trad. Gustavo Kaercher Loureiro. *Rivista di Diritto Processuale*, v. 53, n. 4, Padova, 1998, p. 1122-1162.

——. Tempo do processo e regulação da sucumbência. *Revista Dialética de Direito Processual*, n. 7, São Paulo, 2003, p. 68-77.

——. O processo civil e sua recente reforma. *Aspectos polêmicos da antecipação de tutela*. São Paulo: Revista dos Tribunais, 1997.

——. Antecipação de tutela e responsabilidade objetiva. *AJURIS*, n. 72, Porto Alegre, 1998.

——. A "antecipação" da tutela na recente reforma processual. *Reforma do Código de Processo Civil*. São Paulo: Saraiva, 1996.

SOUZA, Manuel de Almeida e. *Tratado pratico compendiario de todas as acções summarias*, tomo I. Lisboa: Imprensa Nacional, 1859.

SPINA, Amleto. *Il procedimento di ingiunzione*. Milano: Cisalpino, 1959.

STOCKINGER, Francisco Tiago Duarte. O provimento jurisdicional e a garantia do contraditório. *As garantias do cidadão no processo civil*: relações entre Constituição e processo. Porto Alegre: Livraria do Advogado, 2003.

TALAMINI, Eduardo. Nota sobre as recentes limitações legais à antecipação de tutela. *Aspectos polêmicos da antecipação de tutela*. São Paulo: Revista dos Tribunais, 1997.

TARUFFO, Michele. *La semplice verità*: Il giudice e la costruzione dei fatti. Roma-Bari: Laterza, 2009.

TARZIA, Giuseppe. Considerazioni comparative sulle misure provvisorie nel processo civile. *Rivista di Diritto Processuale*, v. 40, n. 2, Padova, 1985, p. 240-254.

———. Problemi del contraddittorio nell'istruzione probatória civile. *Rivista di Diritto Processuale*, v. 39, n. 4, Padova, 1984, p. 634-658.

———. Il contraddittorio nel processo esecutivo. *Rivista di Diritto Processuale*, v. 33, n. 2, Padova, 1978, p. 193-248.

———. Le principe du contradictoire dans la procédure civile italienne. *Revue Internationale de Droit Comparé*, n. 3, 1981, p. 789-800.

———. O novo processo civil de cognição na Itália. Trad. Clayton Maranhão. *Revista de Processo*, n. 79, São Paulo, 1995, p. 51-64.

———. *Les mesures provisoires en procédure civile*: atti del colloquio internazionale. Milano: Giuffrè, 1985.

TEIXEIRA, Sálvio de Figueiredo. *Código de processo civil anotado*, 6ª ed. ampl., rev. e atual. São Paulo: Saraiva, 1996.

TESHEINER, José Maria Rosa. *Medidas cautelares*. São Paulo: Saraiva, 1974.

———. Elementos para uma teoria geral do processo. São Paulo: Saraiva, 1993.

———. Sobre a duração razoável do processo. Disponível em: www.tex.pro.br. Acesso em 30 de janeiro de 2006.

———. Antecipação de tutela – estudo sobre um texto de Guilherme Tanger Jardim. Disponível em: www.tex.pro.br. Acesso em 10 de fevereiro de 2006.

TESHEINER, José Maria Rosa; BAGGIO, Lucas Pereira. Tutela jurisdicional de urgência e irreversível. *Tutelas de urgência e cautelares*. São Paulo: Saraiva, 2010.

THEODORO JÚNIOR, Humberto. Tutela diferenciada: opção do credor entre a ação executiva e a ação ordinária de cobrança. *Revista Dialética de Direito Processual*, n. 4, São Paulo, 2003, p. 80-92.

———. O procedimento interdital como delineador dos novos rumos do direito processual civil brasileiro. *Revista de Processo*, n. 97, São Paulo, 2000, p. 227-239.

———. Tutela antecipada. *Aspectos polêmicos da antecipação de tutela*. São Paulo: Revista dos Tribunais, 1997.

———. *Curso de direito processual civil*, v. 1, 41. ed. Rio de Janeiro: Forense, 2004.

———. A garantia fundamental do devido processo legal e o exercício do poder de cautela no direito processual civil. *Revista dos Tribunais*, v. 665, 1991.

TOMMASEO, Feruccio. Intervento. *Les mesures provisoires en procédure civile*: atti del colloquio internazionale. Milano: Giuffrè, 1985.

———. Il fondamento costituzionale della tutela cautelare. *Stato di diritto e garanzie processuali*: atti delle II giornate internazionali di diritto processuale civile. Napoli: Edizioni Scientifiche Italiane, 2008.

TROCKER, Nicolò. *Processo civile e costituzione*. Milano: Giuffrè, 1974.

———. Il nuovo articolo 111 della costituzione e il "giusto processo" in materia civile: profili generali. *Rivista Trimestrale di Diritto e Procedura Civile*, anno LV, n. 2, 2001, p. 381-410.

VAMPRÉ, Spencer. *Institutas do Imperador Justiniano*: traduzidas e comparadas com o Direito Civil Brasileiro. São Paulo: Livraria Magalhães, 1915.

VERDE, Giovanni. L'attuazione della tutela d'urgenza. *Rivista di Diritto Processuale*, v. 40, n. 4, Padova, 1985, p. 725-757.

———. Il processo cautelare (osservazioni sparse sui codici di procedura in Italia e in Brasile. *Revista de Processo*, n. 79, São Paulo, 1995, p. 35-50.

VIANA, Juvêncio Vasconcelos. Ação monitória. *Revista Dialética de Direito Processual*, n. 6, São Paulo, 2003, p. 24-37.

VISCO, Antonio. *Il procedimento per ingiunzione*. Roma: L'Arnia, 1951.

WAMBIER, Teresa Arruda Alim (coord.) *Aspectos polêmicos da antecipação de tutela*. São Paulo: Revista dos Tribunais, 1997.

WATANABE, Kazuo. *Da cognição no processo civil*. 3. ed. rev. e atual. São Paulo: Perfil, 2005.

———. Tutela antecipatória e tutela específica das obrigações de fazer e não fazer. *Reforma do Código de Processo Civil*. São Paulo: Saraiva, 1996.

WIEACKER, Franz. *História do direito privado moderno*. 3. ed. Trad. A. M. Botelho Hespanha. Lisboa: Fundação Calouste Gulbenkian, 2004.

YARSHELL, Flávio Luiz. Antecipação de tutela específica nas obrigações de declaração de vontade, no sistema do CPC. *Aspectos polêmicos da antecipação de tutela*. São Paulo: Revista dos Tribunais, 1997.

ZAVASCKI, Teori Albino. *Antecipação de tutela*. 4. ed. rev. e ampl. São Paulo: Saraiva, 2005.